城市社会文化空间丛书
周尚意　主编

（国家自然科学基金项目，项目号 41271152）

城市工业区社会文化空间的求变与求存

戴俊骋
周尚意　著

东南大学出版社
SOUTHEAST UNIVERSITY PRESS
南京·2016

内容提要

在中国社会转型期背景下，工业空间演替现象频出，这对城市社会文化空间会带来什么样的变化？变化背后的机制是什么？如何去评价这种变化？这一系列的问题在人文地理学中尚未有结论。如何在“变”与“存”之间进行评价取舍，去寻找架接两者之间的桥梁，是研究的学科背景所在。本书从北京市工业空间宏观变化入手，结合中国乐谷、德胜科技园和首钢三个案例，将宏观结构与政府、企业、居民等多元主体的结构化动力进行综合探讨，提供了一套工业空间演替后评价社会文化空间变化的3S概念模型体系，旨在为工业演替区域发展和保护提供依据。

本书面向大学水平及以上的普通读者，特别是人文地理、区域经济、城市规划、旅游管理、文化宣传领域的从业者及相关专业师生。

图书在版编目(CIP)数据

城市工业区社会文化空间的求变与求存/戴俊骋，周尚意著. —南京：东南大学出版社，2016.6
(城市社会文化空间丛书/周尚意主编)
ISBN 978-7-5641-6419-5

Ⅰ.①城… Ⅱ.①戴…②周… Ⅲ.①工业区—城市文化—研究—中国 Ⅳ.①C912.81

中国版本图书馆CIP数据核字(2016)第043742号

书　　名：城市工业区社会文化空间的求变与求存
著　　者：戴俊骋　周尚意
责任编辑：孙惠玉　徐步政　　编辑邮箱：894456253@qq.com
文字编辑：徐　潇

出版发行：东南大学出版社
社　　址：南京市四牌楼2号　　邮编：210096
网　　址：http://www.seupress.com
出 版 人：江建中

印　　刷：虎彩印艺股份有限公司　　排版：南京新翰博图文制作有限公司
开　　本：787 mm×1092 mm　1/16　　印张：13　　字数：308千
版　　次：2016年6月第1版　　2016年6月第1次印刷
书　　号：ISBN 978-7-5641-6419-5　　定价：39.00元

经　　销：全国各地新华书店　　发行热线：025-83790519　83791830

前言

近年来，在国家经济发展模式转型背景下，人们对工业空间的演替也日益关注。如何在发展与保护中找到平衡？如何在经济效益与文化传承中寻求支点？这是研究者必须正视的问题。为此，研究者需要将工业空间的演替置于历史脉络之中进行拷问，探讨演替过程中的三大问题：究竟去留为何？演替的动力机制为何？演替的结果是好是坏？

本书在人文地理学经济与文化互动研究的学科背景下，立足于结构和结构化理论的演替动力框架，呼应多琳·梅西地方历史层累理论中关于经济要素与其他要素关系的探讨，采用访谈、问卷、统计分析、社会网络分析等定量与定性相结合的研究方法，分析生计、制度关系和意识形态三个层次的工业文化以及工业空间的演替现象、动力机制和演替效果。并选取北京平谷东高村镇、西城普天德胜科技园区和石景山首钢的工作一生活区作为研究区域，三者区位和演替类型不同，因此具有典型性。

首先，本书从宏观尺度探讨了北京工业空间的演替格局，得到的结论是：第一，近30年，北京市产业结构逐步升级，第三产业比重持续增加；第二，北京市工业企业不断外迁，城市功能拓展区和城市发展新区成为现阶段工业企业集聚地；第三，北京市劳动力结构随之调整，城市发展新区成为劳动力主要增长区域；第四，北京市工业土地利用发生演替，文化创意产业园区成为土地利用的主要替代类型。这里用马克思结构主义地理学可以解释宏观尺度下，城市土地追求利润最大化的演替机制。

在东高村镇案例中，生计层景观目前基本得以保留，作为生计层文化代表的提琴制作工艺，呈现出从形成到扩散再到转型的三个空间演替阶段。提琴生产工艺也在扩散过程中得到一定传承。同时，它的区域形象也从“提琴之乡”向“中国乐谷”不断升级。从演替的动力机制看，东高村镇作为平谷城区向南拓展的核心区域，对土地升值潜力的期望是工业空间演替的深层动力所在。但是政府、学校、企业和村民等各个主体也具有维护原来既有工艺，让工艺传承的结构化动力。从整个演替效果来看，技艺本身不构成地方性，因为承载技艺的主体很可能迁移。但是由多元主体介入且逐步形成的，具有根植性和隐性知识特征的知识传承创新系统，可以建构成地方性。并固化成为地方文化资本，这种资本会在一定程度上支撑当地提琴产品高端化，并支撑本地向“中国乐谷”升级的可持续发展路径。

在普天德胜科技园案例中，原有的508厂除少部分改造为住宅区外，主体都改造为办公楼，形成了科技和创意企业集聚区。在演替过程中，主要是与通信相关类别的入驻企业，继承了包括政府通信管理部门以及老工业区中原有企业的社会网络。用地的演替动力来源于所在区域的土地升值压力，这是结构性的。从演替的评价结果来看，在原有工业空间基础上发展起来的社会网络对通信类企业有一定的吸引和促进作用。但与租金和税收的成本减免等因素相比，原有社会网络并没有成为吸引新企业入驻的主要因素。以工业设计产业为主的DRC园区内部新建立起来的企业网络能够促进位于结构洞位置的企业创新。但是上述这种制度和社会网络的继承是借助产业类型延续，而非基于园区，不具有在地性特征。这种继承下来的制度和网络在北京甚至西城区的尺度范围内都具有类同性，没有使企业对园区产生黏性，容易造成企业追求更低运营成本而不断迁移的“大篷车”现象。

在首钢的案例中，具有综合价值的工业遗产被强制保留下来，构成地方人群共同记忆的依附点。在演替的过程中，原有的集体主义价值观在首钢老工人及其亲属中有留存；首钢居民社会资本减少，对首钢社区的整体认同度下降。从表层结构动力分析，老工业区的演替过程很大程度上是重大的社会经济制度和国家政策调整导致的，但从深层的结构动力来看，为降低环境成本而被迫进行搬迁，本质上也是资本追逐利润的结果。从结构化动力来看，集体主义文化呈现出一定的稳定性，原因在于老工人群体习惯从原来的集体主义文化中，找到群体的认同感和自豪感，但是外迁进入的居民、年轻工人以及新晋的创意工人群体并没有在集体主义文化中浸淫，因此这种归属感并没有在这些群体中充分体现。从演替评价的结果来看，留存的集体主义价值观对各种类型首钢工人企业文化的认同没有产生直接的影响。而社会资本与首钢居民生活满意度影响呈现正相关关系。首钢在从“北京的首钢”迈向“世界的首钢”发展过程中，会通过留存的工业遗产以及老员工及其家属，留下一些集体主义意识形态文化符号，但是当这代人过世或搬迁后，将无人可以真正解读这些符号背后的意义，不再具有对地方的共同记忆，那留下的很可能就只剩下物质景观标志了。

本书在三个案例的基础上提出：第一，生计层、制度关系层以及意识形态层文化在空间上都能留存。除了一些工业遗产外，这些社会文化大多以当地企业和居民作为载体呈现，一旦当这些留存文化的承载主体迁移或消逝的时候，这个地方很可能就剩下物质形态的工业景观，而新晋的企业或人群由于缺少对这些景观的共同记忆和认同，会导致工业空间演替后的地方性消弭。第二，从演替动力上看，资本逐利的结构动力是促成工业空间演替的核心驱动力，而结构化动力则是空间演替过程中文化留存的核心驱动力。本书认为空间演替实际上是在逐利的结构框架下，具有更强综合权力的行动主体在演替过程中行使其时空权力，并进一步塑造巩固这种权力，进而控制空间再生产的过程。第三，在对各个案例区评价时，本书从经济、社会和文化综合效益的可持续性入手，判断其是否可以形成良性的路径依赖锁定。并将案例区在演替过程中是否可以在尺度的升级过程中凸显地方的唯一性，作为另一个评价标准。并在这样的基础上提出包括可持续性(Sustainability)与尺度唯一性(Scale Speciality)两大指标的演替效益评价概念模型(可简称为3S模型)。

最后，本书针对三个问题，提出三大建议：首先，要注重工业空间演替过程中地方性塑造；其次，在工业空间演替过程中，重视并保障不同权力背景下行动主体群体路径选择的权力；最后，立足3S评价模型，提出要由内至外塑造地方竞争力。而文中关于演替留存、动力和结果评价的结果可以在其他案例区寻求进一步检验。

周尚意

2015年3月

目录

1　工业空间演替之辩

“保存是不可能的，除非我们能真切了解那里有什么，什么重要和为什么重要，以及它今天的存在和过去的联系。”

——英国工业考古学者克拉克(Clark et al.,2004)

1.1　现实之辩：发展与保护

中国正处在快速发展的转型期，各个城市的实体空间都发生着巨大变化。在国家提出产业结构升级和发展方式转型的背景下，不可避免地带来众多传统制造业基地的结构性衰落。以北京为代表的大都市，开始面临区域产业结构升级的问题。同时，在新型城镇化背景下，城市化进程逐步加快，中心城区资源密度急剧增加，导致要素成本显著上升，产业发展环境趋于严峻，主要表现为环境约束力增加、土地与房屋使用成本和交通出行成本等明显上升，以及工作环境拥挤和嘈杂等。这些因素都导致城区现有工业空间布局产生了剧烈的变化。

在首都核心功能调整背景下，“四个中心”建设倒逼北京要加快经济发展方式转型和产业结构升级。市内传统工业空间在制造业外迁后，有的被完全替代为居民或商业区，保留下的工业空间也逐渐被高新技术产业、现代服务业和文化创意产业等替代，有的则成为工业遗产，工业空间表现出“演替”的现象。伴随着这种工业空间的演替，附着在空间上的社会也随之变化，即有的社会文化空间被更新，有的被保留，有的甚至被破坏。在工业空间发展演替过程中，如何处理好与社会文化空间保护之间的关系，是本书的着眼点所在。

随着城市中心城区的工厂纷纷外迁，大量工业用地被置换出来，城市郊区迎接新工业转移，一些产能低下的工业则被迁到更远的地方去。这些工业空间，有的被新兴产业所演替；有的变成了创意产业的集聚区，典型的如北京 798 艺术区；有的则完全被商业区或者居住区所替代。对于这些工业空间究竟该如何进行规划？这是一个现阶段规划界亟待解决的问题，本书试图提供一个可参考的路径。

现阶段关于工业空间的规划，本质上是工业遗产的开发和保护问题。许多国家针对工业外迁后工业遗产的保护和利用，已经探索出不同的道路。最典型的如德国工业遗产的案例，保护的不仅仅是工业机器、生产设备、厂房建筑等物质文化遗产，更强调的是抽象的文化遗产和蕴藏其中的人文内涵。他们认为工业在其发展历史中，不仅被当作是纯粹的技术事实，更是城市文化整体的一部分(刘会远等，2007)。近年来，我国一些大城市也开始重视工业遗产的价值，对工业建筑等不再是一味地拆除而是开始对其进行保护与更新。但是这种保护也往往着眼于短期经济效益的获取，缺乏对叠加于工业空间之上的社会文化空间的关注，更缺少与社会文化空间密切相关的地方性的挖掘与传承。

本书正是基于这样的思路，试图从适合中国的现实背景出发，从北京的现象着手进行分析。一方面尝试为工业空间演替后可能出现的产业“空心化”提出建议，并寻求区域新的发展路径；另一方面，也为城市社会文化保护和创新氛围培育提供依据，在挖掘工业空间演替过程不同主体诉求的同时，构建度量社会文化空间变化的评价体系，从而为工业演替的区域进行相应的总体规划、产业规划和社会文化规划等提供重要参考。

1.2 理论之辩:经济地理与文化地理

约翰斯顿在《哲学与人文地理学》提到,人文地理学的研究可以归结为"一横一纵"。其中,"一横"指的是人文事物的空间分布,"一纵"指的是人文事物与自然环境之间,不同层次文化之间的纵向关系(约翰斯顿等,2000)。由于欧美地理学的人文社会科学属性,欧美地理学家对城市实体空间与社会文化空间的相互关系探讨不够,近年新文化地理学的研究趋势更侧重研究"一横"的关系。因此,对实体空间与社会文化空间之间的相互作用探讨不够。而在中国,现代地理学一向被列为自然科学,因此就地理学研究本身也需要更多的"人文关怀"(周尚意等,2003)。

在人文地理学学科背景下,经济地理学与社会文化地理学作为两大主要的分支学科,也逐渐出现交融。20 世纪 90 年代,经济地理学出现"文化转向"(Barnes, 2001),而社会文化地理学中对经济的关注已经成为两个分支学科新时期研究的重点所在。本书尝试从工业空间和社会文化空间互动的角度,将这两个地理学的分支学科联系在一起。从两大分支学科关注的重点来看,经济地理学从经济的角度出发求"变",而社会文化地理学更多地从文化的角度出发求"存",在"变"与"存"之间如何进行评价取舍,如何寻找到架接两者之间的桥梁,是本书研究的学科背景所在(图 1-1)。

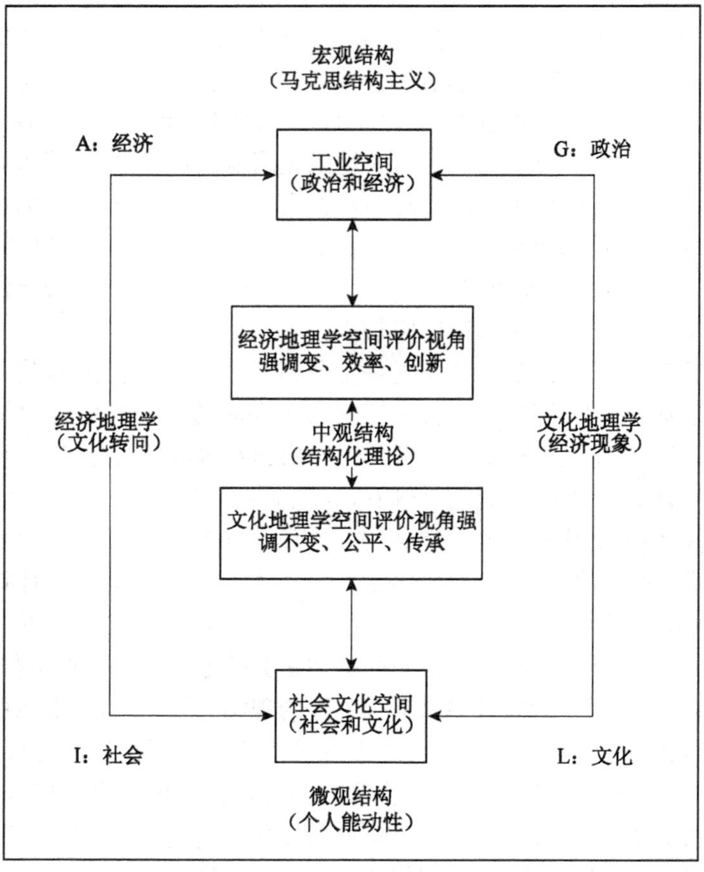

图 1-1 社会文化地理学与经济地理学学科关系图

在城市工业空间演替的过程中，社会文化空间是否具有稳定性？这是一个尚未被证实的问题。城市作为一种实体空间和社会文化空间的交互存在，表现为典型意义上的经济与文化要素的集聚。一个充分发展的城市社会空间，既能够成为城市人创造新生活方式的动力，又能够在改变社会关系的同时，形塑城市居民的生活方式（张鸿雁，2005）。然而在中国社会转型期背景下，以工业生产制造为主要功能的工业空间发生了剧烈变化，出现了工业整体外迁或“腾笼换鸟”的工业与服务业产业置换的情况，工业空间发生了演替。这种工业空间的变化，是否带来城市社会文化空间的变化？会带来怎样的变化？变化背后的机制是什么？这一系列的问题在人文地理学中尚未有结论。

现阶段对工业空间演替的关注，更多集中于演替过程中“变”的部分，即究竟哪些变量发生了变化，但是除了在工业机器、设备、厂房等实体空间层面探讨“留”的问题外，究竟还有哪些不可见的社会文化空间得到保留？这是本书在理论方面的第一层面意义。

在分析社会空间的“变”与“留”以及这种变与留给地方经济和社会发生何种变化的同时，需要挖掘这种空间互动背后的动力机制问题。在现有马克思结构主义方法论指导下，社会文化空间演替的动力机制往往被解释为经济基础与上层建筑之间的简单决定关系，社会文化空间的变化被视为由经济因素单一所决定。一方面，包括社会、文化、政治等一系列其他因素并没有考虑；另一方面，在某种结构下，包括政府、企业、居民以及各种代理组织，其作为行动者的动力被忽视，这种动力是否有可能构成社会文化空间变化的其他内在的稳定性动力？这是本书第二层理论意义，涉及工业空间演替与社会文化空间互动的动力机制问题。

在工业空间演替过程中，无论是“变”还是“留”，其价值判断往往容易单一地指向经济的价值取向，即使留下来的工业遗产，往往被指向经济开发用途或者成为新的企业载体，而忽略了工业遗产与过去在情感和认同上的联系（Benito Del Pozo et al.，2012），并没有考虑到社会空间中保留下来的一些社会文化特征是否有可能构成该区域的地方性内核。城市每个地区的地方性是在长期的历史时期中不断建构的。一个地方具有稳定的可以传承的地方性，那么说明该地方性具有一个有价值的内核。保持这样的地方性才可以促进本地和外地人对此地区的文化认同，而这些往往是这个区域有别于其他地方的根本所在。这是本书第三层理论意义，涉及社会文化空间的评价问题。

1.3 工业空间演替之问

多琳·梅西（Doreen Massey）将工业空间的变化视为一种社会的变化过程，认为工业的重振过程就是一个重塑社会关系的过程。她以英国工业为例，认为“当地经济结构可以视为一种‘层（layer）’积累的产品，每一轮投资都可以视为一种新层的叠加，在国际和国家劳动分工视角上，当新投资和不同的经济结构基础结合在一起就构成了地方”（Massey，1983）。本书在此理论基础上，将工业空间的演替过程视为一个层累的过程。德里克·格里高利（Derek Gregory）认为，梅西的这个层累理论是在大卫·哈维（David Harvey）的基础上用马克思结构主义地理学观点讨论了不同层之间由资本投入与经济结构组成的叠加关系，但是却对每个层内经济与其他要素（other strata）的接合关系所言甚少（Gregory，1989）。这也就是本书要探讨解决的核心问题。如果将每个工业空间的演替过程视为一个层，那么该层内空间上承载的社会文化与经济之间是如何互动的？

简单地说，本书要解决的是在工业空间演替背景下，社会文化空间“变什么，留什么？为什么变？变得怎么样？”三个层次的问题。具体而言，要回答的是工业空间在演替过程中的一系列问题，包括：工业空间演替，是不是能留下东西？都留下哪些东西？留下这些东西是好还是不好？谁来判断？判断留与不留的依据和标准又是什么？展开来看包括：

第一，工业空间演替带来的社会文化空间有什么变化？着重分析社会文化空间有哪些不变的地方（也可称之为“留”下的东西）？这些不变的地方是否构成这个地方的地方性（因为如果一直在变，没有不变的东西，那么地方的地方性就无法形成）？故本书从文化地理学视角对工业空间发生演替后的社会文化空间进行刻画、分析和评价，重点关注演替后留存不变的部分，并探讨其能否构成地方性的问题，与以往偏重于对工业空间演替后接续产业的选择或工业遗产的分析视角有很大不同。

第二，为什么会产生这些变化？这是尝试回答演替的动力机制问题。究竟哪些因素在这个变化过程中起作用，哪些主体又参与到整个变化过程中，并对这种变化和去留产生了影响？对此，本书尝试用结构主义和结构化理论相结合的方式探讨空间演替的动力机制问题，重点分析不同主体社会文化留存的结构化动力所在。

第三，如何评价社会文化空间的变化，涉及工业空间和社会文化空间的互动关系问题？从经济角度来看，这种互动关系对区域经济的发展是否有促进作用？从社会文化角度看，工业空间演替后，地方性是否变化（削弱还是增强）？对地方文化的传承又会产生什么样的作用？针对于此，本书对工业空间发生演替后社会文化空间评价，是本书的创新点也是难点所在，以期改进过去空间评价过程中单纯将效益转化为货币度量的评价模式。

2 空间演替的刻画、动力和评价回溯

本书要探讨的是工业空间与社会文化空间演替过程中的互动关系，涉及对两大空间演替的刻画描述、对空间演替的动力探讨以及价值评价三大方面问题。故本章从人文地理学的学科背景出发，探讨经济地理学中的社会文化和社会文化地理学中的经济，借此剖析人文地理学，尤其是20世纪90年代几大转向背景下，经济与文化的关系。同时，对工业空间和社会文化空间的刻画描述，演替的结构与行动者动力，以及演替的经济、文化价值三大方面理论进行探讨。整体理论框架如图2-1所示。

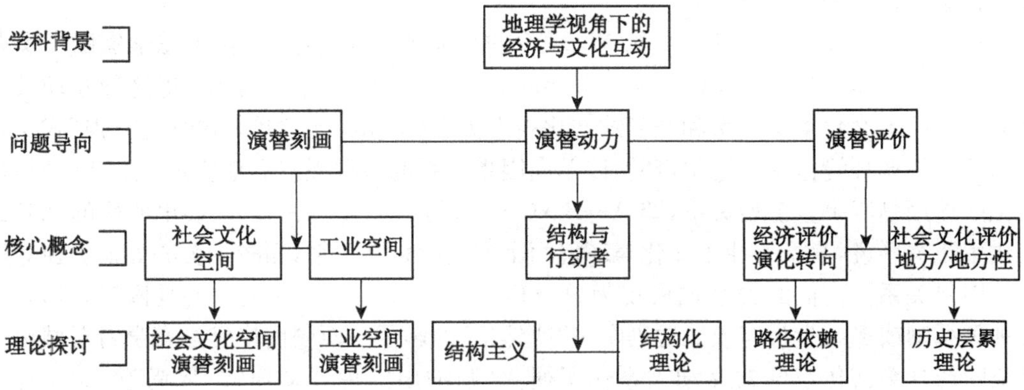

图2-1 本书概念和理论框架图

2.1 学科背景：地理学视角下的经济与文化互动

本书研究的主题是工业空间演替与社会文化空间的互动关系研究，本质上是经济与文化的互动。尽管现阶段区域发展过程中对区域社会文化建设逐渐重视，但是“经济挂帅”的现象依旧十分普遍。纵观人文地理学学科发展过程可以发现，尤其是20世纪90年代末，人文地理学开始呈现出多元的哲学思潮，以经济地理学的“文化转向”为代表，文化在两者的关系中扮演着愈加重要的作用。因此，有必要重新来审视地理学视角下经济与文化的关系。

2.1.1 实体空间与社会文化空间的互动研究

人地关系研究是地理学四大研究传统之一(Pattison，1990)。在人地关系系统中，主要包含“人”和“地”两个方面。“人”兼有自然和社会两种属性，是环境的参与者和改造者。随着生产力、劳动分工和商品交换的发展，人开始脱离劳动、生产和自然。当产品成为主要的交换对象的时候，原始的自然环境或者称之为“第一自然”就从第二自然中分离出来。“第二自然”由社会生产出来，而“第一自然”不是“第二自然”的剩余物，而是“作为附属品，在普遍化的第二自然中产生并复制出来”。城市是“自然”被改造的结果。城市原始的自然环境为“第一自然”，而城市的道路、建筑、人造植被等是“第二自然”(Gregory，1994)。

因此，城市的第二自然空间又被学者们称为城市的“实体空间”。人们生活在“第二自然”中，塑造着城市的“第二自然”，同时受到“第二自然”的影响(Gregory，1994)。

20世纪90年代以来的新文化地理学的学者将文化视为空间过程的媒介，认为城市除了“第二自然”外，还存在社会文化空间。两位新文化地理学代表人物科斯科罗夫(Denis Cosgrove)和杰克森(Peter Jackson)在一篇文章中写道：“文化应该被理解成一种媒介，人们通过这种媒介把物质世界的平凡现象转变成由这些现象赋予意义和价值的一些重要象征所组成的世界。”(Cosgrove et al.，1987)更具体地说，美国地理学家罗伯特·莫迪(Robert Murdie)指出，城市的空间模型还应包括民族、家庭、经济在内的三个社会文化空间层(Murdie，1968)。因此在研究人与“第二自然”的基础上，进而探讨第二自然与社会文化空间的整合关系。

在现有对实体空间与社会文化空间关系的互动关系研究中，文化生态学家欧·奥尔特曼(I. Altman)和马·切默斯(M. Chemers)在《文化与环境》一书中，将这种互动关系划分为“强”式文化生态关系和“弱”式文化生态关系(奥尔特曼欧等，1991)。“强”式文化生态关系强调环境占主导地位，环境以单向因果关系的过程强有力地决定着文化，环境对文化的作用是因果直链型关系，即A→B→C……；另一种关系是J. W. 贝里所称的“弱”式文化生态关系说，直接关注于文化与环境两个变因的相互关系，而较少关心如何去建立严格的因果关系。它们的关系式表现为A→B，A→C，B→C……(奥尔特曼欧等，1991)。这种关系则或多或少带有人文地理学中“或然论”的影子。而国内也已经有学者对城市实体空间与社会文化空间的互动关系作了研究，归纳出四种互动模式(周尚意，2009)，即P_0C_0模式、P_0C_1模式、P_1C_0模式、P_1C_1模式。P_0C_0模式代表的是实体空间没有发生变化，社会文化空间也没有发生变化；P_0C_1模式代表的是实体空间没有发生变化，而社会文化空间却发生了变化；P_1C_0模式表示实体空间发生了变化，而社会文化空间没有发生变化；P_1C_1模式表示两种空间都发生了变化，并用相关的典型区案例进行支撑。鉴于现阶段城市工业空间与社会文化空间已经相互渗透，已经表现出所谓的“经济文化化”和“文化经济化”的趋势(Lash，1994)。在本书中，重点研究的是第四种模式P_1C_1，侧重于分析工业空间与社会文化空间在演替过程中的互动作用。

一般认为一个地区社会文化发展了，地区经济才能进一步发展，即两个空间呈现出某种正相关的关系。如早在19世纪末20世纪初，马克斯·韦伯在对东西方诸宗教的比较研究中，提出新教精神是推动现代资本主义经济形成的主要精神支柱(马克斯·韦伯，1987)。到了以哈耶克和诺斯为代表的新制度经济学派时期，更是认为制度和意识形态共同决定了经济绩效，其中这种意识形态在诺斯看来是一种“主观模型”，在一定程度上可以表现为社会文化空间，是影响经济绩效的个人选择的关键，个人如何看待游戏规则的公平与公正明显会影响绩效(詹姆斯，2000)。

但是这种互动关系未必都是有益的，如蒙特(I. Munt)和威廉姆斯(M. Williams)两人的研究发现城市实体空间的发展影响到城市文化空间的变化，而且产生许多负面结果(Munt，1987；Williams，1987)。他们认为在变化过程中忽略了参与人群的“需求”，虽然考虑到他们的经济和文化偏好，却没有将其置于更大尺度的经济文化背景下考虑。

城市工业空间在某种意义上可以看作是按照空间使用类型进行划分下，从事工业生产及相关活动的实体空间，可以说工业空间相对于居住空间、商业空间，其经济属性更强，因此，要研究城市工业空间与社会文化空间的互动关系，还需要得益于经济地理学家和社会文化地理学家的共同参与。经济地理学家发现，城市经济空间格局背后的动因，除了经济动力外，还有文化的动力。因此，在诠释经济、社会空间格局的形成原因时，离不开"文化"的解释（Barnes，2001）。以下就从经济地理和社会文化地理两个领域审视经济与文化的关系。

2.1.2 经济地理学中的文化与经济

1）文化从属于经济

传统经济地理学视角下，文化与经济的关系可以被视为符号中心主义（logocentrism）（Gibson-Graham，2000），一方面将两者的边界界定地非常绝对；另一方面就是将其界定为另一个词的反义词。形式上，是A和非A的区别。打个比方，如果经济是硬的，文化就是软的；如果经济是关于事实的，文化就是关于价值的；如果经济是强的、可控的、男性化的，文化就是弱的、从属的、女性化的。造成这种现象的根源，来自于对经济地理学影响最深的古典经济学和马克思主义经济学中经济与文化的关系。

经济地理学受古典经济学框架影响最深的是1955年到1975年之间的"计量革命"，最典型的代表是哈哥特的区位分析，如在牛顿重力公式下的模型推导，还有杜能同心圆、韦伯工业区位三角、克里斯塔勒的中心地理论等。这些模型都假定行为人之间的空间互动为"统一的理性行为"（Sheppard，1978），这时候文化都是被置之于一旁的。古典经济学中将文化从经济活动中排除有两种途径：第一，是在方法论层面将学科研究主体定义为理性的经济人。但事实上，甚至连经济学家自己都认识到这个假设的局限性，毕竟参与这些经济活动的主体是互惠的社会共同体。第二，古典经济学采用模型形式的推理和分析过程，使得文化挖掘被摒除。当然，现阶段以克鲁格曼为代表的空间经济学者依然坚持这样的研究路径，他抨击现阶段那些回避模型的经济地理学家，认为所谓的"后福特主义，尤其是德里达影响下的管治学派，是经济地理学的破坏主义者"（Krugman，1995）。只是在这样的框架下，文化显然难以被简单地模型化。

当区位分析逐渐衰退的时候，正是政治经济学逐渐兴起之时（Johnston，1991），尽管如此，经济与文化的基本分界依然存在，经济和文化被明显地分开，并且经济统治着文化。最典型的代表是马克思，他认为"经济基础决定上层基础，这其中上层建筑包括一系列社会、政治和知识过程"。马克思主义这种观点经常被解释为经济决定主义。另一方面，文化被视为一种附属现象。在这种观点下，马克思经济学的文化和古典经济学的文化是有差异的，前者的文化是起作用的，用来维持资本主义的运行；而后者的文化则不起到任何作用。但是两者显然都将经济优先化和中心化，将其作为物质生产力和个人理性选择的核心。受此影响，马克思主义地理学也开始逐步吸收了经典马克思主义的经济决定论观点。这主要是由哈维提出并进行系统化阐释的，他的核心观点是推动地理变化的关键在于区域内生产要素的积累刺激了剩余价值的最大化（Harvey，1982）。遗憾的是，文化在其中鲜有提及，直到1989年哈维在著作《后现代的条件》（*The Condition of Postmodernity*）中，将其副标题拟为"文化变化的质询"（*An Enquiry into the Origins of Cultural Change*），逐渐开始从马克思主义的经济基础——上层建筑理论中寻找答案（Harvey，1989）。他认为现代主义文化是基于福特制经济，而后现代文化则与后福特经济关系一一对应。各种文化对应的经济形式，归根到底都是为了减少大萧条增加剩余价值的资本主义积累。即使到了2000年的《希望空间》(*Space of Hope*),哈维依然在宣扬这种经济与文化的二元论思想(Harvey, 2000)。一方面,认为"文化分析"是"有趣的";另一方面,认为政治经济学是关于"这个忧郁的世界和关于资本主义剥削的破碎现实"(Harvey, 2000)。在这场一点儿都不有趣并且有点现实的讨论中,包括"市场拜物教"、"瘦身的野蛮历史"、"科技变化"、"弱化的组织劳动力"以及"产业后备军",唯独少了文化分析。但是哈维终究是孤军奋战者,而即使是迪克·皮特(Dick Peet)也开始寻求"经济的文化源泉",运用文化的术语,包括"符号、图景……"(Peet, 2000)。他还说"从没想过,政治经济学有一天会变成文化经济学"。同样的,内尔·史密斯(Neil Smith)作为哈维的学生,认为简单地回归到阶层分析是自我防御的"死路一条"(Smith, 2000),"必须去寻找关于阶层的认同和文化政治学"(Smith, 2000)。

2) 文化转向

当代经济地理学中开始对文化的重视,源于越来越多的从左翼激进的观点开始关注经济和文化之间的关系,从传统的经济基础和上层基础关系转向更为复杂的文化、性别、种族和宗教等等。文化和经济之间的边界开始变得越来越没有那么鲜明,这其中受文化研究的影响较大,主要包括两大流派:第一是英国文化研究学派,包括莱蒙·威廉姆斯(Raymond Williams)、理查德·霍加特(Richard Hoggart)和斯图亚特·霍尔(Stuart Hall)。该学派的核心在于从社会主义政治意图出发来纠正资本主义的不平等。它的新颖之处在于,在保留阶级分析和经济分析基础上,同时认识并合并文化研究中有关价值观、生活方式、情感和政治承诺等原本处于研究边缘的东西(Smith, 2001)。另外一个学派是北美学派,更多的是受后结构主义影响,在北美学派中文化往往被称为"免费的文本、再现和话语的关系"(Gibson-Graham, 2000)。

到了20世纪末,经济地理学出现了真正意义上的"文化转向"(cultural turn)和"制度转向"(institutional turn),这两个转向都强调在分析经济活动的空间过程时,须将文化和制度作为重要的影响因素(周尚意,2011; Gibson-Graham, 2000)。奈杰尔·斯里夫特(Nigel Thrift)甚至认为"经济地理学家已经成为文化地理学中的一些核心部分"(Thrift, 2000)。在迈克·克朗(Mike Crang)和斯里夫特总结的经济地理学"文化转向"的评论中,认为当今经济与文化融合主要体现在以下五大领域(Crang,1997;Thrift, 2000):第一个领域是关于劳动力市场和就业的。通常引用后结构和后殖民女性主义理论,强调以身体为中心的工作文化表现与展开工作的场所和空间以及物质结果之间的密切关系。第二个是高技术的发展和利用。强调制度根植性以及要求邻近性、隐形知识和共享文化所假定的那些密切个人交往的重要性。这种观点认为,如果没有独特的生产文化,学习区、高技术中心和关系网络等地理现象就不会出现;生产文化是其一部分。第三个是以金融部分和商务咨询为代表的信息服务部门,这些经济活动需要高度的个人相互作用和解释技巧,研究主要集中在相互作用的那些人的文化和相互作用的场所,以及用于解释的符号和话语策略。第四个是企业,强调各种怀疑甚至是矛盾的话语,他们形成高水平的管理文化并且反过来影响企业进程。第五个是消费领域,消费者不再是最大化的理性人模型,关注对商品消费本质认识中的文化敏感性、消费动机以及销售场所。

巴恩斯(Trevor Barnes)则在他关于经济地理学经济与文化的综述性文章中,提出了"混合地理学(hybridgeographies)"的概念,他提出混合地理学有以下几个基本原则:第一，不是简单地把文化置于比经济重要的位置，或者简单地将文化和经济的重要性倒了个个，变成文化在前，经济在后；第二，经济地理学应该认清并使用各种方法论策略，定量的统计和定性的民族志兼顾，而不能成为方法论的一元论者；第三，不能将某种特殊的现象限制在某个特殊的尺度，如文化不仅仅是本地内生的，经济也不仅仅是全球化的。典型的例子如对跨国公司的研究，不应该自然地假定经济或者文化就会在某个尺度上产生，而当务之急是去评价经济与文化混合以后其特殊联系的本质和力量，并去探讨它的空间可达性（Barnes，2005）。学者认为这种混合的地理学比单纯片面的地理学要好（Whatmore，1999）。但是也有学者指出要解决这种二分，不是简单地靠"混合"等这类术语来解决，需要一个更为彻底的对我们的理论和方法论的检查，因为这些理论和方法是一个永远存在的危险，这种二元论会将原本"缝合"在一起的联系和组织撬开（Murdoch，1997）。

当然，围绕经济地理学这场争论仍在继续，经济与文化的融合过程仍在进行之中，没有特定的答案。本书中采纳的是多琳·梅西的观点。她在吸纳卡尔·波兰尼（Karl Polanyi，1886—1964）关于嵌入性的思想（Mitchell，1995）以及凡伯伦（Veblen Thorstein，1857—1929）制度主义（Martin，1994）的基础上，为哈维"资本生产空间"理论提供了另外一个选择。她使用"层（layer）"的比喻，设想参与地方的文化和经济呈现出一种双向递归的关系，在这样做时，她清楚地从马克思古典的经济基础和上层建筑关系中移开，并且对经济地理学家从未批判过的领域进行批判（Massey，1984）。她强调了在经济活动研究中文化的重要性，并尝试从某个区域的地方性出发，探讨其与更大网络范围内经济社会文化活动之间的关系。

2.1.3 社会文化地理学中的经济与文化

1）概述

一般而言，社会文化地理学中很少直接谈论经济的问题，尽管从来没有人否认社会文化与经济之间的相互作用，正如"假如男人穿裙子，女人穿西装，那么经济活动是否会有改变"（Sahlins，1976）的比喻指出的一样，很多时候，社会文化对经济的作用似乎毋庸置疑。但是正如迈克·克朗在其《文化地理学》一书中指出的一样：文化往往被视为某种特定的上层建筑和某种理性的障碍或者经济范围之外社会生活的剩余物（remainder），即传统经济分析的方法无法解释的现象才归到文化研究（Crang，1998）。而安德鲁·塞亚（Andrew Sayer）运用现实主义剖析工具，认为文化和经济既不是同义词，也不是反义词。文化属于"对话"范畴；经济属于"工具"范畴（Sayer，1997）。从实践看来，文化又何尝不是作为一种"工具"范畴和万能药，正如"剩余者"的概念一样，解决不了的问题都求诸于文化，因此，经济地理学和社会文化地理学有时候往往显得"泾渭分明"，即使在经济地理学开始"文化转向"的时候，社会文化地理学在感到"高兴"之余，却似乎依旧在继续深耕自己的领域。但是进入21世纪后，最新的社会文化地理学研究中越来越多地关注具体的经济问题，并称之为"经济社会（economic society）"（Lee，2010）。苏珊·史密斯（Susan Smith）总结当今社会文化地理学对经济的研究集中了三大方面问题：一是市场、价格、价值、模式和货币等这些经济学中"与生俱来"的概念，被社会文化地理学家们认为是有问题的，需要重新诠释；二是传统劳动分工相对抽象，只是简单地将经济从社会中抽离，并没有考虑到地方与地方的差异；三是新社会学、人类学和地理学的研究发现表明，传统的经济活动已经完全融入日常社会、文化、政治生活的部分甚至全部。在此问题的基础上，先锋社会地理学家开始关注经济的社会性、物质性和空间性，经济生活中的关系和情感以及经济政治的践行性(performative)(Smith, 2010)。

曼(G. Mann)对经济学中的"社会地理"进行了探讨，他提出如果一切都包括在社会地理内，经济作为社会地理学研究的关键主体，会面临这样一个问题：什么是经济中的"社会地理"？他认为现阶段经济学中的社会地理有两种主要形式："第一，检验所有能加强如生产、分配、交换或消费等市场现象为代表的经济的全部'社会空间'；第二，检验如家庭再生产和亲属网络等名义上社会现象的经济性。"(Mann, 2011)而社会地理学中的"经济"，则被理解为使生活得以维持的生产和再生产活动，并且以市场为中介，正规或不正规的，这些定义有点接近但都不是准确的现代口语上的经济意义。有一类定义中"经济"被隐含地视为较复杂的社会性，也更加根本地与当代经济中的市场版本相同(Round et al., 2008)；另一类定义中"经济"则被视为区域的生产和交换关系的特殊集合，本质上与"经济的发展"中的"经济的"等同(Lawson et al., 2008)。根据最基本的经济活动分类，经济被视为生产和消费两方面，本书重点从生产文化角度来探讨社会文化地理学中对经济的探讨。

2) 生产文化

现阶段对生产文化的探讨主要集中在宏观尺度(一般是国家或大区域)以及微观层面(集中于企业)上的应用。其中宏观尺度，典型的如日本模式(Oliver et al., 1988)，作者认为二战后日本能够后来居上而成为世界经济大国，与日本人的纪律性、敬业精神、讲效率、重方法以及浓郁的集体主义文化价值观有关；再如从国家制度文化看二战后崛起的三种经典发展模式——"盎格鲁—萨克逊模式"、"苏联模式"、"德国莱茵模式"(Hutton, 1996)。微观尺度则集中探讨企业文化，如对戴尔、微软、施乐等案例的研究(Schoenberge, 2000)。

宏观和微观尺度中关于生产文化的研究颇多，但是不能够突显地理学的作用，格特勒(Meric Gertler)指出对中观尺度生产文化的探讨才是人文地理学发展的关键。他在此提出中观生产文化的三大核心理论：一是生产体系中"社会性"的重新发现；二是学习范式的产生和区域文化的思想；三是地方生产体系的演化动力(Gerler, 2003)。

生产体系的社会性，从思路上体现为从降低平均成本和价格的大规模生产和竞争转变到基于质量、绩效和独特性的小批量或定制生产的竞争中(Piore et al., 1984)。从实践中表现为随着生产体系向日益社会化结构的转变，空间临近的重要性大大加强。大量垂直分工的企业之间进行的市场交换或贸易愈加频繁，空间集中带来了成本的节约，它们之间的距离越短，交易成本也越低——即商品及服务市场交易成功的所有相关成本都降低了(Scott, 1988)。

重视学习与区域文化的背景在于以微电子和信息技术为基础，世界经济向新的"科技经济范式"转变。该理论的核心观点在于人们共有的社会属性(如准则、规范、习俗和习惯、理解力)方便了企业之间的学习，促进了经济根植于文化的过程，而这些属性是以区域为单位定义的，也就是说，经济行为是根植于区域文化当中的。这种观点归功于波兰尼的"根植性"(Polanyi et al., 2001)，认为经济活动在一定程度上由社会或文化环境塑造；凡伯伦制度经济学认为在这种环境里存在正式的或非正式的制度，同时还得益于格兰诺维特的嵌入性(embeddedness)(Grannovetter, 1973)。迈克尔·斯托普(Michael Storper)则将这种联系称为“非交易的相互依赖(untraded interdependences)”,认为企业通过商品和服务的市场交易所建立起来的相互关系或彼此依赖得以补充——而不是弱化——这种扩充通过额外的市场合同、相互关联和共同特征实现(Storper, 1997)。典型的案例如他提出的“圣三角地区(Holy-Trinity)”(Bathelt et al., 2003),具体包括强调各种形式企业之间合作的意大利中部工业区(Piore et al., 1984);国家鼓励间接的水平合作(竞争者之间)和直接的垂直合作(买卖者之间)的德国西南部的巴登—符腾堡汽车机械制造区(Herrigel, 1996);以及老企业不断分化出新企业,劳动力市场混杂,关键信息在区域内传播,从而形成共同区域文化的美国硅谷地区(Saxenian, 1999)。当然也有失败的案例,尤其是曾有过辉煌历史的区域,地方文化纽带如此之坚韧,结构如此之强硬,态度如此之古板,以至于新人和做事的新方法进入这一地区时遭遇难以克服的障碍,如德国鲁尔区(Ruhr Valley)(Grabher, 1993)、麻省的128公路(Saxenian, 1994)、瑞士的朱拉(Swiss Jura)(Glasmeier, 2001)。又缺少根植文化,协作文化发展也不成功,正在通过组织各种地方协作活动来弥补不足,旨在匹配企业之间的关联并实现社会化管理的南威尔士(South Wales)以及巴斯克村(Basque country)(Cooke et al., 1998)。

2.2 空间演替刻画:工业空间与社会文化空间

2.2.1 空间演替及相关概念辨析

1) 空间演替

这来源于生物学的一个概念。本义为随着时间的推移,生物群落中一些物种侵入,另一些物种消失,群落组成和环境向一定方向产生有顺序的发展质变,称为演替(周尚意,2009)。演替的基本标志是群落在物种组成上发生了变化;或者是在一定区域内一个群落被另一个群落逐步替代的过程。可以看成是空间本底不变,附着其上的产业、人口等发生了变化。

2) 空间重构

城市空间重构在西方国家泛指20世纪60年代以来城市发生的复杂的社会、经济及政治变化,如后福特主义转型、城市竞争、新信息技术、资本国际性流动、全球性城市、城市社会极化、工人阶层衰落、城市管制、地方居民社团增强等,所有这些需要“重构”城市以适应变化了的环境,既包括实体空间变化,也包括社会文化空间的转型。可以看成是整个空间本底发生了变化(田艳平,2009)。

3) 空间演变

历时较久的发展变化,附着空间之上的要素既发生质变,又发生量变。

4) 空间转移

要素从某个区域到另外一个区域的过程,强调要素的变化而非空间本底的变化。

5) 空间演进

逐渐地进化,附着空间之上的要素从量变到质变的过程(图2-2)。

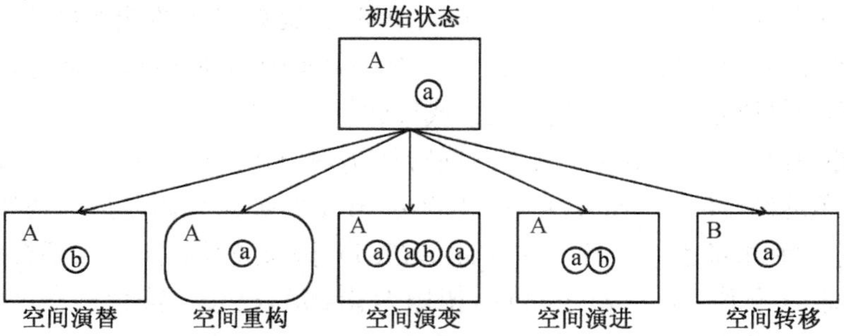

图 2-2　空间演替概念辨析示意图

2.2.2　工业空间概念和演替刻画

1）工业空间概念

本书中的工业空间指的是发生演替时，有具体边界且土地利用性质为工业的空间。从时点上，强调的是发生演替的时候，而不是已经发生演替。即土地利用性质从工业可能变为其他土地利用性质，而不是由其他土地利用性质变为工业。本书将北京开始发生演替的时间界定为1980年代。空间范围上强调有具体边界，突出实体空间的有界性。本书中的边界一般指代的是行政区和工业区的边界，这里之所以用工业空间的概念，是与下文社会文化空间的概念相对应，将其作为实体空间在本书研究工业转型的情景化表现。

关于工业空间内涵的解释有很多，本书则立足于迈克尔·泰勒（Michael Taylor）的以企业为核心，涵盖产业系统和地域的三角框架（Taylor et al.，2001）（图2-3）。该框架以企业为核心，准确地揭示了工业空间中的主体与载体的关系，即将地域既作为载体，又作为作用力反馈于其上的企业和产业系统。产业系统则是涵盖包括企业在内的诸多组织主体。

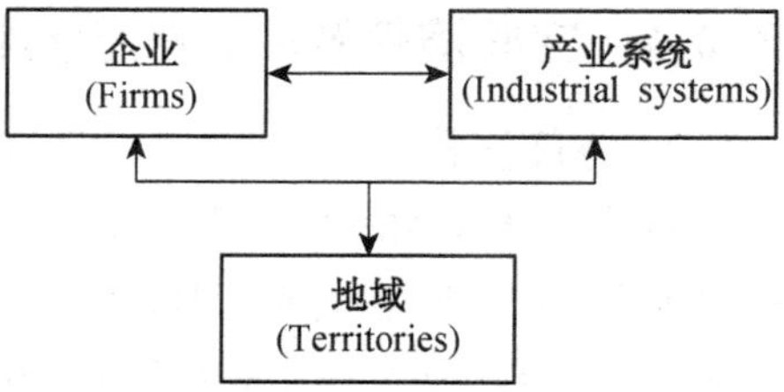

图 2-3　泰勒工业空间概念框架图

2）工业空间演替刻画

关于工业空间演替刻画，是从发生演替时点到演替完成（基本完成）的时点之间，基于泰勒框架，对工业空间的地域景观、产业系统和企业类型三个方面的变化情况进行刻画。本书选取北京宏观工业空间演替的时间节点为1978—2010年；三大案例区工业空间演替的时间节点各不相同，起点为该工业空间形成的时间，终点为演替基本完成，一般数据截止到2011年。

具体而言，从地域景观来看，工业空间演替表现为土地利用性质的变化，包括厂房、设备等一些工业景观的改变，工业遗产是工业空间演替的结果之一。国际古迹遗址理事会（ICOMOS）下属的国际工业遗产保护协会（TICCIH）起草的定义为："工业遗产包括具有历史、技术、社会、建筑或科学价值的工业文化遗存，这些遗存包括建筑物和机械、车间、作坊、工厂、矿厂、提炼加工厂、仓库、能源产生转化利用地、运输和所有其他的基础设施以及与工业有关的社会活动场所如住房、宗教场所、教育场所等。"（寇怀云，2007）对这些景观变化的描述刻画，通过影像资料、照片、文字等文本进行反映，本书在刻画工业景观变化的时候主要用的是照片记录的方法。

承载于地域之上的产业系统变化，从本质上来说，可以表现为产业结构从低级形态向高级形态的发展过程，也就是通常所说的"产业结构高级化"(刘键，2000)。具体可以包括三个方面：①结构规模由小变大，即产业部门数量增加，产业关联复杂化；②结构水平由低变高，即技术矩阵水平提高，以技术密集型为主体的产业关联取代以劳动密集型为主体的产业关联；③结构联系由松变紧，即产业之间的聚合程度提高，关联耦合更加紧密(张耀辉，2002)。具体到度量指标而言，本书用区域二、三产业之间产值构成变化情况等指标进行度量。

企业作为工业空间承载的主体，从宏观层面用区域内不同产业企业数以及劳动力构成数来进行度量，而在微观的研究案例区层面，则采用社会网络法和家族树法进行衡量，根据企业类型和企业网络的变化来刻画工业空间中企业的演替情况。

2.2.3 社会文化空间概念和演替刻画

1) 地理学中的"文化"

要解决社会文化空间的刻画问题，首先需要对"文化"进行定义。一直以来，"文化"这个概念众说纷纭，现在世界上有关"文化"的定义已达 200 多种(郭莲，2002)。本书结合威廉·诺顿(William Norton)在其教材中对人文地理学中"文化"定义的整理(Norton，2000)，着重对地理学家眼中的"文化"进行探讨评述。

表 2-1 地理学中的"文化"定义

编号	作者	时间	定义	评述
1	C. Sauer	1925	文化是人类对于某个地区所有事物的印象(Sauer，1925)	Sauer 在代表著作中的经典论述，强调了文化作为景观产物的想法
2	C. Sauer	1941	文化是占据某个地区的一个群体的习得性和传统的活动(Sauer，1941)	相比于 1925 年，少了一些环境决定论的意味，与景观学派其后做的相关经验研究更为贴近
3	C. Gritzner	1966	文化是人类社会被一系列普遍复杂的文化特质结合起来，每种特质之于某个文化群体都具有特定的物质形式或适用功能或价值表达(Gritzner，1966)	反映了景观学派的共识和活动，强调文化是通过人类符号化行为进行时空传播的
4	J. Spencer W. Thomas	1973	文化是人类习得行为和做事方式的总和。文化是被人们居住和工作的某个群体发明、执行和缓慢改变的，这些群体在地球上占据了一些特殊的区域，并且发育成它们自己的独特的、与众不同的文化系统(Spencer et al.，1973)	广为流传的一个定义，认为文化是习得的
5	W. Zelinsky	1973	文化是想法和行动的一套编码或者模板(Zelinsky，1973)	从更为宏观的背景叙述，文化是一种因果机制
6	P. Wagner	1974	我们所说的文化更像是习得行为(Wagner，1974)	在 J. Spencer 定义上的概括，强调学习的重要性

（续表）

编号	作者	时间	定义	评述
7	P. Wagner	1975	文化可以被看作是在特定的、有目的的、规则制定和跟从团体中彼此沟通和联系的载体（Wagner，1975）	强调了学习的重要性，强调文化指代的是人类行为，强调群体间和群体内部的交流和互动
8	P. Jackson S. Smith	1984	文化是一个共享意义的系统，是可变且可交流的，不是固定和无声的。而且文化的呈现特质具有空间特征，不仅仅是因为邻近性可能鼓励个体生活世界之间的分享和交流，也因为从互动行为者的角度看，社会群体能够创造一种地方感，挖掘物质环境的符号特质，这些特质是景观的构成渗透和缠绕在活动的社会世界里（Jackson et al.，1984）	新文化地理学率先提出的文化概念之一，集合了 P. Wagner 的观点，从行为向意义的转换
9	P. Jackson	1989	文化是一个领域，不仅仅是政治的，附属是可商量和抵抗的，意思不仅仅是暴露的，而且是抗争的（Jackson，1989）	明确提出文化需要在不同群体的斗争背景下进行理解，在社会世界中的一个重要参考
10	P. Shurmer-Smith K. Hannam	1994	文化是可商量的主体间性（intersubjectivity），允许人类作为个体对另外的个体进行浅薄的了解，并且共同去经历（Shurmer-Smith et al.，1994）	从特质论到景观的地图化，强调环境中的行为方式
11	L. McDowell	1994	文化是一系列想法、习俗和信仰，能塑造人们的行为和他们物质手工品的生产，包括景观和建设的环境。文化是社会定义的，也是社会解释的。文化想法被某些群体共享或挑战，它们具有时空特性（McDowell，1994）	将文化视为一个更广泛的妥协，但想让这种妥协被各个群体所广泛接受有一定的难度
12	T. Jordan， M. Domosh L. Rowntree	1997	文化是习得的人类集体行为，与直觉、天赋和天生行为是相对的。这些习得的特质被一群个体所共享（Jordan et al.，1997）	这又是一个在广为流传的教科书中的定义，将文化视为景观学派概念的一种进化
13	M. Crang	1998	文化应该被视为与特定地区和历史时期相关联众多的规范、行为和期待所构成的复合体（Crang，1998）	基于结构主义视角下的文化观点

注：为了便于查询，直接采用了作者的英文名。

过去简单地把一个国家、一个城市，甚至一个工厂都看作是具有一种单一文化的观点，显然无益于对本书问题的研究。结合地理学中不同观点的评述，立足新文化地理学的观点，结合杰克逊和史密斯（P. Jackson and S. Smith）以及克朗（M. Crang）的定义，本书中要探讨的文化被视为是“行为者共享意义的可变系统，同时文化的呈现特质具有空间的特征(Jackson et al.，1984)，且被视为与特定地区和历史结构互动的复合体”。这里有三层含义：首先文化具有空间性，这与命题中“社会文化空间”的逻辑可谓一脉相承；其次，从动力角度来看，文化的形成不仅仅是行为者的互动，更被认为是特定的地区结构的互动，这就与贯穿本书的包含结构与行动者“双重建构”的动力机制相吻合；再次，文化本身是可变的，呼应文中从空间变化中探讨文化的背景条件；最后，这里的文化除了景观层面本身，更多的是强调其意义系统，即工业空间发生演替后的符号系统和意义系统的变化。

2）社会文化空间概念

研究社会文化空间是有意义的。列斐伏尔(Henry Lefebvre，1901—1991)在其重要的著作《空间的生产》中提出，“空间从来就不是空洞的，它往往蕴含着某种意义”，人类在进行各种物质生产的同时，还进行着“空间的生产”(Lefebvre et al.，1991)。他所说的空间就是本书要讨论的社会文化空间。迈尔·克朗也提到：“文化是通过一系列特定空间里的形式和活动来获得再现的。”(Crang，1998)因此在文化地理学研究的环境下，强调文化空间的概念是有必要的。由于文化是社会群体共享的，因此本书不单独定义“社会空间”或“文化空间”，将其并称为“社会文化空间”。

社会文化空间一般是与实体空间相对的，与实体空间更多建立在欧式坐标系上不同，社会文化空间的研究是没有固定的空间坐标系，也意味着其尺度的放缩性。以城市社会文化空间为例，它可能将城市看作一个整体的空间，也可能将一个非常小的空间或中等程度的空间作为独立的空间坐标系。

目前，对社会文化空间的定义并不成熟，国内有学者认为社会文化空间有三个层次：首先，它指一群承载某种文化特征的人群所在的地方，它有自己的物质载体，通常是建筑；其次，这群人赋予所在地方的非物质载体的、抽象的社会文化特征；第三，抽象文化与其物质载体具有的联系。①

为了更好地理解社会文化空间，本书在让·马丁(Ron Martin)政治空间基础上，进行衍生，认为社会文化空间指的是叠加于一定地理区域之上由特定的社会文化构成并且对该地理区域产生有效影响的空间(Social and cultural space is meant the specific geographical area over which is constituted by specific social and culture and has effective reach or influence.)(Martin)。这个定义突出了社会文化空间的三大特征，也是本书在进行社会文化空间阐释的三个重点：第一是地域性，本书所指的社会文化空间都是叠加于某一特定地理区域之上的，而不是泛泛地谈某种社会文化，这与直接谈“社会文化”有本质区别；第二是特定性，强调特定的地域空间和特定的社会文化之间的对应关系，强调了两者之间的相互对应和关联，这种特定性为地区地方性形成提供了可能；第三是作用性，特定性谈到了地域与社会文化的对应关系，作用性则突出了社会文化空间的研究意义所在，在于社会文化空间的存在对地域空间自身的人和地以及人地关系之间是能够产生影响的，而本书正是试图去探讨这种影响。

但这种定义仅仅考虑地理区域本身，梅西等以英国东南部区域为案例，提出“社会空间在一定程度可以被视为社会关系的产品，也就是说，它可以被视为出现的社会现象所产

---

① 《2011中国文化地理学学科进展》。

生的联系……”(Allen et al.，1998)。这个陈述意味着社会文化空间被区域间和区域主体间不同且不平等的关系所约束。因此，更具体地说，本书中社会文化空间指的是“特定区域内部各种不同权力主体营造的社会关系，以及对本区域产生影响的社会文化产物分布或存在的空间”。这既强调叠加于空间之上的社会文化产物，又强调对不同行动主体之间关系、联系的关注。

3) 社会文化空间演替刻画

根据有关学者的研究，社会文化的定义可以分为描述性、规范性、历史性、心理性和结构性几类(余美仙，2010)。本书基于结构主义的分析框架，根据空间自身具有结构性的特点，采用唐纳德·沃斯特(Donald Worster)三层次的结构分析模式对社会文化进行分类。沃斯特的分析模式包括：“第一，对自然本身的理解，认为在各个历史时期自然是充满生机并发挥作用的；第二，引入社会经济领域，因为它与环境是相互作用的，并着重关注的是工具和劳动、从劳动过程中产生的社会关系以及人们所设计的从自然资源中获取产品的各种方式；第三，独特的人类经历的象征——纯粹的精神或思想层面，其中，感知、伦理、法律、神话和其他意识结构成为个人或组织与自然对话的组成部分。”(Worster，1988)他的分析模式是针对环境史演变的，本书认为社会文化空间的形成首先是受区域特殊的自然环境影响形成的，并外化形成一些区域的特产，这表现在衣食住行等各个方面的人文景观，进而影响并固化成为一种符合该区域的社会经济模式，最终沉淀为一种稳定的以区域地方性为代表的精神意识形态类的产物。而这三个层次实质上与传统文化地理学研究中将文化景观划分为物质文化景观(生计层)、制度文化景观(制度层)和精神文化景观(价值观层)的三分法也不谋而合(周尚意等，2004)。

根据社会文化定义和文化的三层分类，将社会文化空间按三个层级进行刻画，且每个案例区中重点对某层社会文化空间的演替情况进行重点刻画。其中，第一层是生计层。除了工业空间演替后，遗留下来的诸如工业遗产的物质景观外，主要探讨的是生产工艺在空间的传承。第二层是制度关系层。除了传统的制度外，基于认知人类学经典理论“萨皮尔-霍尔夫假说”中“真正的文化仅仅存在于文化负荷者心中”(爱德华萨皮尔，1985)。工业空间的变化带来最直接的社会文化空间变化，实质上就是人的变化，即所谓文化负荷者的变化。也就是说，空间内原有的企业迁出，又有新的企业进入，进而引起了社会网络在空间上的变化。制度与社会网络也构成了第二层主要内涵。第三层是最高层，为意识形态层。由于研究的工业空间中微观主体是企业，在第三层中需要借用管理组织文化学派的观点，认为“商务性组织与其实施者必然在一定的文化背景下生存”(Laurent，1983；Hofstede，1994)，这种文化背景又可以转化为一种区域价值观，因此第三层次也可以被视为价值观层。图 2-4 就是本书研究中社会文化空间三层次图。

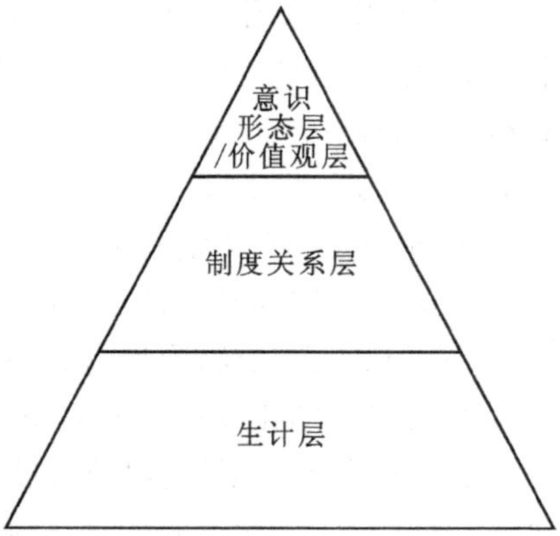

图 2-4　社会文化空间“三层次”研究框架

本书在社会文化空间“三层次”研究框架基础上，结合格特勒的关于生产文化分类相应的维度，对每个层次进行进一步的细分（表 2-2）（Gertler，2004）。关于社会文化空间演替的刻画，则同样是确定时间段，比较演替前后两个时期的案例区社会特征的变化。本书各个案例区社会文化空间演替变化起始点不同，但终点基本确定在 2011 年。

表 2-2　本书社会文化空间“三层次”细分

层　次	维　度
生计层	建筑景观
	企业分布
	生产工艺
制度关系层	制度
	关系网络
意识形态层	区域形象定位
	区域价值观
	企业文化

2.3　空间演替动力：结构与行动者

结构和行动者的关系是方法论讨论中一个经久不衰的主题。如上文所述，结构主义、马克思结构主义和结构功能主义中，都强调结构对行动者的控制。非功能主义则尝试将微观社会学融入帕森斯的框架中。而人文主义、符号学和民族志，则将优先性给予行动者。结构化理论则尝试将文化、结构和行动者三者关系进行综合（Smith，2001）。那么，地理学中如何来阐释这种结构与行动者的关系呢？对于空间演替的动力分析涉及了结构和行动者的关系。结构主义及其影响下的马克思结构主义地理学，都强调结构对行动者的控制。而人文主义、符号学和民族志，则将优先性给予行动者。结构化理论则尝试将文化、结构和行动者三者关系进行综合（Smith，2001）。本书尝试利用这几种理论对演替动力进行探讨。

2.3.1　从“扑克牌游戏”谈起

这里将介绍的“扑克牌游戏”是结构主义地理学中关于结构与行动者的一个通俗解释。该游戏是加拿大不列颠哥伦比亚大学德里克·格里高利（Derek Gregory）教授在《地域差异与后现代人文地理学》（*Areal Differentiation and Post-modern Human Geography*）（Gregory，1989）中提出的。他的设计思想来自多琳·梅西。梅西是英国结构主义—马克思主义地理学的代表人物，长期致力于对全球化、区域不平等发展方面的研究，1984 年她出版了《批判的人文地理学》（*Critical Human Geography*）丛书中的一册《劳动的空间分工》（*Spatial Divisions of Labor*）（Massey，1984）。

格里高利就在他的这篇经典文章中用扑克牌对梅西的理论进行了解读。他采取了扑克牌的游戏方式。在第一轮中，发放同一花色的牌（代表资本积累过程），每个玩家（代表不同区域）得到不同点数的牌（代表不同的功能）。在第二和第三轮，其他花色的牌被发放。同时一个阶段接着另一个阶段，因此当地经济的结构可以被看成是“层”叠加的产物，即上文中提到的梅西关于地方性的概念阐释。在发完三轮牌后，各个玩家手中不同花色牌点的组合象征着每个“区域”经济结构的具体差异。但是对于每个玩家（即区域）而言，这与其他玩家手上拿的牌之间有“水平”联系，与上轮发的牌之间有“垂直”联系。第四轮发牌则开始有规则了，即代表不同生产要素的不同花色的牌的发放取决于各个玩家手中的牌的花色组合和牌点数。时代的变化，体现为发牌规则的变化。通过这个游戏可以清楚地表明，资本和其他生产要素的流动是由原来的区域经济结构决定的（图 2-5）。

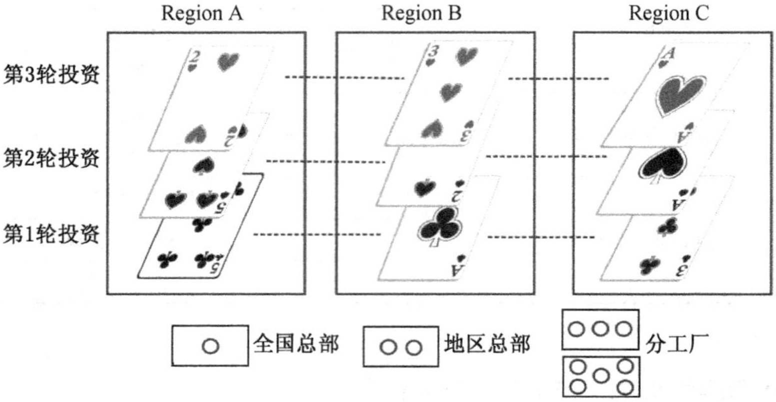

图 2-5　区域发展基础差异图

让我们进一步利用格里高利文章中给出的图做解释。这里假设有三个玩家，分别代表区域 A、B、C，不同点数代表区域的不同功能，1 点为全国总部，2 点为地区总部，3 点、5 点代表分工厂；并用不同花色来表示每轮的资本累积过程。在第一轮投资中，发的都是梅花牌，根据功能的分工不同，区域 A、C 被布局为分工厂，区域 B 则扮演了全国总部的角色；在第二轮投资中，三个区域的分工发生了变化，区域 A 依旧为分工厂，区域 B 为地区总部，区域 C 则成为了第二轮资本布局中的全国总部；在第三轮投资中，区域 C 依然是全国总部，区域 A 则上升成为地区总部，区域 B 则继续降级为分工厂的布局。显然从这个案例中可以清楚看到，区域经济结构在一定程度上决定了资本与其他生产要素的流动。

案例中，大师的故事仅仅讲到这就结束了，后面的牌该怎么继续玩下去？还有其他的规则吗？本书做了一个延伸，实则在探讨这样一个问题：区域经济的发展，究竟仅仅是区域经济结构的作用，还是区域中的行动者，如总部、工厂等发挥了作用？

1）有发牌人的扑克牌游戏

根据格里高利的原意设计了简化的游戏方法。假设参加游戏的玩家有四个人（可以更多），一个人扮演发牌人，其余三个玩家分别代表三个不同的区域。

第一步：区域发展的初始基础。四个花色的牌代表资本（方片）、劳动力（红桃）、自然资源（梅花）、技术（黑桃）四种生产要素。发牌人扮演的是要素分配者的角色，他向其余玩家发放同一花色的牌，每个玩家得到不同点数的牌（假设点数多代表该生产要素的丰富度或优势度），然后再发放两轮其他花色的牌。发完三轮牌后，各个玩家手中不同花色牌点的组合象征着每个“区域”初始状态的差异。开始的三轮牌是随机发放的。

第二步：生产要素区域间流动的规则。自第四轮开始，发牌者需要根据某些规则决定自己手中的牌发向哪位玩家，即要素分配者根据现有各个区域的发展基础，决定下面的三张方片牌分别发到哪个区域上。对此我们可以根据现有的区域经济学经典理论，对四种花色的牌作出如下规则假设：

规则 1：红桃发给方片点数和最高的地区，表明劳动力愿意流向就业机会多的地区，通常资本多的地区就业机会也多。

规则 2：方片发给红桃、黑桃、梅花组合点数和最高的地区，表明资本愿意向劳动力充足、资源充足、技术好的地区流动。

规则 3：黑桃发给方片点数和最高的地区，表明技术通常也是在资本丰富的地区出现。

规则 4：梅花发给方片和黑桃组合点数和最高的地区，表明自然资源通常向经济效率高的地区流动，通常资本密集、技术好，则经济效率高。

那么在此基础上，假设第四轮发牌者要发的是方片（即资本），那么根据规则 2，他会选择发给玩家 A（即区域 A）；而第五轮假设是黑桃，由于就只有玩家 A 有方片，因此他根据规则 3，会继续把牌发给区域 A。以此类推，最后的结果最可能出现的是发牌方将牌都发给玩家 A。

可见，发牌者按照各个玩家手中原有的花色特点发放，即发放代表不同生产要素的不同花色的牌，要取决于各个玩家手中的牌的花色组合和牌点数。这些发牌规则表明，生产要素的区域间流动是由原来的区域经济结构（即最早的三张牌）决定的。原来的区域经济结构越好，后期获得生产要素的可能性越高，这也就解释了区域发展的不均衡。但是时代不同，发牌的规则也会有变化，即发牌的规则可以由发牌方（要素分配方）自己来确定。

通过对发牌方规则的确定，格里高利的游戏就可以继续玩下去了。但是从扑克牌游戏的角度，实际上仅仅是发牌方的游戏，其余玩家完全成了被动的接牌方。只要熟悉了发牌方的规则，游戏的进程实际上在前三轮随机地发牌后就已经结束了，后面只是按部就班地发牌。而从区域地理学的角度看，在游戏中反映出来的"区域"在整个要素选择过程中过于被动，没有表现出区域自身发展过程中体现的对包括资本、劳动力等各种要素吸附的主动性。这时那些制定的规则和发牌人产生的作用力实际上表现为一种"结构"的作用力，区域不过是依靠原有的资源禀赋（原有的三张牌），并受这种结构作用力约束罢了。但是现实情况并非如此，区域中的主体作为行动体显然是有其能动性的。这里再换一种玩法，假如没有发牌人，由区域自己摸牌，那么游戏该怎样继续呢？

2）无发牌人的扑克牌游戏

我们在基于上述关于区域发展初始基础的假设基础上，同样经过三轮发牌后，形成了如图 2-6 所示的牌面。由于已经无发牌方和确定的规则，这时候我们确定了如下的规则：

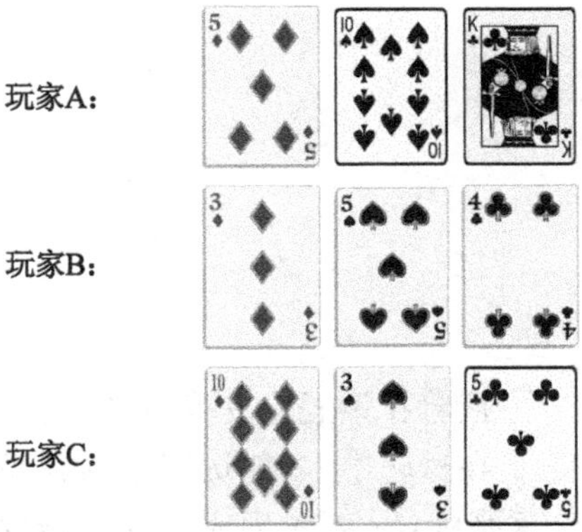

图 2-6　无发牌方扑克牌游戏第一轮发牌图

规则 5：假设有 N 个玩家，在三轮随机抓牌后，每轮翻开 N 张牌，由玩家自由进行选择。

规则 6：假设各个玩家在拿到三轮牌的基础上，根据牌面玩家们需要选择最适合自己出牌的玩法，即选择某种既有的扑克牌游戏规则，且选择规则后不能改变。这表明各个区域基于自身资源要素禀赋进行的战略发展选择，相较于格里高利被动发牌比较的例子更能说明这种战略选择的逻辑性，也更能被学生所接受。

规则 7：一旦各个玩家之间无法协调，则根据玩家现有牌面点数和来确定的，点数大的玩家优先选牌。与有发牌人时的假设一致，区域自身经济结构优、要素禀赋好，则有更大的能力去优先获得某种自身想要的要素。

那么在此基础上，根据规则 6，三个玩家就会根据各自的牌面选择相应的规则。其中玩家 A 是最确定的，会选择“五十 K”的游戏规则；而玩家 B 则很可能选择“梭哈”或者“斗地主”的玩法，因为其牌面是一个顺子；至于区域 C 没有呈现出特别的规律，则可能考虑玩“21 点”。

接着，在第四轮出牌中，假定玩家 A、B、C 按照三轮结束后各自确定的出牌规则进行资本的选择，即玩家 A 确定选择了“五十 K”玩法，玩家 B 选择“梭哈”玩法，玩家 C 选择“21 点”玩法。假设第四轮出现的牌如图 2-7 所示。

图 2-7　第四轮出现的牌

根据规则 5，三个游戏玩家各自进行选择，为了各自牌面的最优局面出现，就会出现协商的局面。即玩家 A 选择红桃 2，因为 2 是“五十 K”中单张最大的牌；玩家 B 会选择红桃 6 保持顺子的可能性；玩家 C 选择红桃 A 增加“21 点”胜算的可能。大家各得所需，各自获得了将来区域的发展空间，那么牌面的变化如图 2-8 所示。

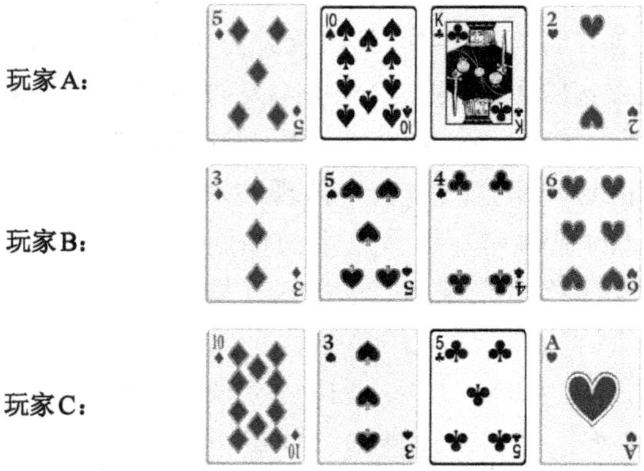

图 2-8　进行选择后的牌面情况

接着在第五轮发牌中，出现的牌如图 2-9 所示。

图 2-9　第五轮出现的牌

在这轮中，三位玩家根据自身现有的牌面无疑都需要黑桃 2 这张牌：玩家 A 形成一对 2，玩家 B 构成顺子，玩家 C 形成 21 点。那么这时候玩家与玩家之间，即区域与区域之间由于资源的稀缺性和区域自身发展过程中的战略需要，就会构成区域之间的竞争，这种竞争关系是不可调和的，因为一旦谁获得这张牌（即某种要素资源），谁将最有可能在这轮投资过程中获得占先的优势。由于我们在规则 7 中已经确定了由点数和最大的区域获得，则区域 A 获得了黑桃 2。

从结果来看似乎相同，依然是在规则的控制下，由资源禀赋好的区域获得最优结果。

这可以用马克思结构主义地理学中反复强调的深层结构来进行解释，资本对利润地追逐和控制导致了空间的不平等，而要素禀赋好的区域在竞争中往往能优先吸引到资本，进而产生了区域发展的不平等。但是与有发牌人的扑克牌游戏不同，在无发牌人的规则下，各位玩家有其充分的参与性，尤其表现在第四轮中，各个发派人根据自己的需要，能够构成不同的牌面（即发展方式），这时候在规则这一结构下的区域是具有能动性的，是可以根据结构做出应激反应的。

综上所述，无论有发牌还是无发牌，本质上是对地理学研究中的结构与行动者关系做了一个比喻。在不同结构与行动者关系视角下，如游戏中涉及的区域发展问题，得到了不同的解释。尤其自 20 世纪 80 年代以来，人文地理学流派纷呈，已经从马克思结构主义中单向的经济基础决定论转变为结构与行动者“双重建构”的结构化理论，以及更为多元的关系地理学视角，乃至文本也开始作为行动者出现在人文地理学的研究中。

2.3.2 结构主义

1）结构主义和结构主义地理学概述

结构主义是 20 世纪 60 年代在法国继存在主义之后兴起的一种哲学思潮。它承诺提供严密、精确的方法，寻求具有决定性的科研研究的新模式。瑞士语言学家索绪尔（Ferdinand de Saussure，1857—1913）的思想、俄国形式主义以及以雅各布森（Roman Jakobson，1896—1982）为首的布拉格学派是结构主义的理论渊源。结构主义被广泛运用于人类学、社会学、历史学和文学等多种学科之中。具有代表性的有列维·斯特劳斯（Claude Lévi-Strauss，1908—）的结构人类学、简·皮亚杰（Jean Piaget，1896—1980）的结构主义心理学和罗兰·巴尔特（Roland Barthes，1915—1980）的结构主义文艺批评理论及阿尔都塞（Louis Althusser，1918—1990）“结构主义的马克思主义”（韩震，2006）。

一般来说，尽管结构主义有各种不同的形式，在各个不同学科中也有不同的应用，但是都认为存在决定历史、社会与文化中的具体事件行为的规则整体。根据约翰斯顿（R. J. Johnston），结构可以分为三个层次：①表层，或上层结构；②过程，或下部结构；③控制，或深层结构。为了研究的方便，有时将结构划分为两个层次，即表层结构和深层结构。其中，“表层结构”是指现象的外部关系，能反映深层结构。深层结构与表层结构之间是决定与被决定的关系。“深层结构”则是指现象的内部关系，即决定历史、社会与文化中的具体事件行为的规则整体。深层结构是抽象的，没有具体的表现形式。如与语言相对的语法结构，与社会行为相对的经济基础结构。而“下部结构”则是作为联系“表层结构”和“深层结构”的机制所出现的。三层结构之间的互动关系可以表述为：下部结构的运转过程是由深层结构控制的，因此，研究表层结构的各种模型可以揭示深层结构的性质（约翰斯顿等，1999）。如列维·斯特劳斯指出的旨在发现“隐藏在每个制度和每种习惯下面的无意识结构”。

欧美人文地理学界在 20 世纪六七十年代率先引入结构主义分析方法，并出现了结构主义地理学派（理查德·皮特等，2007），即承认空间规律的存在，空间规律同样被上述提到的表层结构和深层结构所建构。主要将结构主义应用在不平等发展、居住分离、政治地缘和区域历史发展等方面的地理学研究中。根据约翰斯顿在《地理学与地理学家》第二版中的介绍，结构主义地理学可以被划分为“结构是建构的（structure as construct）”和“结构是过程的（structure as process）”（Johnston，1986）。其中，前者主要围绕皮亚杰关于儿童空间知识获取的研究展开。根据皮亚杰的定义，结构的分析应从结构的三个特征入手，即整体性、转换性和自身调整性。结构是一个由种种转换规律组成的体系，有其整体性，也可以形式化或数理逻辑化，也有转换性和自身调整性。这三种性质都与社会文化研究相关，但由于缺乏详细的数据资料，社会文化研究很难做到像物理学那样对结构进行方程式性质的表达，但却可以像语言学或社会学那样确定整体性、转换性和自身调整性的概念。主体之间的关系被隐喻成数学上的方程组集合，替代关系是指历史变化过程中一个变量或几个变量发生置换和重组，而稳态调整性则意指尽管变量出现了变化或重组，但系统必须达到新稳定态(皮亚杰等，1996)。

这三个特征在空间演替的研究中都十分显现，某个区域可以看作是一个若干变量构成的稳态方程式，在空间演替过程中，若干变量产生变化，经过区域自身调整后又形成新的稳态。但是这种“结构是建构的”研究在地理学中并不多见，原因在于将空间的深层结构简单地类比为某个核或轴显然无法解释空间的复杂性。后者关于“结构是过程的”论述，则是地理学者们关注的重点，其代表流派就是马克思结构主义地理学。

2) 马克思结构主义地理学

马克思结构主义地理学的基础是马克思的结构主义和阿尔都塞(Louis Althusser，1918—1990)的结构主义。马克思结构主义的精髓在于得到经济基础决定上层基础的规律，并解释出资本家对剩余价值的追逐是资本主义运行的深层结构。但真正将马克思主义与结构主义结合起来的推动者是阿尔都塞，他的理论背景在于捍卫马克思后期著作的科学地位，反对抹杀马克思主义与黑格尔之间的传承关系(阿尔都塞，1984)。他主张用结构主义的理论和方法重新理解和阐释马克思主义。他认为马克思主义不是颠倒过来的黑格尔辩证法，黑格尔体系是由普遍概念构成的，一切都可以还原为概念的本质；而在马克思著作里，社会组织包含大量相互联系但又不能相互还原的内容，如经济、政治、文化、意识形态等。阿尔都塞指出马克思主义中的“矛盾”是与整个社会系统的结构不可分割的(韩震，2006)。

将马克思结构主义运用到地理学的领军人物哈维，在《社会公正与城市》一书中通过调查巴尔的摩，对城市主义与空间进行了解释(Harvey，1973)，提出了城市化的一般理论：将城市与生产方式联系在一起，城市的形成发展，有赖于社会剩余价值生产的地理集聚。曼尼尔·卡斯特尔(Manuel Castells)运用阿尔都塞的理论，在都市社会文化空间分析中采用马克思主义城市范围的概念。他指出城市是资本主义生产方式和生产关系在空间上的投影(Castells et al.，1977)。但同时他也提出这样的问题：“社会的城市空间形式的社会生产过程是怎样的；相反，城市空间与社会中的结构转化之间的关系是怎样的?”在卡斯特尔提出“空间建构”的同时，法国经济学家阿兰·利佩茨提出“空间是建构社会构成的社会—经济关系的物质形式，空间是社会关系的反映”(理查德·皮特等，2007)。总之，他们认为社会生活的每个方面都与环境空间相关，每种生产方式都创造了一定的空间排列，生产方式的连续性创造并且选择了景观。每一种生产方式，生产方式的每个阶段，甚至生产方式的每个场合，都包含着空间的不同组织。这些观点也逐步为人文地理学界所采纳，社会网络研究方法也因此在地理学界得到广泛的应用。

建立在安东尼奥·葛兰西(Antonio Gramsci)基于马克思主义基础上的管制学派(regulationist)则是结构主义地理学的另一重要学派。其中，洛杉矶加利福尼亚大学的艾伦·斯科特(Allen Scott)和迈克尔·斯托波尔(Michael Storper)以管制为术语对传统马克思主义的结构理论进行批判，但是他们的观点仍然是结构主义的，只不过他们强调的深层结构和之前不同。他们认为，结构主义的马克思主义不能把握先进资本主义的复杂性，在新资本主义的现实中，特别是在经济和社会的国际化中，研究应当聚焦于组织投资、生产和工作的精确策略，而不是"某些独立的和抽象的结构管制"。传统的结构主义的马克思主义不能预料到资本的技术活力和社会创造力，他们从结构主义的前定(predetermined)发展道路观念，转而关注于作为历史具体和偶然决定性的阶级关系、技术变化和政治斗争的细节。他们认为的深层结构是具体的"日常生产系统"，而非抽象概括的生产方式。受管制理论最大的影响表现在新工业地理学上，研究如何对社会—空间关系进行"重新拼凑"，在既定的生产方式下，产生出更具动力的区域，这是本书探讨空间演替所向往的方向(Scott et al.，1986)。

纵观结构主义的马克思主义地理学家们都试图探讨生产方式和空间的关系，认为在产业空间的演替过程中，空间演替的动力是通过区域个体、社会组织与环境的相互作用。这种空间形式的变化包括经济的、政治法律的和意识形态的三个方面，其中经济活动(即本书中的产业活动)是按照利益最大化的深层逻辑来塑造空间；政治—法律系统根据国家机器的控制需要来塑造空间；在意识形态系统中，空间则承载着符号结构的意义(理查德·皮特等，2007)。本书在探讨宏观尺度下的工业空间演替动力时，就主要运用了马克思结构主义地理学的观点。

马克思结构主义由于忽视了人类的能动性，逐渐遭到学者的批判，最经典的如托普森(Edward Thompson)的名句"工人不像太阳一样既定地日出日落，而是取决于他们自己的决定"(Thompson，1979)。另外有学者则质疑马克思—阿尔都塞结构主义实际上的内在逻辑是不一致的，认为阿尔都塞实际上歪曲了马克思主义，否定了经济基础的决定作用(马良等，2002)，并因此出现了后马克思主义、后结构主义、新结构主义、现实主义等诸多学派。这些理论都建立在对结构主义的批判基础上，而这并不是本书所要强调的重点。

本书重点探讨社会文化作为能动性的一种来源，认为其变化并非完全受结构决定力所影响。此外，本书在分析结构时除了对宏观尺度透析外，还需要对中、微观尺度下的社会结构进行分析，因此需要用到结构化理论。

2.3.3 结构化理论

1）吉登斯的结构化理论

在现代马克思主义的发展历史中，被称为"两个马克思主义(two Marxisms)"之间的紧张关系反复出现：一个颂扬意识的力量和人类集体的能动性；另一个痴迷于生产模式的结构逻辑。正如佩里·安德森(Perry Anderson)曾经总结过的一样："对于这一点，经典马克思主义即使在它的巅峰时期，也不能提供一致的答案。"(Anderson，1983)伴随着这种对马克思结构主义的审视，这种关于能动性和结构双重关系的讨论占据了学术讨论的核心位置(Gregory，1981；Thrift，1983)。这些讨论主要来源于安东尼·吉登斯(Anthony Giddens)的结构化理论(Structuration Theory)，该理论试图将唯意志论和决定论这两个极端的观点综合在一起，将结构和行动者都带入研究之中，将马克思历史唯物主义和关于行动体及能动性进行绑定。

吉登斯的结构化理论被学者认为是一次勇敢的综合尝试，是社会文化领域克服微观和宏观分割的重要努力，解决了当代社会和文化理论中最为艰深的问题（Smith，2001）。在结构化理论中，吉登斯并没有过多使用“文化”这个词，但是对文化的构成和内涵做了一个详细的说明。他强调的重点是人类生活中解释系统和意义系统的作用。他的理论是在结构主义和结构功能主义基础上发展起来的，他认为简单的结构和行动者的交互模型是有缺陷的，“如果说解释社会学（interpretative sociologies）的建立，是社会主体的帝国，那么（结构）功能主义和结构主义则是指向社会客体的帝国”（Giddens，1984）。为了尝试克服这种二元论的观点，他建议将结构和行动体视为一个相互支持的二元体（duality）。在这个理论中，吉登斯试图发展并尝试采取这种行动，即可以更好地被一系列处理过的（sensitizing）想法特征化，而不是一种像哈贝马斯和帕森斯的综合模型。

吉登斯结构化模型的核心是具有能动性和创造力的人类主体，他探讨了人类被规则和外部结构所制约。同时，吉登斯又对人类学和现象学中不受阻碍的个体和主体进行了一定的区分。他认为结构需要的是对个体产生内化作用，而不是外部作用。他坚持认为制度和社会系统（即他认为的“结构”）不过是真实人类个体反思行为的集合产物。结构之于吉登斯是一种有形的存在，存在于形式和记忆轨迹，它具有能动性而不仅仅是约束性。他认为结构由规则和资源（rules and resource）构成，包括知识、技能、实践竞争力，也就是我们一般认为的广义的文化，人们通过社会化来获取这些规则和资源。大部分围绕实践的社会生活，是人们自省地在他们所从事的生活中，实施这些规则和资源。这些部署是具有一定移植性的，它是由稳定的制度环境再生产所引起的。此外，吉登斯认为结构是行动的“中介和结果（medium and outcome）”。“中介”是结构作为自身反复不断地组织起来的行为的中介；而“结果”则是在更广阔的文化形式下，由人类使用和再生产。最终，结构化被视为人类行为向社会力量的互惠过程。除了文化角度，吉登斯认为还有一个理由使得人类行为趋向于再生产的社会秩序。他称之为“本体安全性（ontological security）”，即人们需要信任并惧怕不确定性。根据吉登斯的观点，社会生活的路径化和传统化使得人们感觉安全，并且可以进入可斡旋的局面（Giddens，1984）。

对吉登斯的批判集中在两个方面（Sewell，1992）：一是认为吉登斯的理论过于唯意志论（voluntaristic）和理想化，他降低了如文化霸权和阶级或种族不平等制度带来的强迫和约束，认为仅依靠人们不同的想法和行动，就能创造性地使用他们脑海中的“结构”。二是他对结构的定义是非传统的，他也没有区分文化资源（如知识、技能）和物质资源（如金钱、武器和权力）。根据它们本体论的状态和对社会生活的潜在影响，这种区分还是非常必要的。

2）地理学视角下的结构化理论

关于结构与行动者的对立也出现在地理学中，我们同样可以称之为“两个地理学”。其中，结构与行动者被视为空间的“两面性”，在这样的社会空间里，如菲利普·艾布拉姆斯（Philip Abrams）所言：“人类既是创造者（creators），又是被创造物（creatures）；既是制造者（makers），又是被囚禁者（prisoners）；简单地说我们的行为创造了世界，而世界又有力地约束着我们。”（Abrams，1983）为了尝试将马克思历史唯物主义和严密的关于个体代理和能动性绑定在一起对空间进行研究（Gregson，2005），安东尼·吉登斯提出的结构化理论被逐渐引入人文地理学。

吉登斯坚称“社会生活的空间配置正如它的时间维度一样具有基本的重要性……人文地理学和社会学之间没有逻辑上和方法论上的区别”（Giddens，1984），这种时空关系的合作被证明是这种后马克思主义结构化理论发展的一个战略时刻。图 2-10 可以视为他的结构化理论的地理学框架(Gregory，1989)。

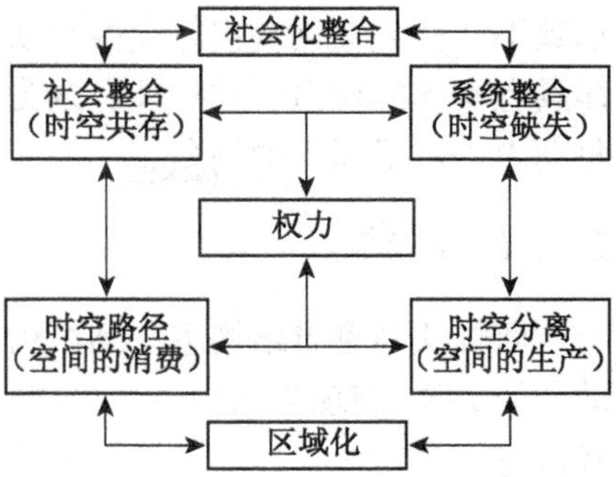

图 2-10　吉登斯结构化理论基础上发展的地理学框架

在该框架中，以权力为核心的时空关系组成了结构化理论的主要脉络(Gregory，1985)。从“社会整合”框架看，吉登斯认为在 18 世纪前，“社会”的含义被简单地认为是那些共存于时空中人们的常规互动或者是他者的陪伴。按照托尔斯敦·哈格斯特朗(Torsten Hägerstrand)时间地理学的观点，吉登斯认为通过能被获得的时空路径特征塑造可以提供一套概念，即我们每天为了履行某个特别的项目(project)，会遇见其他人又与他们分开在特定的时间和驻地(station)。从这个观点看，事实上时间和空间成为日常生活中必须利用的资源。通过这些，我们可以并有必要描绘出时空路径(routine)。从表面上看，仅仅是某个人简单的一天路径都有可能存在成千上万种，但是哈格斯特朗相信如果可以看得更仔细些(并思考得更深入些)，这个飘忽不定的时空一致性可能被察觉。沿着这样的路径而一直推进的社会实践被典型地路径化了，他们不断地接触，不断形成了联系和再联系的时空活动束(bundle)，也就是更广泛意义上的结构。这些结构在形式各样的制度环境的具体形式中可以略微察觉，在社会整合的观点下，往往是一致的。

从“系统整合”的框架看，在 18 世纪后“社会”有了更为深刻的含义：从人体和人类中衍生出更大的世界。吉登斯认为，结构化理论的基本任务就是展示个体“存在”的限制如何被跨越时空的社会关系所超越。根据他的观点，统治的结构取决于社会世界中的权威资源，粗略地说就是“政治”(物质世界中分配的资源)和“经济”(保证可持续统治的资源)。这些资源在不同的社会中呈现出不同的形式，但更重要的是它们在不同类型的社会中以不同的方式连接。因为通过这些连接，通过权威的和分配的资源的不同运用，不同的社会系统以不同方式“延伸”了时间和空间。吉登斯称这种“延伸”的过程为时空分离(time-space distanciation)，并指出文字的出现和金钱的出现加速了这种分离。尤其是格奥尔格·西梅尔(Georg Simmel)反复提到的“金钱跨越距离的权力(the power of money to bridge distance)”(Jensen，2006)，以及随后涌现的金钱经济的普世化，被马克思以及吉登斯视为在阶级分层的资本主义社会中所谓的日常生活“商品化(commodification)”的前沿。

无论是社会整合还是系统整合的观点，都依赖于社会生活行为的时空“绑定(binding)”，结构化理论从这个角度看寻求到了社会学与地理学的融合，以及关于结构和行动者的一个平衡点。而在这个时期内，已经有一批经典的人文地理学著作试图讨论原来理论的单面性，并且为探讨两面性提供了积极的想法(Harvey，1982；Tuan，1976；Massey，1979；Ley et al.，1978)。简单地说，“行动、时刻和事件”就此成为当代人文地理理论中占据上风的概念(Thrift，2000)。

根据吉登斯结构化理论的框架，以权力为核心的时空关系组成了结构化理论的主要脉络(Gregory，1985)。他认为结构由规则和资源构成，包括知识、技能、实践竞争力，也就是我们一般认为的广义的社会文化。社会文化空间在很大程度上可以表征为特定空间内承载不同社会文化的主体。换句话说，不同能动主体具有不同的资源掌握能力，即行动主体具有不同的权力属性特征。这为探讨工业空间演替过程中决定社会文化空间变与留的驱动力提供了深入的视角。

2.3.4 小结

回顾从马克思结构主义到结构化理论再到行动者理论及物质文化的研究，结构与行动者的关系，表现为结构占主导，到行动者地位被承认并对结构产生影响，再到现今行动者自身的多元化。从地理学视角看，以经济地理学为例，最初是以制度经济学中交易成本的降低为核心(North, 1990; Williamson, 1975)。在这些研究中，结构往往是为经济行为提供法则和动力机制的制度，行动者则是存在于结构之外的，仅仅对结构变化进行理性反映。基于交易成本的经济地理学显然忽略了个体能力、认同和认知以及制度权力塑造过程中的作用(Fransman, 1994)。随着吉登斯结构化理论在经济地理学中的渗透，通过对话语自省和人类能动性的反思，一些研究开始强调经济活动中主体能动性和结构的“双重建构(double constitution)”(Emirbayer et al., 1998)。在这些研究中，制度化后的制度被视为行动的背景，而行动者则成为制度的支持(Murphy, 2003)。其后，随着后结构和后现代哲学思潮进入人文地理学的讨论范畴，越来越多的学者更多地开始寻求从行动者角度，探讨其对制度结构塑造的贡献(Jessop, 2001)。

而且地理学者并没有把这些行动者看成是原子结构中机械的行动个体，他们更多的是将行动者看成是充满认同和资源能力的主观独立个体，根据自身知识做出有意图和有目的的行为，它无意识的结果依然和生产环境相关联。我们也需要考虑在一些限定条件和所谓大事情环境中不同人类能动性的特殊性(Gregson, 2005)。正是基于这样的思考，空间、时刻和事件(space/moments/events)三者在当今人文地理学中常常被编排在一起(Cloke et al., 1991)。本书也将三者联系起来一同考虑，强调结构和行动者的“双重性(doubleness)，在考虑可能性的条件下，将结构和有意识的行为交织在一起探讨。并探讨这样的问题：为什么特定的结构(制度)对特定的群体(个体)是有用的，而为什么特定的群体可以从他们的能动性中获益？这是本书要解决的问题。

综上所述，从结构主义到带有后结构性质的结构化理论，尽管结构的力量一直存在，但行动体的作用力不断加强。本书的哲学立场正是基于结构和行动体之间的互动关系展开，在进行结构解释中将采纳马克思结构主义以及马克思主义结构地理学观点；而在探求行动体力量时则从吉登斯的结构化理论展开。本书始终贯穿着结构与行动体之间的互动关系，立足于该哲学立场，探讨工业空间与社会文化空间在演替过程中的动力机制问题。并在探讨中，极力地避免简单的宏观尺度——结构、微观尺度——能动体的简单空间尺度对应(Boggs et al., 2003)。

2.4 空间演替评价：价值评价、经济评价与社会文化评价

2.4.1 空间演替的价值评价

空间演替的价值评价，其本质依然是对空间价值的评价。具体来看，空间价值主要包

括经济价值、社会文化价值、环境价值等。

1）经济价值

工业空间的根本目的，在于通过工业获取利润，工业空间演替后，许多工业空间丧失了既有的赢利功能，旧的机器厂房经济价值也跟着消退。为此，台湾学者林崇熙提出了工业文化资产的"新资产化"概念，实质上还是一种对工业空间经济价值的再挖掘。他所阐述的"新资产化"观点，具体包括"智慧再生产""经济再生产""事业再生产""名声再生产"以及"能力再生产"，强调的就是资产的再生产性（林崇熙，2005）。目前，国内对工业遗产再利用或老工业区转型的评价，本质上就是对工业空间经济价值的持续追求。而哈维也把这种工业空间演替的过程视为地价再分配的过程，并把这种演替后获得的经济效益视为一种"即将得到的租金收益（becoming-rent of profit）"（Harvey，2002）。

2）社会文化价值

工业空间的社会文化价值主要表现在以下四点：第一，独特性价值，工业空间演替过程实际上见证了人类活动对历史和今天所产生的深刻影响，对工业空间演替过程中遗留下的工业遗产的保护是基于各个遗址的独特性；第二，审美价值，在制造、工程、建筑历史上，工业空间的演替具有科学技术价值，并且它可以通过建筑和规划的质量产生巨大的审美价值；第三，教育价值，人们的共同记忆和习俗既存在于工业空间构件、内容、机械设备和环境背景中，也存在于工业景观、文献记录中；第四，地方认同价值，工业空间演替的社会文化价值在于它记录了不同群体人的日常生活，因此具有身份认定的意义。也由于这种日常生活是附着在一定空间上的，进而产生了对该地方的认同、维系这个地方的凝聚力，这也是本书探讨的重点所在。

3）环境价值

工业空间演替过程中很重要的驱动力就是环境因素，已经有很多经验证明将污染工业从市区向外搬迁，能够改善区域环境质量问题。因此，工业空间演替的环境价值表现在维持人类生活的生态环境，对原有包括原料来源、交通系统、生态环境的工业要素进行维护改善，塑造城市风貌，改善环境品质，并带动区域再发展的环境资源潜力。

总之，对空间的评价包括经济评价、社会文化评价、环境评价（绿色评价）等。本书探讨的是经济与文化的互动关系，且绿色评价很多时候往往被货币化为经济价值，故重点对空间演替的经济评价和文化评价作探讨。

2.4.2 空间演替的经济评价

本书对空间演替的经济评价，是从经济地理学的演化视角出发，重点探讨路径依赖背景下形成的社会文化锁定（在一定程度上可以视为地方上的某种稳定性特征），对区域经济的可持续发展究竟是积极的锁定还是消极的锁定，并将这个标准作为文中三大案例的经济评价标志。

1）空间演替的演化经济地理研究

在进入20世纪90年代以后，随着信息技术的快速发展，21世纪被称为"知识经济"大爆炸的时代。一些学者认为，经济空间只有放置于文化、社会和政治关系之中，才能很好地加以理解（Mitchell，2000）。经济地理学逐渐呈现出文化转向的趋势，更进一步强调经济与文化的关系，具体经历了制度转向、演化转向、关系转向、文化转向四个相互交织的方面（更多地表现为"四大思潮"）（苗长虹，2004）。由于一般认为制度、演化、关系往往作为文化的某些方面，因此有时用文化转向来统领整个转向思潮(王兵等，2003)。其研究视野非常宽泛，包括公司文化(公司的规范、习俗及非正式规则特征)、企业知识(公司自己拥有的知识)、组织学习、创新型产业等的区域特征、学习型区域等(Crang, 1997)。在这些转向中，基于达尔文生态进化理论和历史分析路径基础上，经济地理学的"演化转向"(或称为演化经济地理学)无疑为本书中关于"工业空间演替"的主题提供了一定的理论支撑。演化经济地理学真正确立的标志是1999年让·波斯玛等学者在《演化经济学》期刊上发表的《演化经济学和经济地理学》，不到十年的时间其发展十分迅速。现阶段国际经济地理学界对演化经济地理学基础理论和研究方法进行了构建，这里主要包括学科研究内容及与其他经济地理学派的关系(Boschma et al., 1999)，演化经济学核心概念的"地理改造"以及学科的研究方法论(Martin et al., 2006)等问题。其中，对产业空间的演替研究是整个演化经济地理学的重点，国际经济地理学界已经做了相关的理论和实证研究。从具体研究对象看，产业演化和区域演化是演化经济地理学中两个重要的研究领域，而这两者又可以看成是产业空间演替的两个重要方面。现阶段对产业方面的案例研究较多，如布伦纳(Brenner)研究了整个德国产业集群的聚集机制(Brenner, 2004)，但是由于数据收集的困难导致他的研究也同样缺乏动态性。可以说，现阶段演化经济地理学界对产业演化动力的重点集中在两个方面：一个是经济动力本身，尤其是创新过程的动力，即在一定环境下创新的产生和扩散问题；另一个就是重视创新产生和扩散的制度以及社会文化环境(刘志高等，2007)，而后者显然是我们需要关注的重点所在。

但是演化经济地理学更多地把注意力集中在产业上，而不是区域的演化上，因此区域的演化研究相对薄弱，但也有如城市增长的复杂性分析(Ioannides et al., 2004)、区域竞争力的演化分析(Boschma, 2004)等经典研究，对非发达国家的区域演化研究、老工业区的衰落和复兴等问题成为当前的研究重点(Hassink et al., 2005)。我国新产业区成长于市场经济制度不完善的环境里，体制转变带来的老工业基地的演替问题等，可以成为我国学者努力的方向。

2) 基于路径依赖理论的演替评价

过去的决断和实践尽管不能决定当前的事件，但作为条件会对其施加影响。由于过去发生的时间和做出的选择，使得今天的某些选择容易实现，某些选择就没有那么容易实现，这就是路径依赖(path dependency)的关键思想(Walker, 2000)。沃克认为现代经济地理学最精彩的思想之一是产业现状实际上是产业历史的体现，即过去的选择——机械和产品设计技术、作为专利或独特能力所获得的企业资产、在学习中获取的劳动技能——影响到以后在方法、设计和实践中做出的系列选择。历史可能体现在物质要素中，如机械、厂房和基础设施，也可能体现在个体的经验中(一个人或一群人)(Walker, 2000)。历史的一部分也会包含在制度中——社会结构通过规章制度正式或非正式的方法塑造了个体和企业的观念、准则、期望和实践——意味着路径依赖有着广泛的社会维度。实际上，区域文化或"根植文化"可以看作是"体现在现状中的产业历史"的重要组成部分，文化成为特定区域历史包裹的一部分(Walker, 2000)。

换到本书的情境中，即工业空间现状实际上是工业空间历史的体现，即过去的选择——从生计层的生产工艺，到制度关系层的政策和社会网络，再到意识形态层的企业文化等——都影响到未来的系列选择，而这个选择会构成这个地方的发展路径，不断地在路径依赖条件下进行空间发展路径的选择会逐渐累加。

那么，为什么有的区域能够不断发展，如现有的硅谷；有的区域则一直衰退，如一些老工业区？马丁(R. Martin)和桑力(P. Sunley)将其原因归结为路径依赖条件下的锁定。根据锁定的稳定持久性来看，又可以划分为技术锁定、报酬递增造成的经济锁定和社会文化锁定。其中，一旦在区域发展过程中形成社会文化锁定，则最不容易解脱，且最为稳定(Ron et al.，2006)。可以说锁定是路径依赖的结果之一，但锁定的结果可能是积极的，也可能是消极的(图 2-11)。

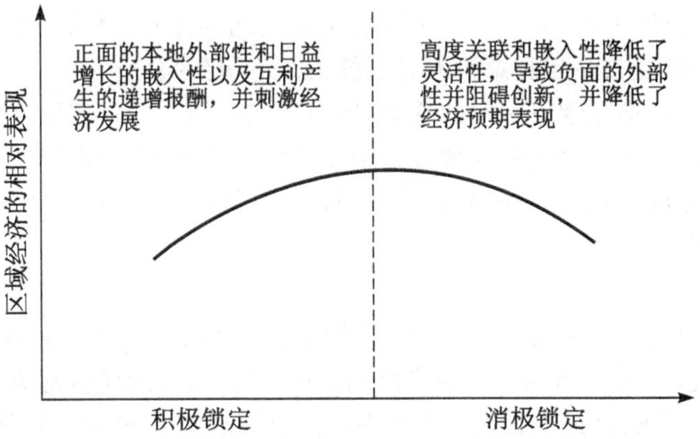

图 2-11　不同类型路径锁定图

根据路径依赖理论，本书认为一旦地方在空间演替过程中获得积极锁定，则为一个良性的工业空间与社会文化空间的互动结果；反之，获得消极锁定，意味着地方亟须挣脱这种消极锁定(Ron et al.，2006)。这里可以根据图 2-12 不同锁定状态下的区域发展路径来判断锁定的优劣。从图中可见，A 区域由于进入积极锁定的连续状态而获得不断提升的区域发展路径；而 B 区域则进入了消极锁定的状态，区域增长态势放缓。显然 A 区域发展路径是工业空间演替过程中所希望出现的。

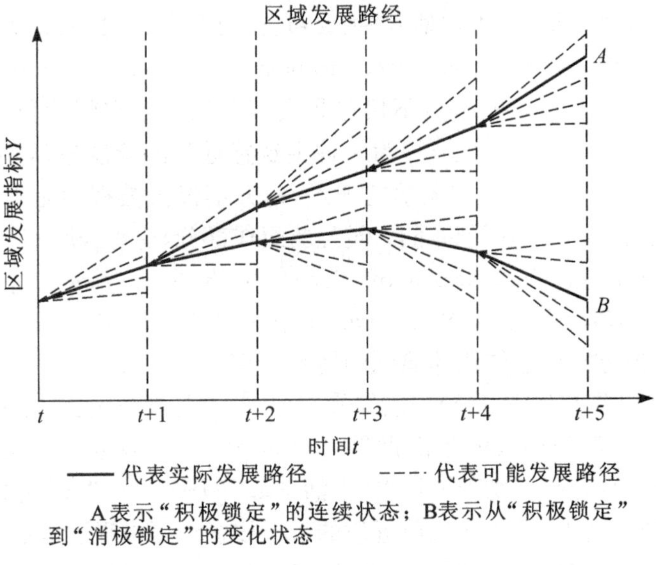

图 2-12　不同锁定模式下的区域发展路径图

2.4.3 空间演替的社会文化评价

目前，国内工业空间的演替价值评价存在三大问题：第一，轻文化，重经济。这是由于发展阶段和资本逐利性造成的，将工业空间演替的过程视为追逐更高利润的过程，而忽略了工业空间上的社会文化空间可以构成人们对地方的共同记忆和认同。第二，理论界与实业界的割裂。理论界往往更重视工业空间的社会文化价值，而实业界则重视经济价值，因此本书需要更多地关注工业空间的社会文化价值（Benito Del Pozo et al.，2012）。第三，重物轻人。从空间上看，即使是对于社会文化空间的保护，从文化内涵看更多针对物化的生计层，对于制度关系层和意识形态层的关注有所欠缺。

社会文化空间与地方性有一定的联系，但后者在空间上更具有稳定性，故本书对空间演替的社会文化评价集中表现在演替过程中是否能形成或维持地方的地方性，一旦破坏了这个地方的地方性，则认为这种演替是有问题的。故以下从地方、地方性概念以及历史层累理论来进行探讨。

1）地方概念

对于大多数地理学家而言，地方（place）是地理学的基础，是人文地理学尤其是文化地理学的核心概念。在20世纪70年代以前，受实证主义的影响，地方、区域（region）和地区（area）以及相关概念都被视为某种空间表现形式，具有离散的边界、共享的内部特征，并随着时间与其他相似单元发生互动，其机理是一种规律性和均质性的表现（Gregory et al.，2009）。随着20世纪70年代开始兴起人本主义地理学，地方的概念才逐渐被正式理论化。地方被视为一种本地的、独一无二的，同时还保留在广义自然和文化景观框架下非常重要的文本化（Pierce et al.，2011）。此后随着结构主义、结构化理论等新思潮在人文地理学的引入，地方概念也被经济地理学所重新关注，它被视为某种经济过程根植在特定区位的必要性以及在全球经济下那些先发制人的竞争者占据的优势区位（Harvey，1989）。

由于“地方”在不同方法论视角下的释义差别较大，也导致了“地方”概念的复杂性。在第五版的《人文地理学词典》中，“地方”主要包含三层含义：第一，地方之所以成为地方是由于地方意义所在（The idea that space，to be a space，necessarily has meaning.）。这是基于人文主义地理学的思考，地方不仅仅是人存在的地理空间，而且具有意义和身份（G. Rose，1994）。人本主义将地方视为一种主观感觉和经验现象（subjective sense and experienced phenomenon），源于现象学的观点，地方不仅仅被视为是地理现象发生的背景和基础，更被视为是一种不可削减的人类经验组成部分，这些经验实际上包含了一系列地方概念，如地方认知（perceptions of place）、地方感（senses of place）、地方记忆（memories of place）等。段义孚（Yifu Tuan）认为地方是由文化长期作用于自然地理空间而来的，而某个地方需要主体用体验到的情感和情绪去感知，进而构成特定的“恋地情结”（Tuan，1974）。雷尔夫（Relph）在他的代表作《地方与地方消弭》中强调“地方经历”，认为地方是人的现实经历构成的生活世界（Relph，1976）。大卫·西蒙（David Seamon）在“地方芭蕾（Place Ballets）”基础上提出“生活场域”的概念，以“人”为核心，通过思考身体芭蕾的运动规律与特性，把文化气质近似的人群放置于可以吸引他们的场所（社区）中，这个特定的场所完全满足生活中的个性需求，堪称都市中不可复制的生活舞台（Seamon，

1979)。而在女性主义地理学兴起后,地方更多地搭载上权力的社会关系(power-laden)。地方从主体意义转变为这些主体创造的社会认同的依托物,地方意义被视为对某个种族、性别、民族和社会分层的认同(Keith et al., 1993; McDowell, 1997)。

第二,地方逐步变成"场所"(place as becoming locale)。安格鲁(Agnew)将地方的多面性提取为三个方面:场所(locale)、位置(location)和地方感(sense of place)(Agnew, 1987)。其中,场所(locale)是基于吉登斯结构化理论基础上对地方的认识。在该理论背景下,时间和转换的概念被引入,时间变化被视为地方形成的一个重要组成部分,地方被视为是从某种景观向另一种景观的转换状态。最典型的是从无主体意义的空间到富有主体意义的地方(from space to place)的转换,而空间生产理论使得这种转换得以维持,地方被视为是转换过程中某一时刻所形成的特殊空间(Hetherington, 1997)。

第三,地方被视为去中心化的地方全球感(the decentred, global sense of place)。这是一种结构主义地理学的观点,也是本书重点采用的观点。代表观点是梅西提出地方研究需要追溯"本地性"身份是如何形成的,以及人们将无处不在的大量的"非本地"影响内在化的方式,进而提出了在全球性背景下的地方概念。她认为地方不是由它的内在构成的,而是与世界的其他部分联系构成的,地方与全球其他地方的相互作用被视为是地方和地方感的先决条件(Massey, 1991)。哈维也把地方看成是由权力、制度和社会关系建构起来的,而不仅仅是一种存在(Harvey,1989)。

2) 地方性概念

地方性(placeness)是由地方发展而来的地理学概念,一般认为地方性是一个地方具有的特殊性。由于地理学家对地方概念看法的差异,其构成同样被不同学者从多个角度加以探索和分析,对地方性的定义也就不尽相同。文化地理学认为,一个地区长期积累的文化,以及人们对它的文化认同,就使得该地区具有了地方性;经济地理学认为,一个地区与外界建立功能联系时,它所具有的其他地方所不具备的内在条件就是地方性(周尚意等,2011)。国内有学者根据地方性形成机理,将地方性划分为人本主义视角下的地方性和结构主义视角下的地方性(周尚意等,2011)。

人本主义视角下,地方性的形成机制是主体对地方的情感需要。一个人长期生活在一个地方,或对一个地方有特殊的人生经历,此人内心便建立起与这个地方割不断的情感联系。由于这种情感联系都是因人而异,也由此产生了地方性。与之相对的概念是上文提到的雷尔夫"地方消弭(placenessless)"的概念,由于地方原真性的消失,导致主体之于该地方原有的地方情感联系也消失,进而造成了地方丧失了其地方性(Relph, 1976)。克雷斯维尔(Cresswell)则在上述地方性概念分析的基础上进一步提出在场(in place)和不在场(out of place)的概念,这里将地方性看成是一种地方的归属感和排外感,成为用来区分有序/无序、合适/不合适的重要标志。

结构主义视角下,地方性的形成被视为区域之间相互关联的功能需要。以哈维和梅西为代表的结构马克思主义地理学家,将社会关系的全球化视为地方特殊性的根源所在,认为其是造成地理不平衡发展的根源。由于各个不同的地方各有差异地坐落在这种不平等的全球网路里,并且这一切关系又都会和当地所累积的历史互动,而产生更进一步的特殊性(Harvey, 1996),这种不断塑造出来的地方特殊性就是地方性。

无论哪种视角下,现阶段地方性的生成机制实则两者均存在。与地方概念中提及的一样，结构主义地理学强调地方性的外生性联系，人本主义则重视内生属性。而现阶段不仅仅探讨实体空间，更多地研究地方性在不同的文本形式中如何再现，甚至形成（唐顺英等，2011）。尤其是新文化地理学背景下，现实世界的地方被认为不再是用记录物理特性的方式来呈现的，而是需要靠阅读文字、图像和电影等文本或再现形式来分析地方之于人们的特殊文化意义（Duncan et al.，1993）。而且这种意义并不是由文本的生产者，抑或是文本的消费者所控制的。地方性被视为某种社会关系在某种媒介中的特殊使用。

3）基于历史层累理论的演替评价

关于地方性形成机制的历史层累理论是由英国结构主义—马克思主义地理学的代表人物梅西提出的，这在上文地方性概念部分也有提及。关于历史层累的理论，最早出现在1978年梅西发表的一篇文章《针对何种意义上的区域问题》（*In what sense a regional problem?*），文中提到"这种层的依次积累能够使得他们自己变得相互不同，并且造成了一种不平等的空间分布，进而构成了下一轮投资的生产环境基础"（Massey，1978）。随后，她在经典的《空间、地方和性别》（*Space，Place and Gender*）一书中指出，当时关于地方性概念的讨论几乎不能反映出由国家和全球尺度决定的过程。相反的，地方尺度非常复杂的多样性状况影响了全球社会经济运行过程的结果。她认为"地方可以描绘，但是正确分析地方的方法，应该是找出它和这个世界的联系""地方不是内在化的历史，而是各种联系在地方中交织在一起"，而"这些联系是流动的，这意味着它们是一个过程"，因此"历史本身可以视为从当地到全球不同尺度联系的层累"，换句话说如果历史可以看成是地方关系的层累，那么地方就是地方关系层累的层累（Massey，1991）。

她在另一篇经典文献《地方和它的过去》（*Places and their Pasts*）（Massey，1995）提出"最近的斗争并不是地方与全球化的斗争，而更多的是地方如何应对或摆脱现有的国际劳动分工……新的'入侵'既不是更多地来源于外部，也不是'脱离地方'，而更多的是目前在这个时期被广泛接受的'地方特征'"。地方是由社会关系节点咬合而成的（articulations of social relation），这种社会关系不仅仅存在于这个地方内部，而是与各地方相连。这种"本地的唯一性"是一种更广范围的产物，本地是"全球"力量一部分的产物，这里全球尺度不是指这个星球的尺度，而是超越地理范畴，超越地方本身。这与上文提到的结构主义视角下地方性理应成为联系全球的地方线条集合（places of lines of global connectivity）相符。

同时，针对人本主义的主体性，她认为"原有地方性内在主义或要旨主义关于地方特征的构成理论，不仅仅没有对地方与其他地区互动的历史进行识别（即全球与地方的建构过程），他们也妄自假定地方的历史"（Massey，1995）。于是，她提出只有"厘清过去、现在和将来的关系才有助于我们复兴地方。我们需要将地理空间概念化，将其不仅仅视为是空间的，而是包括时间的，将时空作为一个整体出现"（Massey，1995）。她将时间维度加入她的地方性理论中，并认为"随着时间沉积的历史层不仅仅是经济的，还存在同样具有特殊性的文化、政治和意识形态层（strata）"（Massey，1984），这些不同类型的层累形成了地方性。而且这些层之间的结合意味着一种多边决定关系的形成，即累加过程中的一方都在相互影响着其他各方。"地方的唯一性与具有独立性的持续演化和转变系统是一个硬币的两个方面。"（Massey，1984）

本地经济在很大程度上与之类似，通过它自身活动的综合，嵌入许多"水平的"空间结构中，每个结构都包含空间经济学中的统治和被统治关系；同时在众多“垂直的”空间结构中，包含了在上几轮投资中投入地方的统治和被统治关系的痕迹。也正是由于与之前存在的不同结构相绑定，在不同的区域会产生不同的效果，这种效果叠加后就构成了该区域的地方性。其机理依然是哈维提到的“由资本产生空间”的途径，即资本成为地方性产生与消弭的深层结构动力（Harvey，1982）。可以说，梅西对文化和政治的重要性较之哈维更为敏感，但是正如在关键研究问题中所言，她对于这些“其他层”与“经济层”的接合显然所言甚少。本书聚焦于工业空间演替后的社会文化活动，由于演替涉及时间概念，更偏向立足于结构化理论的视角，引入带有时间概念的地方性历史层累理论，认为地方性是基于每个地方的独特历史，由地方文化经济不断生产所塑造而成的。换言之，坐落在全球社会网络的特定地方，是以其特殊的文化经济活动与全球相连接的。

正如梅西在探讨 Wye Valley 这个例子时，认为该地最后应该发展成富有华兹华斯田园情调的旅游地，而不是工业革命的瞻仰地，原因在于工业革命瞻仰地即使在英国范围内也有许多，而华兹华斯居住并创作田园诗歌的地方在全球范围内都是唯一的（Massey，1995）。因此根据历史层累理论，本书判断工业空间演替过程中，社会文化空间演替的好坏，在于该地是否可以在范围更广的网络中获得地方唯一性。换句话说，地方性在更大尺度中可以获得唯一。用电子地图作比喻的话，就是无论尺度如何放缩，始终可以呈现在界面上的那个地名。

3 北京工业空间演替的宏观格局及结构动力

现代空间经济学理论研究表明，空间因素对城市或区域产业发展具有重要的影响，必须把空间因素明确纳入区域产业发展的分析框架之内(Krugman，1991)。这说明工业发展具有明显的空间维度，形成合理的工业布局，会极大促进城市工业的持续发展；否则，会对工业发展产生消极的影响。根据工业空间的刻画分类，以下从产业结构、企业空间分布、劳动力结构和土地利用类型四个方面来研究北京市工业空间的宏观变化情况，并探讨宏观变化的结构动力。

3.1 近三十年北京市工业空间演替的宏观格局

3.1.1 产业结构升级

工业空间演替的动力本质上即所谓产业结构转化力的动力机制问题。具体而言，现阶段影响产业结构升级的影响因素有需求、供给、国际贸易、政府的产业政策等，这些因素都能够引起产业结构的相应调整和变动，产业结构升级可以说是上述因素共同作用的结果(刘志彪，2000)。其中，需求对产业结构的影响，主要是需求规模和需求结构制约；供给因素则表现在传统的自然资源、劳动力、人力资本、技术等要素资源的供给上；而随着经济贸易全球一体化进程的加深，产业结构的变迁越来越受到对外贸易结构的影响；政府对产业结构的调整，尤其是产业发展政策是对产业结构的一种主动干预(刘志彪，2000)。

要衡量产业结构高度化和合理化水平的理论及方法有很多，具体包括配第-克拉克定理、库兹涅茨产业结构演进理论、钱纳里产业结构演进理论、霍夫曼定理以及罗斯托的主导产业理论等。本书采用赛尔奎因-钱纳里的理论(表 3-1)，对北京市产业结构变动与发展阶段的演进模式进行比照分析(钱纳里，1989)。

表 3-1 赛尔奎因-钱纳里的人均收入水平、产业结构变动与发展阶段的演进模式表

第一产业(%)	第二产业(%)	第三产业(%)	人均 GDP/美元(1980 年)	工业化发展阶段	
39.40	28.2	32.4	300	初期	第一阶段
31.70	33.4	34.6	500		第二阶段
22.80	39.2	37.8	1 000	中期	第一阶段
15.40	43.4	41.2	2 000		第二阶段
9.70	45.6	44.7	4 000	后期	

从人均 GDP 发展看，从 1978 年到 2010 年，北京市人均 GDP 水平不断提升，从 1997 年的 1 257 元/人(797 美元/人)增长到 2013 年的 93 213 元/人(15 052 美元/人)。单从人均 GDP 指标判断，已经超过了工业化发展阶段的标准。其中，在 2003 年就达到人均 GDP 4 000 美元的标准，进入了工业化发展阶段后期(图 3-1)。

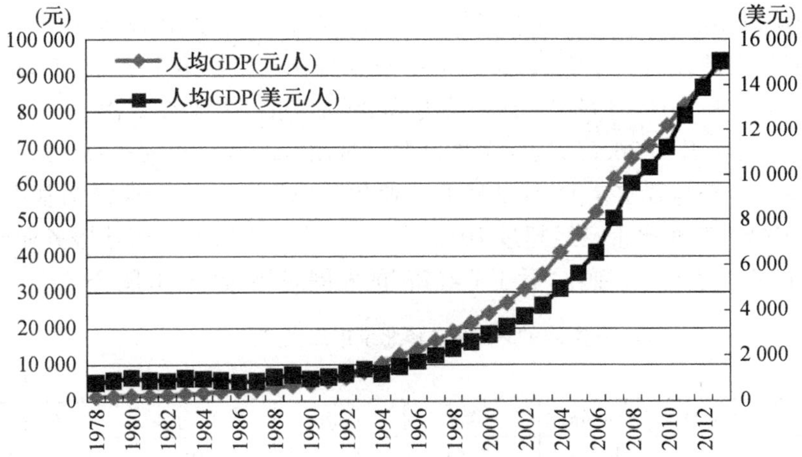

图 3-1　1978—2013 年北京市人均 GDP 变化情况

从产业结构来看，自 1980 年以来，北京市三大产业产值随着地区生产总值的提高而提高。从“六五”到“十一五”，地区生产总值累计增长 57 倍，第一产业产值增长近 8 倍，第二产业产值增长 22 倍，而第三产业产值的增长则超过 137 倍。第三产业产值显示了较大的增幅，一方面与其底子薄、基数小有关，另一方面则是由于北京的经济增长方式的深度调整。其中，“九五”“十五”和“十一五”是目前增长量最大的三个时期（表 3-2、图 3-2）。

表 3-2　1980 年以来六个阶段三大产业产值变化表

年份	地区生产总值（亿元）	第一产业产值（亿元）	第二产业产值（亿元）	第三产业产值（亿元）
1981—1985	950.9	62.3	589.4	299.2
1986—1990	1 978.7	162.9	1 084.3	731.5
1991—1995	4 847.2	289.6	2 220.4	2 337.2
1996—2000	12 084.0	387.8	4 277.7	7 418.5
2001—2005	26 032.9	423.4	7 759.7	17 849.8
2006—2010	55 346.2	545.6	13 571.1	41 229.5

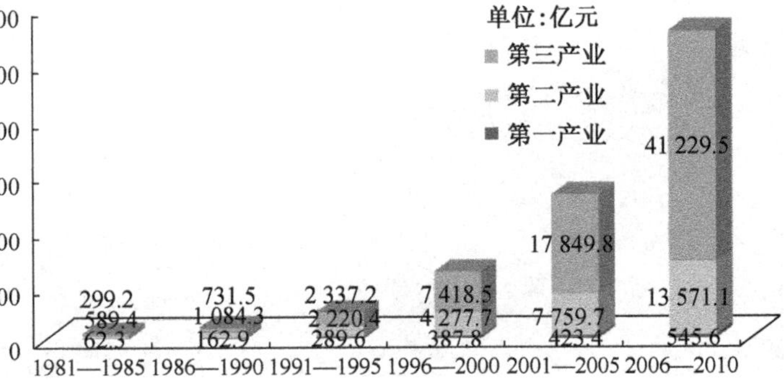

图 3-2　从“六五”到“十一五”期间北京三大产业产值对比图

进一步从每年的三大产业结构来看，北京市一产百分比从1978年到1990年呈现上升的趋势，但是自此以后逐年降低，2013年一产百分比已经不足1%。二产百分比则呈现逐年降低的趋势，从1978年的71.14%降低到2013年的22.32%。而三产百分比则随之提高，从23.71%上升到76.85%，与第二产业呈现出“此消彼长”的态势。从1992年的数据来看，北京就已经与赛尔奎因-钱纳里的工业化阶段后期三大产业结构基本相符；而到2006年，北京第三产业比重已经超过70%，尤其在“十一五”期间，现代服务业已经成为北京经济发展的重要引擎，呈现出“后工业经济”的发展态势(表3-3、图3-3)。

表3-3 1978—2013年北京市三大产业结构表

（单位：%）

年份	一产百分比	二产百分比	三产百分比	年份	一产百分比	二产百分比	三产百分比
1978	5.15	71.14	23.71	1996	4.19	39.95	55.86
1979	4.33	70.94	24.73	1997	3.72	37.64	58.64
1980	4.39	68.87	26.74	1998	3.28	35.36	61.36
1981	4.74	66.45	28.81	1999	2.93	33.87	63.20
1982	6.65	64.43	28.92	2000	2.51	32.68	64.81
1983	6.99	61.55	31.46	2001	2.18	30.81	67.01
1984	6.83	60.34	32.83	2002	1.91	28.97	69.12
1985	6.92	59.78	33.29	2003	1.68	29.70	68.62
1986	6.70	58.20	35.10	2004	1.45	30.72	67.83
1987	7.44	55.88	36.69	2005	1.27	29.08	69.65
1988	9.04	53.95	37.01	2006	1.09	26.99	71.91
1989	8.44	55.31	36.25	2007	1.03	25.48	73.49
1990	8.77	52.40	38.84	2008	1.01	23.63	75.36
1991	7.65	48.67	43.68	2009	0.97	23.50	75.53
1992	6.92	48.78	44.30	2010	0.88	24.01	75.11
1993	6.06	47.35	46.59	2011	0.84	23.09	76.07
1994	5.89	45.19	48.91	2012	0.84	22.70	76.46
1995	4.87	42.83	52.29	2013	0.83	22.32	76.85

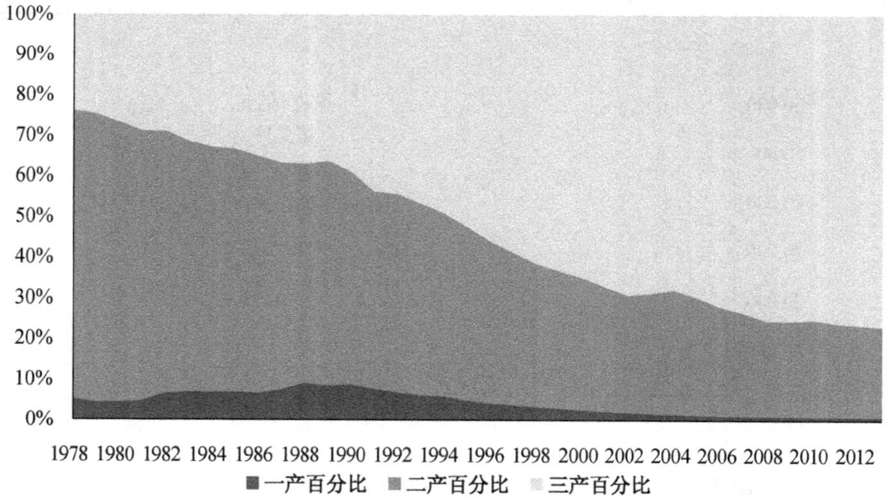

图3-3 从1978年到2013年北京三大产业结构变化图

在第二产业中，除去建筑业，单从工业的角度来看，工业占地区生产总值(GDP)的比重也呈现出逐步下降的趋势，从 1978 年的 64.52%下降到 2013 年的 18.14%；而工业占第二产业的比重也呈现出下降的趋势，虽然表现出一定的波动，但是比例依然保持在 81%左右(图 3-4)。

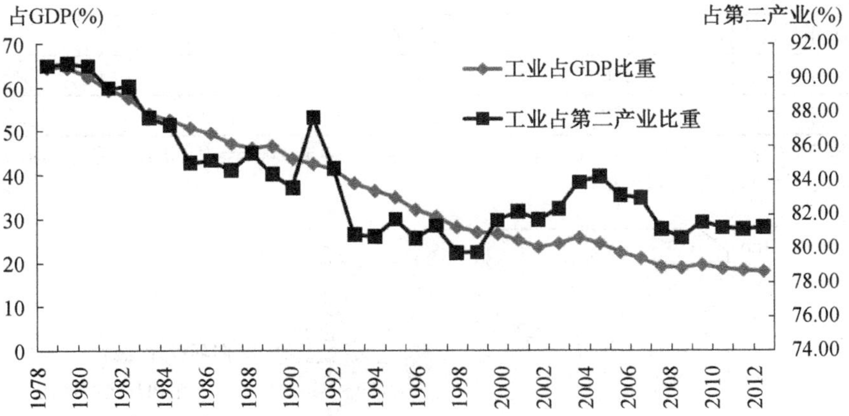

图 3-4　从 1978 年到 2013 年北京工业占 GDP 和第二产业比重变化图

由上可见，北京产业结构正在实现逐步升级，已经达到甚至超过工业化后期阶段，并逐步呈现出"后工业经济"的态势。在北京经济发展方式的转型和产业结构调整的大背景下，这种态势给北京工业企业的迁移带来了深远的影响，这也导致了城区内工业企业的外迁。

3.1.2　工业企业外迁

产业结构的升级和经济发展模式的转型在一定程度上对北京市工业企业的迁移产生了影响。为了研究北京市工业企业的迁移情况，由于涉及的时间序列较长，且为了保证调查数据前后一致、具有可比性，将整个时间序列划分为 2001 年(含)以前和 2001 年以后两个序列。其中，2001 年以前采用的是 1985 年、1996 年和 2001 年三个时期全国工业普查数据(北京)；2001 年以后则是采用北京市 2004 年第一次、2008 年第二次全国经济普查数据。

1) 按环路变化情况

北京城市道路系统具有鲜明的特点。目前，北京城区道路网络系统由 6 条环线、8 条主要快速放射线和若干条辅助放射干线组成，基本形成了建国初期规划的"棋盘式、环路、放射路"相结合的布局形式(张晓东等，2009)。其中，环路是北京城市空间不断向外拓展的最明显标志。本书将两期数据统一起来看，从表 3-4 可以看出，三环以内以及三环和四环之间企业数量经过了一个先增加后减少的过程，截止到 2008 年，无论哪种统计口径下，数量都不超过 2 000 家，除一些企业消亡外，可见有众多企业都选择外迁至四环以外。从图3-5可以更清楚地看到，从 1985 年到 2008 年，三环以内工业企业的比例逐渐降低，从 60.91%降低到 5.21%；而三环至四环之间工业企业的比例则经历了一个从 16.16%到 22.97%的逐步提升，又下降到 5.45%的过程；而四环以外工业企业的比例则不断提升，从 22.92%上升到 89.33%，成为了北京工业企业的主要集聚地。

表 3-4　北京工业企业不同环路数量变化表

（单位：家）

年份	三环以内	三环至四环之间	四环以外	总数
1985 年	667	177	251	1 095
1996 年	3 652	2 320	5 432	11 404
2001 年	2 470	2 344	5 391	10 205
2004 年	2 206	2 411	27 054	31 671
2008 年	1 527	1 597	26 163	29 287

注：1985 年、1996 年和 2001 年来源于北京全国工业普查数据；2004 年、2008 年为全国经济普查数据，统计工业企业单位法人，统计口径要大于前三期。

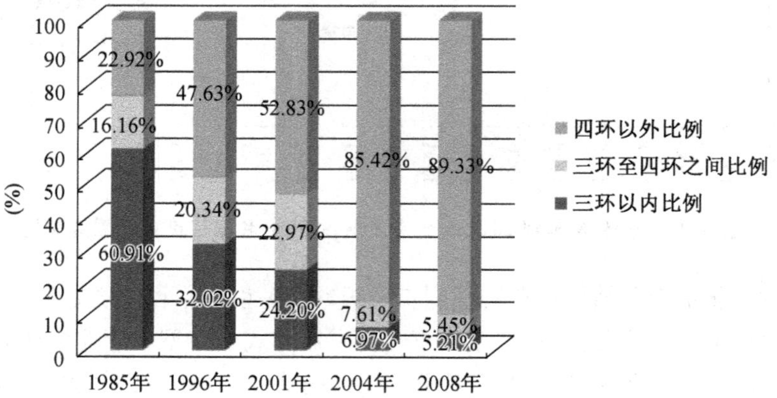

图 3-5　北京工业企业不同环路比例变化图

由于数据来源的不同，从前三期数据中可以看到统计的是 1985 年到 2001 年的数据，北京城区三环以内的工业企业数占城区工业企业总数的比例不断下降，其中二环以内下降的幅度明显，从 40.18%减少至 9.89%（图 3-6）；三环与四环之间的工业企业数占比小幅提升；四环以外的工业企业所占比例显著增多，由 22.92%增加至 52.83%。总体上，北京城区的工业企业不断向四环以外地区迁移，为内城的更新与发展置换出必要的空间（袁洋，2011）。

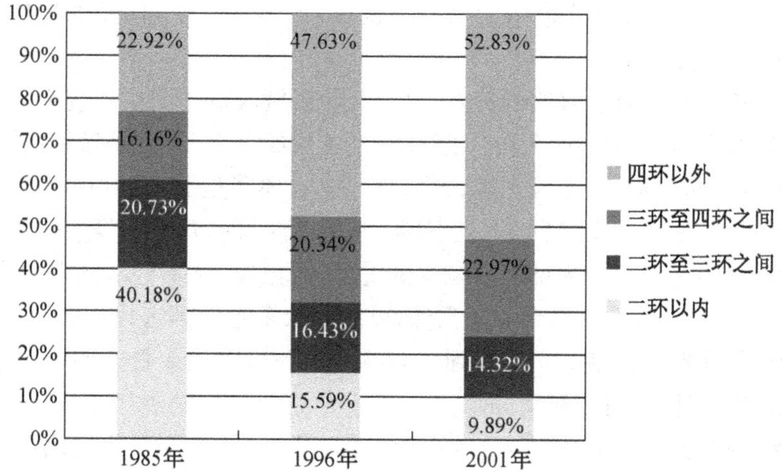

图 3-6　1985 年、1996 年、2001 年北京工业单位不同环路比例变化图

从 2004 年、2008 年两次经济普查数据来看，统计范围的变化也可以反映出工业企业的外迁。数据统计中将“二环以内”范围扩大到“三环以内”，原因是二环以内已经基本没有什么工业企业；而在“四环以外”的基础上又仔细统计了“四环与五环之间”和“五环以外”两个范围，原因在于大量工业企业迁移到“四环与五环之间”。从图 3-7 和图 3-8 中对 2004 年、2008 年两期工业企业和规模以上工业企业法人单位地理位置进行比较可以看出，五环以内的三个圈层工业企业都表现出一定程度的下降，而五环以外企业则有上升。其中，规模以上工业企业法人单位在五环以外上升的数量(842 家)比工业企业总数上升的数量(566 家)要多，这是因为规模以上的企业往往需要更大的土地范围，因此，从内城向外迁移的比例要大于规模以下工业企业的迁移。

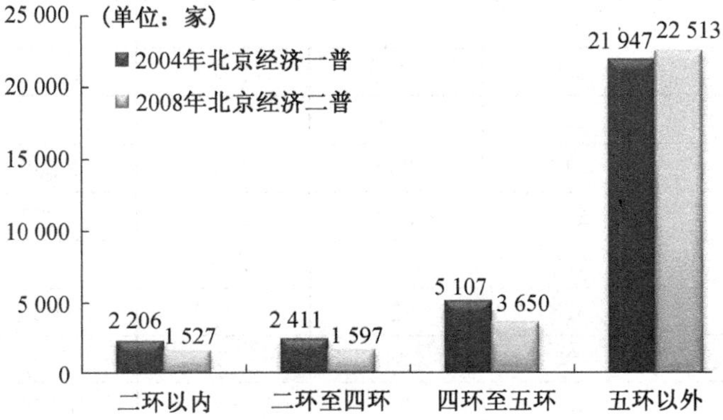

图 3-7　2004 年、2008 年北京工业企业法人单位地理位置分布情况变化图

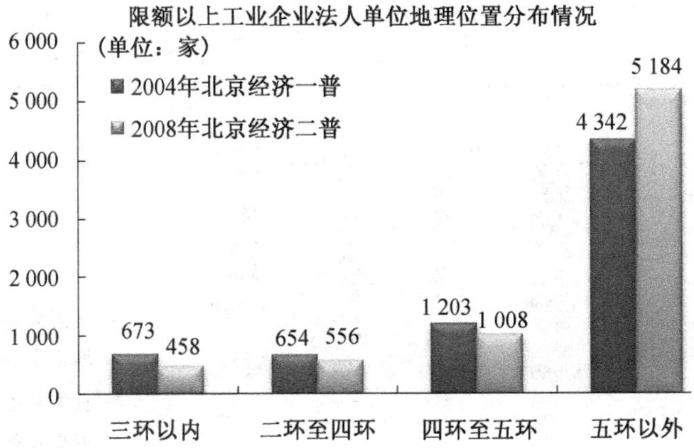

图 3-8　2004 年、2008 年北京规模以上工业企业法人单位地理位置分布情况变化图

2) 按行政区变化情况

从表 3-5 中可以看出，1981 年到 2008 年北京市各个区域新建企业数量呈现上升趋势。其中，上升幅度最大的是朝阳区、丰台区、海淀区；上升幅度最小的则是远郊的五个区县。具体到四大功能区来看，从图 3-9 中可以发现，四大功能区中首都功能核心区新增企业比例逐渐下降到 10%左右，新企业往往并不首选在内城注册；在城市功能拓展区中新成立的企业数量增长份额逐步提升，从 1981 年的 30%上升到 2008 年的 60%；而生态涵养发展区中新成立的企业比例则逐步降低；同时城市发展新区新增企业比例较为稳定。

表 3-5　北京 1981—2008 年不同时期不同区域新成立企业数量变化表

区域	1981—1985	1986—1995	1996—2000	2001—2004	2005—2008
东城区	309	1 460	2 240	3 799	4 568
西城区	360	2 065	2 720	4 686	5 340
崇文区	116	463	842	1 548	2 037
宣武区	185	858	1 425	2 661	3 379
朝阳区	608	3 805	8 164	18 518	26 111
丰台区	301	1 742	3 382	6 680	9 857
石景山区	90	425	921	1 930	2 722
海淀区	550	4 017	9 007	22 432	29 028
房山区	279	871	898	2 234	2 792
通州区	519	969	1 506	3 882	5 529
顺义区	224	910	1 060	2 373	3 111
昌平区	183	1 054	1 475	3 638	4 964
大兴区	374	920	1 892	5 028	7 051
北京经济技术开发区	5	84	234	523	674
门头沟区	154	408	660	1 196	1 112
怀柔区	202	478	631	1 186	1 378
平谷区	191	373	566	1 071	1 067
密云县	180	440	471	1 149	1 169
延庆县	119	589	298	497	515

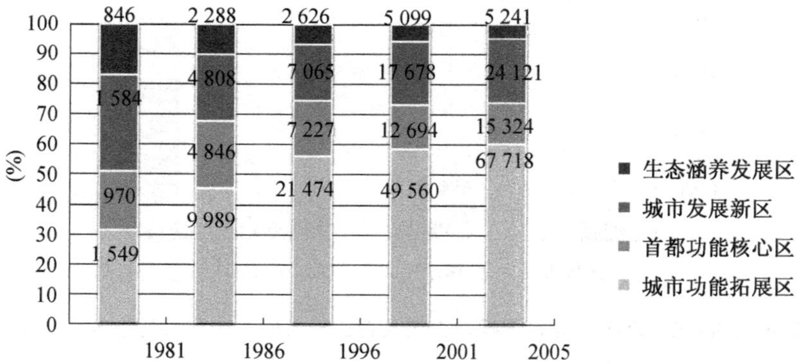

图 3-9　北京 1981—2008 年四个功能区新成立企业比例变化图

上述数据中，新成立企业包括二、三产业，为了进一步研究的方便，有学者根据三期全国工业单位调查数据，选取 1985 年、1996 年和 2001 年三个时期北京市行业分类属于采掘业、制造业以及电力、蒸汽及水的生产和供应业（统称为工业企业）的企业数据，研究范围限定为北京市内城八区（即东城区、西城区、崇文区、宣武区、朝阳区、丰台区、石景山区、海淀区，简称北京城区）。[①] 通过初期数字化处理，在 Arcgis 中将三个时期的工业企业以点分布的形式描绘在北京城区地图上。从图 3-10 中可以发现，工业企业逐步由内城向外城扩张，在 1985 年时工业企业依然集中在内城四区，而到了 2001 年工业企业已经遍布城八区，尤其是海淀区、朝阳区已经成为工业企业的主要集聚地（袁洋，2011），这与本书上面的分析是一致的。

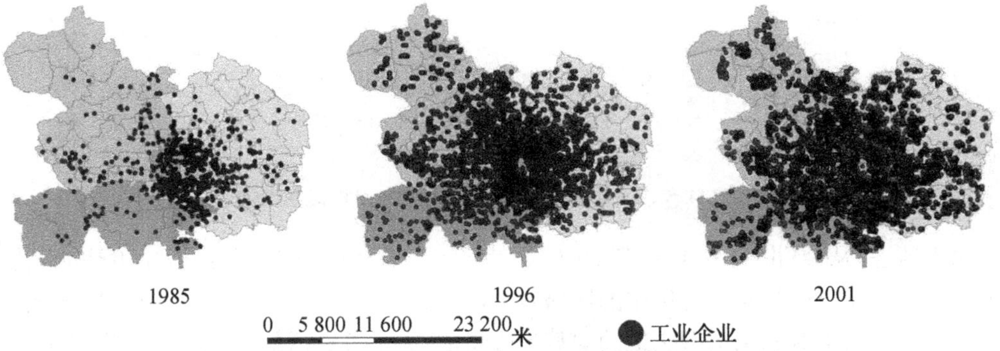

图 3-10 北京工业企业在城八区占 GDP 和第二产业比重变化图

从图 3-11 具体来看，1985 年到 2001 年东城区、西城区、崇文区、宣武区（以下简称内城四区）的工业企业数所占比例显著下降，分别由 16.26%、11.23%、9.77%、13.88% 下降至 3.78%、3.33%、3.02%、3.05%，其中东城区下降幅度最大；石景山区工业企业数的占比变化不大；海淀区、朝阳区、丰台区工业企业数所占比例逐渐增多，分别由 10.23%、23.65%、11.23%上升至 23.43%、32.30%、26.53%。总体上，北京城区的工业企业由内城四区向外迁移，从 1985 年内城四区占据城区工业企业总数的 51.14%缩减至 2001 年的 13.18%，海淀区、朝阳区、丰台区则成为承接内城四区工业企业外迁的重要拓展空间。

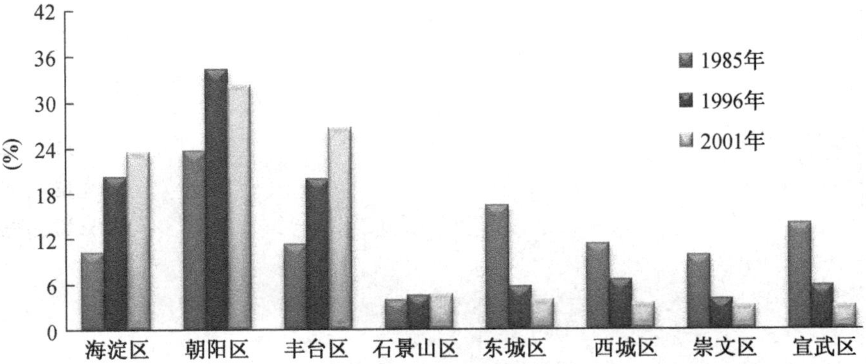

图 3-11 1985 年、1996 年、2001 年北京城区各行政区内工业企业数所占百分比

再从 2004 年、2008 年两次经济普查数据来看，首都核心发展区的四个区县的工业企业单位数量出现了降低；而包括城市功能拓展区、城市发展新区、生态涵养发展区在内的三大区域中工业企业单位数量都有提升，数量增加的主要区域集中在城市功能拓展区（图 3-12）。

① 2010 年 7 月，经国务院批复，同意撤销北京市东城区、崇文区，设立新的北京市东城区；撤销北京市西城区、宣武区，设立新的北京市西城区。本书仍采用此次北京市行政区划调整前的行政区划分。

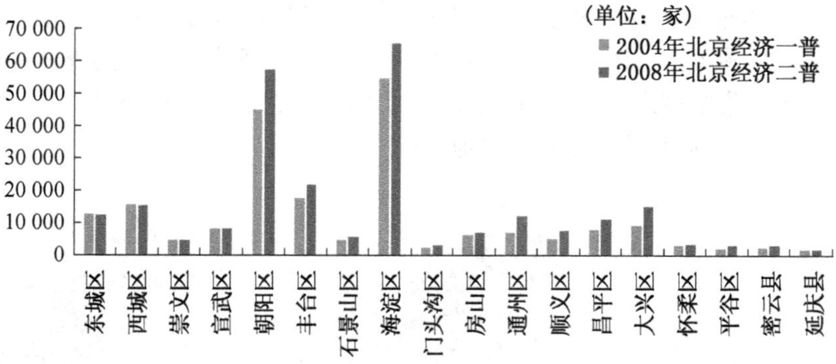

图 3-12 2004 年、2008 年北京工业企业法人单位区县分布变化图

由上所述，从 20 世纪 80 年代到 2010 年，北京市工业企业出现了外迁，城市功能拓展区成为现阶段工业企业相对最为集中的区域，但城市发展新区是将来工业企业的集聚地。工业企业的外迁为工业利用类型土地的演替带来可能，大量腾退后的工业厂房面临更新。

3.1.3 劳动力结构调整

产业结构的调整和工业企业外迁，也带来北京劳动力结构的变化。从 1978 年至今，北京市劳动力结构同样经历了从第二产业工人占主体到第三产业工人比例超过 70%的变化。在 1995 年以前，北京市第二产业工人比例一直稳定在 40%左右，但是从此以后该比例开始不断减少，2004 年已经不超过 30%，在 2010 年第二产业工人比例首次低于 20%，为 19.6%，到 2013 年已经下降为 18.5%。与此同时，第三产业劳动力比例则由 1978 年的 31.6%上升到 2013 年的 76.7%(图 3-13)。

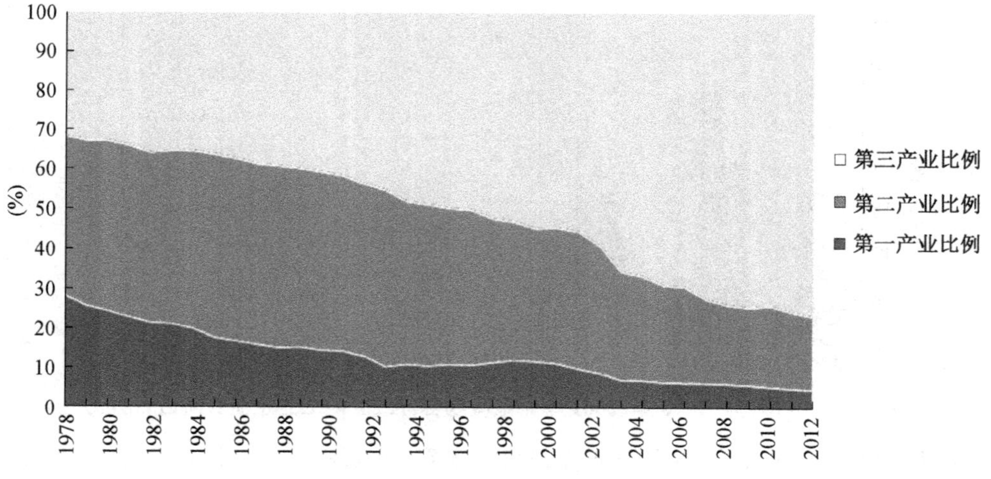

图 3-13 1978 年到 2013 年北京三次产业劳动力结构变化图

从产业工人数量的变化来看(图 3-14)，北京市从业人员年末数量呈现出逐步上升的趋势，从 1978 年的 444.1 万人上升到 2013 年共 1 141.0 万人的规模，但是主要贡献主体为第三产业，从最初的 140.3 万人上涨到 2013 年的 874.7 万人。而第二产业从业人数则经历了一个先上升后下降的过程，但从业人数始终维持在 210 万人左右，在 1992 年达到顶点为 281.6 万人。

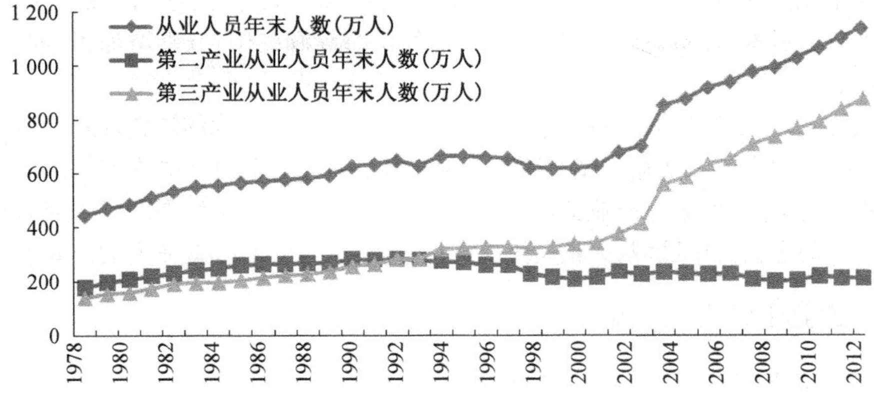

图 3-14　1978 年到 2013 年北京产业劳动力数量变化图

根据 2004 年和 2008 年的经济普查数据，可以进一步研究从业人员变化的区位分布。从第二产业法人单位从业人员数来看(图 3-15、图 3-16)，位于首都发展核心区和功能拓展区的八个区县(普查时东城、西城与崇文、宣武尚未合并)，第二产业从业人员数量都有一定程度的下降，其中朝阳区下降幅度最大。位于生态涵养区的五个区县，第二产业从业人员数量同样出现下降。而位于城市发展新区的通州、顺义的第二产业从业人员数量则有一定程度的提高。表现出经济发展方式调整后，北京内城二产从业人员减少，而二产法人单位主要集中的城市发展新区则出现了一定的抬升。其中，石景山、房山作为北京首钢、燕山石化等北京大型工业企业所在区县，第二产业从业人员分别减少了 22 025 人和 53 012 人。

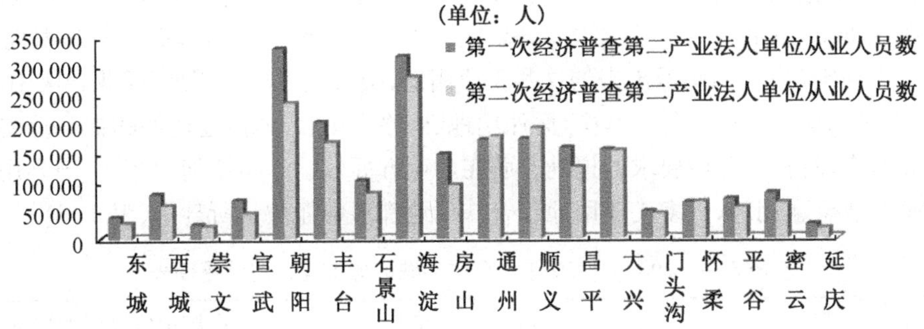

图 3-15　北京两次经济普查各区县第二产业法人单位从业人员数变化图

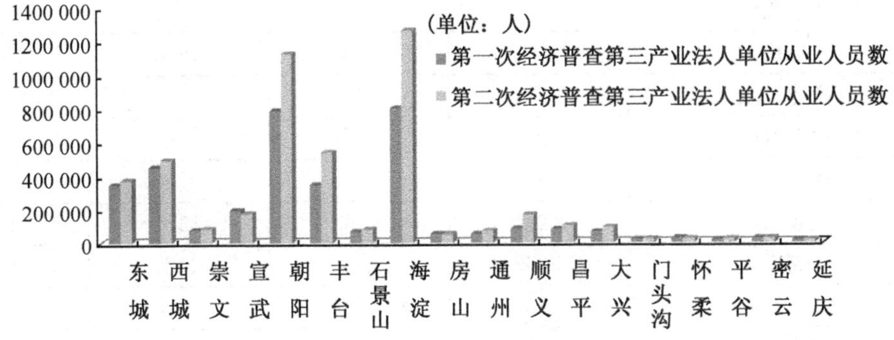

图 3-16　北京两次经济普查各区县第三产业法人单位从业人员数变化图

但从第三产业从业人员数来看，除了宣武、房山和怀柔外，其他区县第三产业法人单位从业人员数量都有所增加。增长幅度最高的是海淀和朝阳，分别增加了 460 959 人和 335 065 人。

由上可见，产业结构的调整也带来了二、三产业劳动力结构的调整，而二、三产业劳动力的区位分布也发生了变化。城八区以及生态涵养区的大部分区县中第二产业劳动力都有一定程度的减少，而第三产业就业人数都有显著提升；而城市发展新区则成为新时期北京市劳动力的主要集中区域，无论是第二产业还是第三产业，其就业人数都有提升。

3.1.4 工业土地利用变化

1）工业企业大量外迁，工业用地腾退

北京市工业企业的外迁，使得原有工厂厂房和工业用地腾出，并转化为其他用地类型。根据北京市经济委员会提供的数据显示："从 1980 年到 1989 年，北京市工业布局呈现城区密集，郊区散乱的局面，城区工业用地面积占整个城区土地面积的 19%，全市 30% 左右的企业集中分布在中心区。全市 56.8%的市属工业企业分布在占全市面积 1.9%的规划区内，都市区外缘和远郊区县企业数较少，布局分散。"（郑国，2005）而其后随着《北京市实施污染扰民企业搬迁办法》《北京市推进污染扰民企业搬迁，加快产业结构调整实施办法》《北京市工业布局调整规划》以及《北京市三、四环路内工业企业搬迁实施方案》等一系列文件和政策措施的出台，越来越多的企业选择外迁。有数据表明，1985—1997 年北京市区因工业搬迁而腾出用地 59.23 公顷，其中中心区 41.78 公顷（占 70.54%）；而 1995—1999 年，市区因污染扰民工业企业搬迁而腾出用地就达 171.8 公顷（冯健等，2004）。

同样，根据最新一轮的北京市城市总体规划可以看出，北京中心城区建设用地中，工业用地面积由 2003 年的 8 246 万平方米减少到 3 468 万平方米，占城市建设用地比例从 13.1%下降到 4.5%。而腾退出来的这些工业用地，很可能被居住用地、商业金融用地、道路广场、绿地等用地类型所演替。其中，居住用地、道路广场、绿地占地比例的提高反映了北京建设世界城市，对宜居环境要求的提升。而在产业方面，从 2003 年到 2020 年规划用地面积增加的是商业金融用地，许多工业用地和仓储用地都很可能被其所替代（表 3-6）。

表 3-6 2003—2020 年北京中心城区城市建设用地平衡表

		面积（万平方米）		占城市建设用地比例（%）	
用地代号	用地名称	2003	2020	2003	2020
R	居住用地	18 512	24 508	29.4	31.5
C	公建用地	11 752	11 642	18.6	15.0
	商业金融用地	3 281	3 860		
	教育科研用地	3 900	3 490		
	体育用地	330	570		
M	工业用地	8 246	3 468	13.1	4.5
W	仓储用地	1 953	818	3.1	1.1
T	对外交通	2 232	3 125	3.5	4.0
S	道路广场	9 014	16 295	14.3	20.9

（续表）

		面积(万平方米)		占城市建设用地比例(%)	
用地代号	用地名称	2003	2020	2003	2020
U	市政设施	1 572	2 232	2.5	2.9
G	绿地	8 237	13 258	13.1	17.0
	公共绿地	6 392	10 132		
D	特殊用地	1 495	1 078	2.4	1.4
	混合用地		1 418		1.7
合计	城市建设用地	63 013	77 842	100.0	100.0

在这些外迁的企业中，以首钢为代表的大型企业则可以作为一个典型案例来看。根据2009年首钢年报数据，首钢搬迁后将腾退出的工业用地面积共计862.81万平方米，其中主厂区668.22万平方米、煤泥坑地区16.22万平方米、铸造厂区23.32万平方米、二通厂区84.19万平方米、一耐厂区16.13万平方米、钢渣厂区19.66万平方米、二构厂区35.06万平方米。

这些腾退后的工业用地如何进行用地类型的转化和再利用，是一个重要问题，也是本书认为的实体空间的变化。在此之上，其他产业或者用地类型的转换对原有叠加在工业空间之上的社会文化空间会产生什么样的影响，是本书亟须解决的问题。

2）北京开发区进行清理，园区用地不断整合

北京开发区由于可以提供诸多优惠政策，往往是工业企业最为集中的区域。应经济规模化和土地利用集约化的要求，国家相继出台了一系列政策，2003年7月18日和30日，国务院先后下发了《关于暂停审批各类开发区的紧急通知》和《关于清理整顿各类开发区加强建设用地管理的通知》，要求有关部门一律暂停审批新设立和扩建各类开发区。2005年8月，国家开始对省级及省级以下开发区清理整顿，并颁布清理整顿开发区的审核原则和标准。对设立5年以上、入区企业少、开发面积不足已批准规划面积20%的开发区予以撤销；对严重污染环境、破坏生态的开发区予以撤销。其中，特别强调对地处同一市、县且相邻的开发区应予以合并；对城市远郊区、县及县级市已建开发区具有一定规模和产业特色的，原则上保留一个开发区。2006年6月，国土资源部发布了《关于严明法纪坚决制止土地违法的紧急通知》，该通知要求全国各级国土管理部门对2005年1月1日以来省级人民政府批准的用地要逐一登记造册，国土部将组织核查，发现违法批地、用地的将严肃处理(李蒙，2007)。

在这样的背景下，北京市也开始了开发区的撤并过程。2004年以前，北京原有470个各类开发区；截至2004年3月，北京向国土部申请保留28个开发区，规划面积为40 843.36公顷，其中国家级开发区3个(31 150公顷)，市级开发区18个(8 394公顷)，市级以下开发区7个(1 299公顷)(北京市发改委，2006)。在这个过程中，北京市裁撤各类开发区共计442个，分布在全市4个城区和10个郊区县，由清理整顿前的470个减少到28个，撤销规模达到总数的94%，核减规划面积46 768公顷，占原有规划面积的53.38%。而到2006年年底则进行了进一步的撤并，从28个减少到19个，其中中关村国家自主创新示范区规划面积由27 050公顷核减为23 252公顷，并将中关村二级园从11个合并到8个，突出主导产业和园区特色。

从表3-7中可以看出，2005年北京市开发区统计个数还是28个，到2006年变为19

个并延续至今；整合后的开发区规划总面积稳定在300多平方千米；无论是累计招商项目企业个数，还是累计招商项目总投资都相对稳定；而工业总产值则稳步上升，从3 748亿元增加到6 169.5亿元，实现了64.61%的增长。

表3-7 北京市开发区基本情况(2005—2010年)

项目	单位	2005	2006	2007	2008	2009	2010
开发区个数	(个)	28	19	19	19	19	19
区规划总面积	(平方千米)	204.60	319.23	326.67	335.74	338.94	344.98
累计实际征用土地面积	(平方千米)	108.74	126.59	139.41	153.25	168.74	172.19
累计土地开发施工面积	(平方千米)	93.89	103.62	115.28	119.69	126.59	132.91
累计土地开发完工面积	(平方千米)	88.47	94.82	107.38	111.07	115.92	121.89
累计招商项目企业个数	(个)	30 474	32 669	30 942	32 362	36 044	39 031
累计招商项目总投资	(亿元)	5 367.5	6 129.6	6 403.7	6 756.4	7 172.8	8 254.6
累计招商项目外商投资	(亿美元)	80.6	94.9	110.4	156.9	160.8	169.3
总收入	(亿元)	6 573.8	8 792.6	11 495.2	13 162.5	15 108.9	18 401.4
工业总产值(当年价格)	(亿元)	3 748.0	4 746.1	5 260.5	5 209.1	5 127.7	6 169.5
应缴税金	(亿元)	289.1	389.1	522.1	616.6	713.4	943.8
利润总额	(亿元)	379.8	516.2	908.5	868.0	1 232.3	1 451.4

总之对工业区的"停清撤改"，带来的直接结果就是原有的以工业用地为主要用地类型的开发区土地被大量腾退出来，被转化为其他产业用地。整合后的开发区为了提高土地集约利用程度，对产业也将进一步进行升级改造，从原有的"引资"变为"选资"。其中，区县以下级别的开发区基本被撤并，这就使得过去遍布的乡镇工业开发区工业空间也存在演替的选择。本书要研究的案例"中国乐谷"就是在原有的东高村镇工业开发区的基础上演替而来的。

3）高新技术园区和文化创意产业集聚区成为工业园区升级方向

现阶段，北京工业区整合后的产业升级，一般有两个主要方向：

一是申请高新技术园区。典型代表是中关村国家自主创新示范区及其各个分园，具体包括中关村国家自主创新示范区海淀园、丰台园、昌平园、德胜园、通州园、石景山园、雍和园、亦庄园、电子城、大兴生物工程与医药产业基地10个子园，本书中要研究的案例中关村普天德胜园正是其中之一。①

二是文化创意产业集聚区。② 北京市于2005年年底正式提出发展"文化创意产业"的概念。2006年4月，成立北京市文化创意产业领导小组。2006年10月，发布《北京市促进文化创意产业发展的若干政策》，明确规划建设文化创意产业集聚区，并专设集聚区基础设施建设专项资金，资金规模5亿元，重点支持集聚区环境整治、基础设施、产业服务平台和共性技术平台建设等公共设施项目。目前，北京文化创意产业集聚发展趋势日益明显，产业集聚效应初步显现，集聚和辐射带动效果日渐明显，形成了一批产业特色鲜明

---

① 2012年10月13日，《国务院关于同意调整中关村国家自主创新示范区空间规模和布局批复》正式下发，中关村空间布局调整为"一区十六园"，原来德胜园纳入西城园。

② 2014年《北京市文化创意产业功能区建设发展规划》(2014—2020)又提出20个文化创意产业功能区。

的文化创意产业集聚区。从 2006 年 12 月开始，北京市先后评选出第一批 10 个、第二批 11 个、第三批 2 个和第四批 7 个，共计 30 个文化创意产业集聚区，如表 3-8 所示。可以发现 30 个文化创意产业集聚区中，有 11 个是在原有工业园区或者工厂基础上并向文化创意产业集聚区演替的，占到全部集聚区的 36%。本书中要研究的案例中国(首钢)动漫游戏城、DRC、中国乐谷都是其中的代表。

表 3-8　北京文化创意产业集聚区基本情况及其与工业园区的关系

	功能区位	所在区县	工业园区基础上发展起来的
中关村雍和园	首都功能核心区	东城	是
前门传统文化		东城	
DRC 工业设计创意产业基地		西城	是
琉璃厂		西城	
798 艺术区	城市功能拓展区	朝阳	是
潘家园		朝阳	
CBD 国际传媒		朝阳	是
惠通时代		朝阳	是
时尚设计广场		朝阳	是
欢乐谷生态文化园		朝阳	
北京音乐创意产业园		朝阳	
北京奥林匹克公园		朝阳	
中关村创意产业先导基地		海淀	
中关村软件园		海淀	
清华科技园		海淀	
大红门服饰		丰台	是
卢沟桥文化创意产业集聚区		丰台	
数字娱乐产业示范基地		石景山	是
中国动漫游戏城		石景山	是
北京(房山)历史文化旅游集聚区	城市发展新区	房山	
宋庄		通州	
北京出版发行物流中心		通州	
顺义国展产业园		顺义	
国家新媒体产业基地		大兴	是
十三陵明文化创意产业集聚区		昌平	
怀柔影视基地	生态涵养区	怀柔	
八达岭长城文化旅游产业集聚区		延庆	
古北口国际旅游休闲谷产业集聚区		密云	
斋堂古村落古道文化旅游产业集聚区		门头沟	
中国乐谷—首都音乐文化创意产业集聚区		平谷	是

3.2 北京市工业空间演替的结构动力研究

目前,已经有许多学者对北京工业空间演替的驱动力进行了研究,这些学者的研究都强调了以区位通达性为代表的市场机制对北京工业空间布局的影响作用(楚波等,2007;贺灿飞等,2005;张华等,2007)。2012年最新的研究也指出,北京市工业空间演变机制是政府规划引导下的市场经济作用机制。其中,区位通达度、集聚经济、政策响应是主要影响因子(张晓平等,2012)。总结起来,从表层结构动力看,政策因素、城市扩张因素、经济因素、环境因素等都对北京市工业空间演替产生影响。在市场机制影响下,对更大利益的追逐成为企业区位选择的核心所在,因此由深层结构看,需要重新用马克思结构主义的观点来看。

3.2.1 表层结构动力

1) 经济因素

正如上文的分析所显示,北京市产业结构升级是工业空间演替的最主要动力。从20世纪80年代开始,北京市认真总结经济发展的历史经验和教训,按照完善和增强首都服务功能的要求,产业发展基本遵循着高水平、高层次、高效益的原则,具有明显的现代化特征,全市经济"二三一"的发展格局很快提升为"三二一"的发展格局。尤其是20世纪90年代中后期,北京市产业结构发生了巨大变化,第三产业迅速成为经济发展的主要动力,金融、保险、邮电通信等土地利用效率高的新兴部门比重不断提高,对城市中心区域的土地需求大幅增加,使得北京市必须对原有工业用地进行调整和压缩,为城市发展提供更多的良好空间。

2) 城市扩张因素

北京市人口规模的增长带来了城市规模扩张和产业布局调整,从而引发工业搬迁。随着经济发展,北京市人口不断增加,城市化程度加速提高。如图3-17所示,从1978年到2013年,北京市常住人口从871.5万人快速增长到2 114.8万人,年平均自然增长率为3.57%,显著高于全国平均水平。由于城市规模迅速增大,北京市不得不逐步扩展城市建设和发展区域,原来的"二环内城"扩展到"三环""四环",甚至"五环""六环",原来处于城市边缘的工业变成了处于城市核心区的工业。此外,城市规模扩张也是促进顺义、昌平等地区工业发展的重要原因,而这些地区的建设又为城区内工业搬迁提供了承载地。

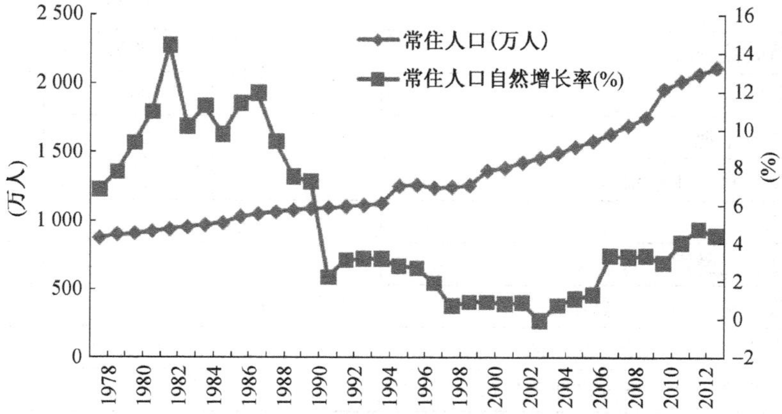

图3-17 1978—2013年北京市常住人口及其增长率变化图

3）政策因素

新中国成立后30年间，北京市从消费型城市转变成生产型城市，工业发展速度每年递增19%，初步建立了门类齐全、相当规模的工业体系，覆盖冶金、矿山、化工、印刷、医药、机电、制造、建材等行业（陈军，2009）。但是，随着生产规模的逐步加大，环境污染问题日益显现。到20世纪80年代初期，由于首钢、重型机械厂、锅炉厂等大规模扩建，工业污染进一步加重，城市居民对于治理污染的呼声越来越高。1984年12月，北京市颁发了《关于对污染扰民企业搬迁实行优惠政策的通知》，对污染企业实行了税收、贷款等优惠政策措施，由此开始了北京工业的“大搬迁、大关停”。至今，北京市工业企业搬迁大致可分为三个阶段：第一阶段从1985年到1995年，该时期重点解决城区内小型、分散、污染严重的工业企业的污染扰民问题，特别是对胡同小企业实施“关、停、并、转、迁”等措施。第二阶段从1995年到2001年，以1995年《北京市实施污染扰民企业搬迁办法》的发布为标志，全市的企业搬迁工作进入了搬迁与企业的产品结构调整相结合、与全市的工业布局调整相结合为特征的新阶段。第三阶段从2001年至今，在《北京城市总体规划（2004—2020年）》和举办奥运会的新形势下，城市工业搬迁重点从调整工业布局向优化城市功能布局方向转移，从治理城市局部污染向全面改善城市环境方向转移（傅晓霞等，2007）（表3-9）。

表3-9　北京市工业搬迁不同阶段政策比较

	1985—1995年	1995—2001年	2001年至今
搬迁目的	污染扰民	污染扰民、布局调整	结构调整、城市定位、国际大都市建设
企业规模	小企业	各种规模	各种规模
企业性质	市属企业	市属企业为主	多种所有制企业
搬迁方式	“原厂址、原规模”	规划区域、鼓励集中	严格执行城市总体规划、鼓励跨地区迁移
补贴政策	不明确	搬迁补贴、鼓励技术改造	搬迁补贴、支持技术改造、鼓励产品升级
土地政策	不明确	协议转让	“招、拍、挂”
搬迁效果	企业经营恶化，新的环境污染	企业经营相对改善，污染较为集中	企业经营改善，污染得到控制

4）环境因素

随着经济发展和居民环境意识的提高，为了保证更高的生活质量、更适宜的居住环境，工业外迁成为北京城市发展的必然选择。虽然北京天气质量仍然存在问题，但是空气质量二级及好于二级的天数从2000年有统计开始，不断增加；空气质量二级及好于二级的天数比例已经增长到78.4%（图3-18）。为了将这种相对宜居的环境保持下去，要求工业企业必须外迁。

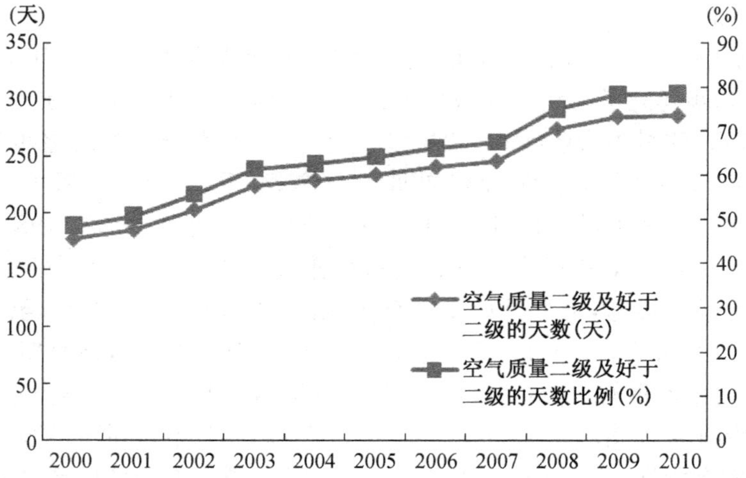

图3-18　2000—2010 年北京市空气质量二级及好于二级的天数及比例图

3.2.2　深层结构动力

大卫·哈维对城市空间结构形成动因的深层结构动力的分析，为本书提供了分析的基础。城市空间结构可以通过地租来呈现，按照新古典主义经济学的概念，地租是按照区位划分土地利用的一种积极的配置工具。这种观点忽视了地租的一个本质。马克思按地租形成的不同条件，将地租分为两种形式：级差地租Ⅰ和级差地租Ⅱ。级差地租Ⅰ是指一块土地因为自然条件和位置较好，所创造出的超额利润；级差地租Ⅱ是指一块土地因为连续追加投资，使其创造出的超额利润。形成级差地租 II 的追加资本是劳动者创造的剩余价值，这些资本不仅来自被追加土地的劳动者，还产生于城市其他地区的劳动者。因此，城市地租的差异也反映出城市一处空间的发达是以剥削另一处地区而获得的。城市空间的地租差异，也是城市社会空间关系的体现。

对此，本书对北京地租进行分析，根据 2002 年北京市修正的基准地价（截止到 2012 年虽然有准备调整，但尚未出台），基准地价数据范围为一到十级，市中心基准地价范围主要为一到五级（表 3-10），无论是基准地价（楼面熟地价）还是毛地价，呈现出商业＞综合＞居住＞工业的总体规律。而从空间结构上看，以工业用地基准地价为例，北京市市中心工业用地平均基准地价呈现出类似于道路系统的圈层结构，由内圈层到外圈层地价逐渐递减（图 3-19）。

表 3-10　2002 年北京市基准地价表（一级到五级）

土地用途	价格类型	土地级别				
		一级	二级	三级	四级	五级
商业	基准地价（楼面熟地价）	7 210～9 750	5 680～7 680	4 530～6 130	3 720～5 090	2 720～4 000
	楼面毛地价	2 660～4 900	1 680～3 120	1 500～2 420	1 240～1 860	970～1 450
居住	基准地价（楼面熟地价）	4 740～7 000	3 800～5 760	2 730～4 590	2 090～3 600	1 500～2 790
	楼面毛地价	1 710～3 000	900～2 100	550～1 300	400～930	300～680

（续表）

土地用途	价格类型	土地级别				
		一级	二级	三级	四级	五级
工业	基准地价(楼面熟地价)	1 200～1 800	1 000～1 220	850～1 050	600～900	420～680
	楼面毛地价	420～850	430～530	340～440	270～360	195～300
综合	基准地价(楼面熟地价)	5 540～8 250	4 440～6 000	3 620～4 940	2 650～3 900	1 960～2 790
	楼面毛地价	1 640～4 500	1 460～2 200	1 130～1 690	880～1 320	660～990

注：(1)数据来源于《北京市人民政府关于调整本市出让国有土地使用权基准地价的通知》。(2)数据范围为一到十级，市中心基准地价范围主要为一到五级。(3)楼面熟地价是指各土地级别内，完成通平的土地在平均容积率条件下，每建筑面积分摊的完整土地使用权的平均价格；楼面毛地价是指各土地级别内，在平均容积率条件下，政府收取的某种用途法定最高出让年期内的土地出让金、市政基础设施配套建设费的平均楼面价格。

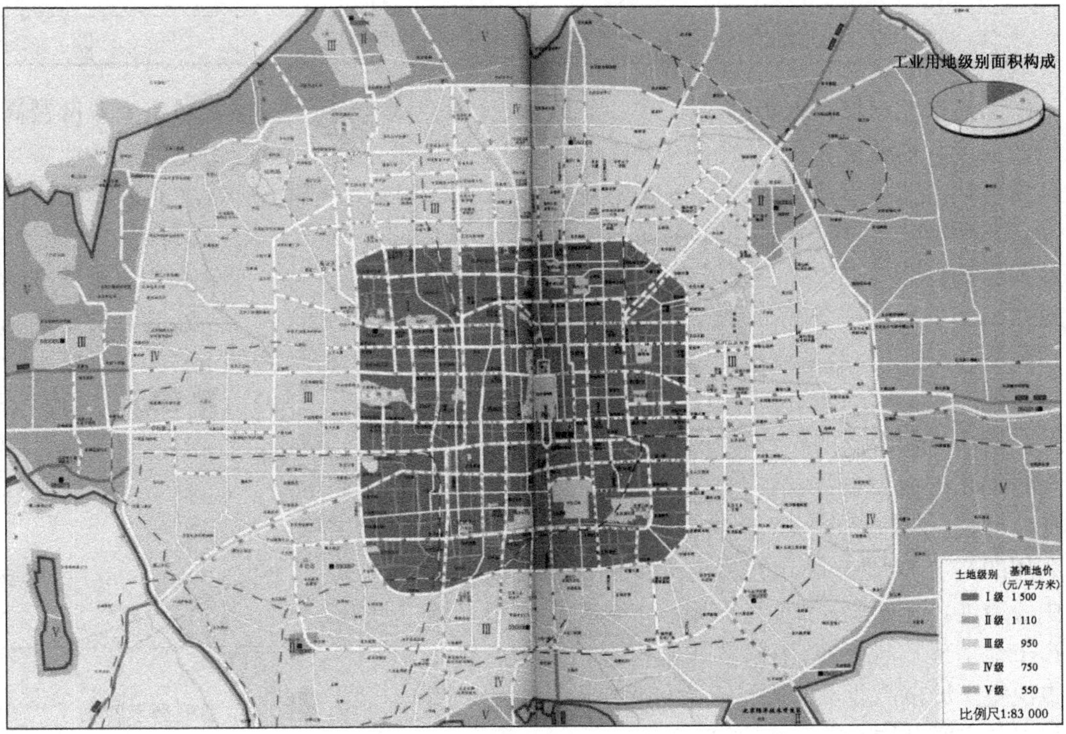

图 3-19 2002 年北京市工业用地基准地价及监测点

根据 1985 年、1996 年、2001 年的工业企业数据作进一步分析，对 1985 年到 1996 年、1996 年到 2001 年进行搬迁的工厂，根据工业外迁过程中土地升值的计算方法进行地价分布计算，具体公式如下：

工业用地转换为居住用地：$V_{RM}=\sum_{i=1}^{4}S_i(R_i-M_i)$ (3-1)

工业用地转换为商业用地：$V_{CM}=\sum_{i=1}^{4}S_i(C_i-M_i)$ (3-2)

其中：S_i为各级地价范围内外迁出的工业用地面积，C_i、R_i、M_i分别为各级商业用地、居住用地、工业用地的基准地价。得到结果如表 3-11 所示：市中心四个级别的土地，在工业到居住、工业到商业两个时期，土地价值都得到了极大的提升。

表 3-11　工业外迁后的土地升值

（单位：元）

	1985—1996		1996—2001	
土地级别	工业—居住	工业—商业	工业—居住	工业—商业
一级	192 187 793	306 972 722	533 087 997	851 476 938
二级	484 208 056	734 887 976	1 492 321 824	2264913 504
三级	387 344 636	626 040 408	1 652 939 568	2 671 540 704
四级	207 305 697	361 671 753	1 213 934 761	2 117 867 089
合计	1 271 046 182	2 029 572 859	4 892 284 150	7 905 798 235

通过对北京城市地租的分析，可以发现：从土地使用类型上看，北京城市工业区被高级居住区和商业区替代；从产业角度上看，低端工业区被现代工业区、文化创意产业集聚区所替代。这里可以用竞租模型进行分析（Alonso, 1964）。该模型描述了不同经济活动，由于其边际生产力受空间位置的影响程度不同，形成对地租的边际支付能力的差异，从而会选择距离城市中心远近不同的区位。以三次产业表述了这一土地利用决策的基本原则。其中假定一个城市的经济可以简化为农业、工业和服务业三个产业，它们的土地利用效率依次递增，服务业对于企业区位与市中心的距离最为敏感，离城市中心越近则生产效率越高；农业生产对于区位最不敏感，其生产效率受与城市中心距离的影响最小。因此，三种不同产业支付地租的能力也依次递增，农业最小，工业次之，服务业最强。无论是市场竞争的结果还是城市土地最优利用的要求，都是支付地租能力最高的服务业离城市中心最近，工业次之，农业生产用地离城市中心最远，城市土地呈现环状分布，不同产业支付地租能力的交叉点决定了城市产业带的边界。这与北京市基准地价图形成的空间结构不谋而合（图 3-20）。

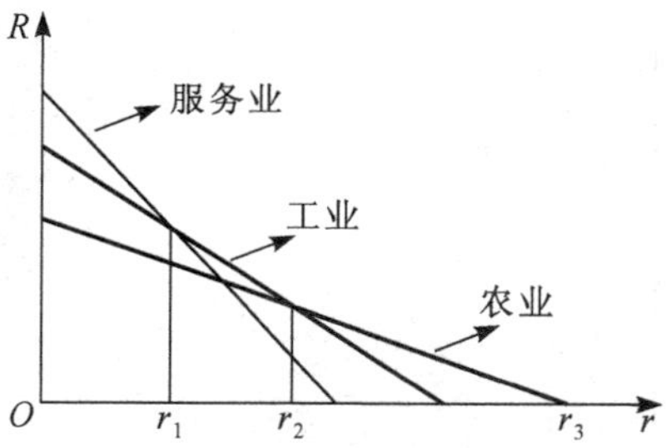

图 3-20　竞租模型示意图

但从深层结构看，对土地租金的追求，本质上都是资本追求剩余价值的结果。马克思主义地理学告诉我们，城市变化是资本积累的过程，城市景观不单是文化景观，更是社会文化景观，它们是“社会矛盾和张力聚集的地方，而不是和谐、均衡的表现。马克思理论告诉我们，如何从理论上将资本积累与空间结构的转变联系起来，最终……将历史和地理相互联系起来”（Harvey, 1975）。哈维将城市化与资本主义的生产方式结合在一起，提出了城市化的一般理论，即所谓城市化社会剩余价值的地理集聚。他指出如果需要总体地、系统地、联系地把握诸如城市化这类地理问题，马克思主义提供了唯一的研究方法。根据哈维的《社会公正与城市》的观点，我们可以知道，马克思结构主义地理学不在于分析城市空间结构的效率结果，而主要分析城市空间的社会公正性（Harvey, 1973）。

为了使城市土地获得更多的“价值”，作为土地资本的所有者，必须要将土地利用产生的价值最大化。在以往的城市地理学实证主义研究中，往往忽视对变化原因的分析，尤其是不分析这种变化过程中资本所有者与非资本所有者之间的社会关系(Harvey, 1973)。在中国，虽然城市土地的所有者是国家，但是在这个变化过程中，土地资本带来的收益的分配发生了变化，从而带来了新的社会变化和文化变化。在城市的发展过程中，不同阶层间的经济收入差异在拉大，住房制度的改变，使得城市中也出现了不同阶层的社区。因此空间阶层(群体)的专有性被强化了，这是社会文化空间宏观变化的一种形式。故本书在分析案例区的时候同样秉持这个基本观点，在将整个结构转化成经济、社会、政治、文化四大系统，并分析四大系统之间的相互作用关系时，考虑尽可能多的主体，尤其是弱势主体如何在逐利的大结构下可以获益(图 3-21)。

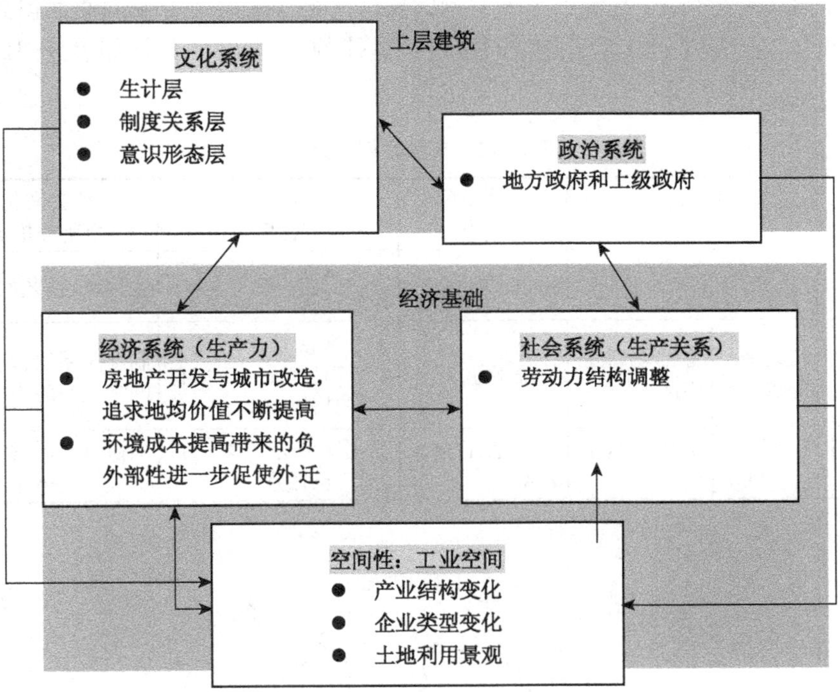

图 3-21　马克思结构主义在本书中的分析框架

3.3　北京市工业空间演替宏观背景下的中观样本选取

对北京市工业空间宏观结构的研究发现：北京市产业结构逐步升级，第三产业比重持续增加；工业企业不断外迁，城市功能拓展区和城市发展新区成为现阶段工业企业集聚地；劳动力结构随之调整，退休工人群体留守老工业区；工业土地利用发生演替，文化创意产业园区成为重要替代者。而这种工业空间宏观演替背后的结构表层动力可视为包括城市扩张、经济、政策和环境因素的综合作用，但是深层的结构动力还是工业空间相关利益者对土地利用剩余价值的追逐。

假若结构力量是决定性的，那么社会文化空间是否也随着这种结构性的变化而变化呢？不同群体其结构化力量是否对社会文化空间变化产生影响？这种深层结构作用下叠加于工业空间之上的社会文化空间是否都发生“异化”？围绕在工业空间周围的利益相关者其应该也具有自身的结构化动力，工业空间演替后（及即将发生演替）的社会文化空间究竟如何变化？这些问题需要我们进一步在整个宏观背景下，选择若干典型案例区进行探究。

因此，结合工业空间演替的宏观背景，在工业空间区位上选择从内至外，由内城二环边上、外城五环外和远郊三个案例区，对应上面提到的工业空间演替情况，选择已经完全完成演替、基本完成演替和准备开始演替的三种不同工业空间演替类型；同时，从社会文化空间角度看，本书将其定义为生计层、制度关系层和价值观层三个层次，在工业空间发生演替过程中，不同层次的社会文化空间会产生不同的变化，因此，选择各个案例区研究某个文化层的具体变化情况，避免以单个案例区探讨三个文化层而导致的面面俱到的情况。故本书侧重从三层不同的社会文化空间来进行具体的案例选择，具体如表 3-12、图 3-22 所示。

表 3-12　典型案例区选择

	区位	区域定位	工业空间转变类型	工业空间演替情况	社会文化空间变化分析侧重点
平谷东高村镇	二环边（下图 A）	城市生态涵养区	村镇工业区	工业区演替开始（工厂开始迁移）	生计层：技艺的空间扩散
普天德胜科技园	五环外（下图 B）	首都功能核心区	传统工业区	工业区演替全部完成（工厂已搬迁，厂房已经被其他占用）	制度关系层：制度和企业网络在空间中的变化
石景山首钢	远郊（下图 C）	城市功能拓展区	大型老工业区转型	工业区演替基本完成（工厂已搬迁）	意识形态层：社区社会资本区域集体主义价值观

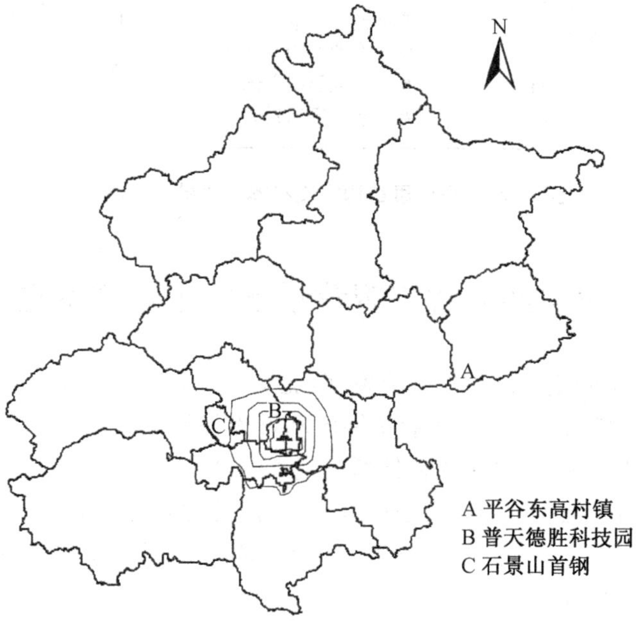

图 3-22　三大案例区区位示意图

4　工业空间演替与生计层社会文化空间的互动——以北京远郊东高村镇为例

由于区位的缘故，远郊的工业空间是演替相对最慢的区域，但是原有在“一镇一业”政策带动下发展起来的许多村镇企业，已经逐步成长为在全市、全国乃至世界具有影响力的企业。随着北京远郊区县定位为“生态涵养区”，原有的乡镇工业区也面临着升级。对此本章节选择以北京市的远郊区县中具有一定代表性的平谷区东高村镇为案例区，探讨工业空间演替后社会文化空间的变化。

前文已经提及根据传统文化地理学理论，本书将社会文化空间细分为物质文化景观(生计层)、制度文化景观(制度层)和精神文化景观(意识形态层)(周尚意等，2004)。其中，生计层社会文化是人类为了满足生活和生存需要所创造的文化特质，它既包括物质形态的文化特质，如服饰、民居、聚落、交通形势等，也包括抽象的文化特质，如饮食系数、生产技术等(周尚意等，2004)。物质形态的工业遗产是生计层社会文化中重要的组成部分，在本案例中由于演替开始但尚未完成，因此不存在实际意义上的“工业遗产”，但在这个过程中，以小提琴制作工艺为代表的生产技艺的变化是区域演替过程的核心所在。因此本部分重点谈及工业空间演替后，以生产技术为代表的生计层社会文化空间会发生什么样的变化？同时，在演替过程中包括政府、大企业、中小企业、村民等在内的不同主体构成怎样的驱动力？而这种技艺的传承对区域的发展又会带来怎样的效益？这些都是本章节探讨的问题。

4.1　东高村镇介绍和研究方法

4.1.1　案例区介绍

研究区“中国乐谷”所在的东高村镇是北京市平谷区南部门户，地处北京、天津、河北三个省市的交界处，位于北京和天津两大中心城市之间。从区位看，研究区距离平谷区中心仅为 2 千米，距离北京市区 70 千米，属于远郊地区，距天津新港 130 千米，是连接两大城市的纽带，位于环渤海经济圈的中心位置。优越的区位条件在乐器产业集群的发展过程中发挥了重要的作用，主要表现在:第一，国际市场开拓。东高村镇在发展伊始，正是借助毗邻天津港的优势，走“出口创汇型”的传统加工业发展道路，而在整个出口转型的发展过程中，原有单一的国际市场渠道，逐步转化为音乐文化的交流渠道，能够推动更多国际化的音乐文化元素进入研究区。第二，降低运输成本。从上游原料供应商上看，制作提琴的原料是枫木和松木，产自大兴安岭，从研究区到原料所在的黑龙江运输条件比较便利(周洲，2008)。从下游市场上看，研究区临近海外日韩市场和国内最大的北京、天津及上海市场，能够降低产品运输成本。第三，适合音乐创作和爱好人群活动的特殊区位。京平高速道路的建设使得研究区位于以北京为中心、100 千米为半径的“1 小时经济圈”。研究区既远离城市的喧嚣，又与城区保持密切的联系，是音乐创作者偏好集聚的区位。同时，周末经常会有音乐爱好者以自驾游的方式在研究区聚集，从而为区域转型提供了市场基础(图 4-1)。

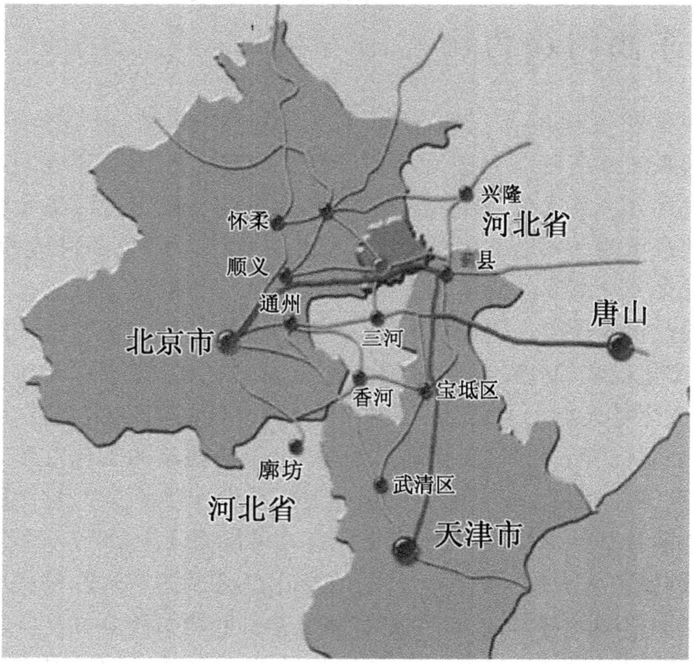

图 4-1　平谷区东高村镇区位图

从自然环境上看,研究区属暖温带季风气候区。春季干旱多风,夏季炎热多雨,秋季凉爽湿润,冬季寒冷干燥。年平均绝对湿度在平原地区约在 10 毫巴(1 毫巴＝100 帕斯卡)以上,山区约在 10 毫巴以下,年平均相对湿度均在 50%～60%。总体来看,研究区的这些气候条件为东高村镇提琴产业的产生提供了可能,对乐器制造影响较大的温度和湿度条件较好。乐器产品首先具有环境适宜性,从另外一种气候环境中运出来的乐器产品需要对环境进行适应性变化,就“中国乐谷”主要的提琴产品而言,发生变化的主要部位是琴颈和指板等,如把在气候较潮的南方制作的提琴运到气候较干燥的北方,靠近系弦板附近的面板就有可能出现破裂。当空气潮湿的时候电子元件也会受潮或是氧化,给演奏带来干扰。平谷地区湿度较小,气温湿度条件与欧美、日韩等主要市场的条件较为接近,因此发展乐器产业的优势明显。正如 QQY 乐器公司的负责人说:“这儿能够形成这个(提琴)产业,成本比韩国低,更重要的是地理和气候条件适宜制作提琴。北京的气候比较干燥,适合提琴的风干,这样琴的音质好。”

也正因为这样的区位条件和适宜的气候环境,为研究区提琴产业的发展奠定了基础。研究区目前生产乐器以小提琴产业为主,钢琴、大提琴等其他乐器为辅,已经形成了以 20 余家企业为骨干,150 余家零配件手工作坊为支撑的产业集群。目前乐器产品种类已达 30 多种,其中小提琴年生产规模为 30 万把,占全国产量的 25%,90%以上的产品出口国际市场,市场覆盖以美、德、日、韩等为主的 40 多个国家,成为世界上仅次于中国江苏泰兴的第二大提琴生产基地(表 4-1)。

表 4-1　泰兴与平谷提琴产业的规模比较

	产量(把)	占全国比重	企业数量	从业人员	出口比重
江苏泰兴	50 万	41.67%	50 多家	10 000	80%
北京平谷	30 万	25.00%	20 多家	3 000	90%

4.1.2　研究方法

本书从位于北京市平谷区东高村镇的“中国乐谷”案例出发，采用质性研究的方法，主要采用景观观察和访谈法。访谈的核心基于三大命题：

(1) 命题一：从 20 世纪 80 年代开始，东高村镇的提琴产业发展发生了哪些变化？

(2) 命题二：东高村镇工业空间变化后，原有的工业空间中的提琴制作工艺文化是否会以一定的形式保存下来？

(3) 命题三：提琴制作工艺文化的传承对区域发展有哪些影响？

同时，对东高村镇在发展过程中的主要影响因素和存在的问题，以及区域转型背景下“中国乐谷”未来的发展方向进行探讨。具体访谈内容可见附录 1。

访谈样本量达 36 人，其中当面访谈 30 人，电话访谈 6 人，涵盖“中国乐谷”发展过程中参与的主要个体，如政府、大企业、中小企业、工作室、规划师、高校老师和工厂职工等，还有 6 位音乐爱好者(表 4-2)，

表 4-2　“中国乐谷”受访人基本情况一览表

编号	受访人	所在单位	编号	受访人	所在单位
1	ZBL	DGC 镇政府	13	ZHL	XYS 乐器商店
2	LC	DGC 镇政府	14	LHJ	SJ 乐器商店
3	ZQY	DGC 镇政府	15	WZL	HST 日用金属制品厂
4	DYL	ZGYG 管委会	16	LJL	北京 QQY 乐器有限公司
5	XDL	JLSJ 科技咨询公司	17	CZH	北京 SX 乐器有限公司
6	WY	JLSJ 科技咨询公司	18	LJS	JQ 提琴制作室
7	DQ	JLSJ 科技咨询公司	19	LBC1	LBC 提琴制作室
8	XJW	JLSJ 科技咨询公司	20	LBC2	LBC 提琴制作室
9	ZFH	北京 HSY 提琴有限公司	21	GGS	GGS 提琴制作室
10	LYD	北京 HD 乐器有限公司	22	LHL	LHL 提琴制作室
11	MXS	北京 CA 乐器有限公司	23	LLL	LLL 提琴制作室
12	WLS	北京 JF 乐器加工厂	24	LYS	LYS 提琴制作室

(续表)

编号	受访人	所在单位	编号	受访人	所在单位
25	LYF	LYF 提琴制作室	31	LY	音乐节上的音乐爱好者
26	LHL	北京 HLYD 提琴销售中心	32	DPB	音乐节上的音乐爱好者
27	LSQ	中央音乐学院老师	33	CWY	音乐节上的音乐爱好者
28	ZLS	山西在 GP 教琴的琴师	34	MXD	音乐节上的音乐爱好者
29	LL	HD 乐器厂本地女工	35	HQY	音乐节上的音乐爱好者
30	XL	HD 乐器厂外地女工	36	FNX	音乐节上的音乐爱好者

4.2 东高村镇工业空间演替:从“提琴之乡”到“中国乐谷”

东高村镇提琴产业的发展具体可划分为三个阶段:20 世纪 80 年代末到 1999 年提琴产业的形成时期,2000 年到 2009 年提琴产业的成长期和 2010 年开始的提琴产业转型期。

4.2.1 形成期(1988—1999 年)

东高村镇的提琴产业从 1988 年第一家企业——XX(新星)提琴厂开始,厂子的创始人正是后期区域规模最大的 HD 和 QQY 提琴厂的老板。在产业的形成时期,国际产业分工转移、提琴规模化生产以及渠道的形成是该产业可以形成的最重要原因。20 世纪 60 年代小提琴产业的主产地在日本,80 年代至 90 年代中期转移到韩国,并由于劳动力成本地不断升高,逐渐开始向中国转移。从技校毕业回到家乡东高村镇的受访人 LJL 和 LYD 经过考察发现,国内外对小提琴的需求不断增大,单就北京的提琴需求量也很大,但是京城琴行里的琴大都是国外进口的,鲜有自产的提琴,于是他们便决定兴办新星提琴厂。LYD 表示“和我同村的一个小伙子会做小提琴,正好当时的星海乐器厂又倒闭,我在星海乐器厂的制琴大师戴洪祥家门口蹲了一晚上,才请得动他老人家来教我们做琴”(周洲,2008)。可以说,抓住国际产业分工转移的机会是产业在东高村镇得以形成的关键。但是整个小提琴产业得以发展在于 LYD 等对小提琴制作技艺的分解,将原本需要 100 多道复杂程序的小提琴制作流程整合成 42 道工序,并且将其中许多工序用机器代替人工生产,逐渐实现规模化生产,进而形成规模效益。1992 年,北京和天津有两家生产乐器的国有企业因经营不善相继倒闭,东高村制琴企业乘机承接了不少海外订单,提琴产业迅速发展,大小提琴厂和小作坊如雨后春笋(孙涛,2009),并且由此走向了乐器出口的道路。根据受访人 LBC 的描述,“在 1992 年到 1993 年间,工厂凭借极好的区位条件,正式获得为天津乐器厂做贴牌代工的资格”,从而获得了稳定的销售渠道,可以与巨大的外国市场对接。1997 年,东高村镇正式提出打造“提琴之乡”的称号,标志着东高村镇提琴产业逐渐进入政府视野,发展更加正规化(图 4-2)。

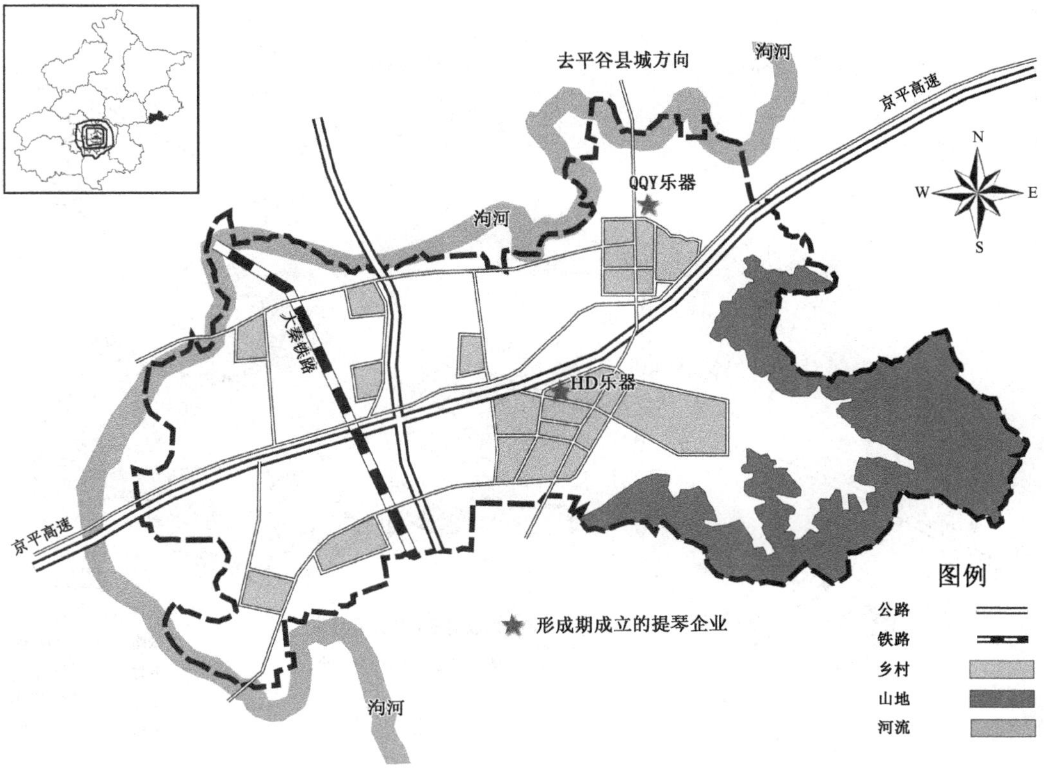

图 4-2 形成期乐器企业分布图

4.2.2 成长期(2000—2009 年)

2000 年,新星提琴厂进行了产权制度改革,成立了北京 HD 乐器有限公司,从原来的镇办集体企业转变成为现代企业,企业发展更具市场化特征(周洲,2008)。产业成长期与形成期相比,有几个显著特征:第一,企业布局更加完善,从原来的 1 家企业,逐渐发展为以北京 HD 乐器有限公司为龙头,以 CA 乐器、QQY 乐器、YY 乐器、SX 乐器、HSY 乐器等 20 余家企业为骨干,以 150 余家提琴零配件手工作坊为支撑的提琴制造产业集群。第二,产业关联配套逐步完善。配套关联产业在主导产业引领下,产业规模显著扩充。配套关联产业主要包括为乐器制作业提供相关产品支撑的产业业态,如箱包、琴盒制作等。配套产业布局主要表现为两种形式:一是在乐器制造企业内部一体化生产,如华东乐器的箱包制造业很具规模;二是依托乐器制造企业,通过利用乐器制造企业的废料进行再利用生产,建立了泡沫厂等。第三,在空间布局上,以东高村镇为地域中心,逐步向周边峪口、马坊等乡镇扩散。产业核心区东高村镇企业的分布也从大旺务村,向东高村和南埝头村,以及更周边的其他村扩散(图 4-3)。第四,产品构成更加丰富。从小提琴发展成为能够生产大提琴、电子小提琴、电子大提琴、贝司、铜管乐、打击乐、二胡、吉他、箱包等十大类 30 余品种。第五,从业人员快速增加。全镇从事提琴及其相关产业的从业人员超过3 000 人,占全镇劳动力总数的 30%左右,占全镇企业从业人员总数的 34%。以有 300 户农民的南埝头村为例,目前有 1/3 的劳动力都在从事提琴制作。截止到 2011 年,集聚区企业共生产各类提琴近 30 万把,产值达到 3.5 亿元。

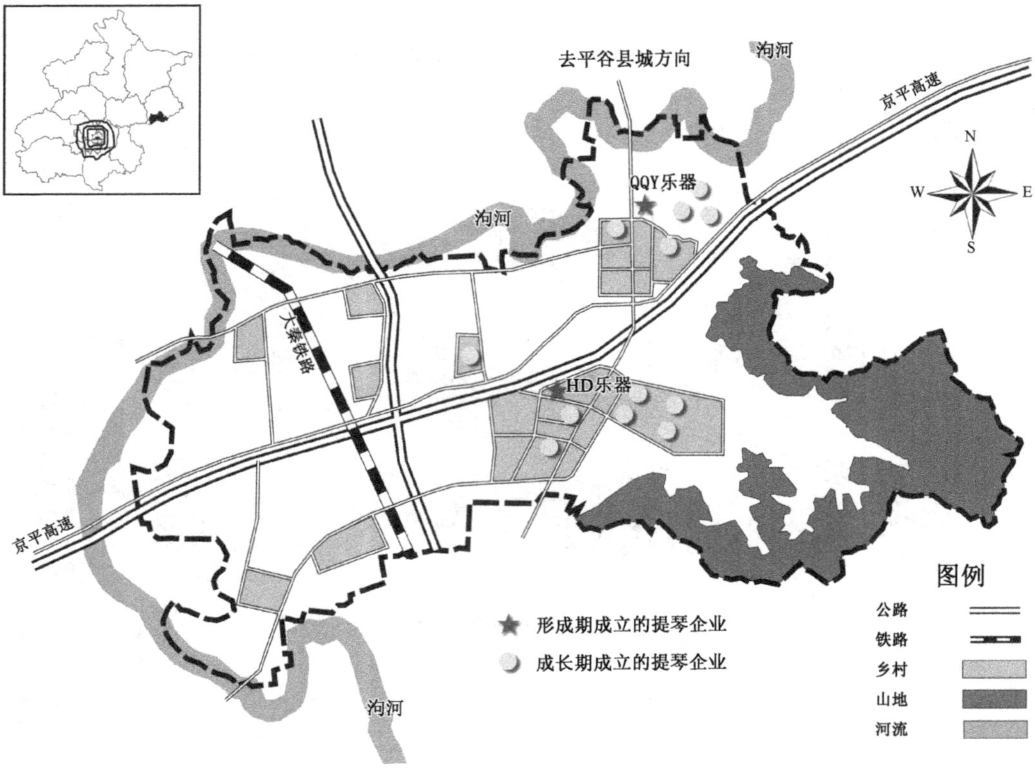

图 4-3 成长期乐器企业分布图

该时期产业取得快速发展的原因，一方面在于核心企业规模不断扩大。从 2000 年开始，镇里规划了 1.51 平方千米的产业用地（主要位于平三路附近）来发展提琴产业。以 HD 乐器厂为例，利用其他企业闲置的厂房、场地，相继建成了 3 个分厂和 1 个培训机构，并先后投资 2 500 万元用于扩大生产规模，实现了产销年均增长 30%。另一方面，国外市场不断扩大。在生产的产品中，85%的产品销往欧洲、韩国，并在美国建立了分支机构，实现了直接出口，创汇额度不断增长，仅在西班牙一年的销售额就达 500 万元。2009 年中国轻工业联合会和中国乐器协会授予北京市平谷区东高村镇“中国提琴产业基地”称号。

也就在这个时期，东高村镇逐步开始实现从制造业向器乐文化产业的转型。2007 年，东高村镇举办了第一届“华东之韵”音乐会，同年镇政府提出要打造“音乐之乡”，在 HD 乐器厂建成了乐器体验馆，吸引以各国驻京大使馆武官、中央音乐学院学生为主的音乐爱好者。这些标志着区域已经不仅仅满足于乐器制造业产业集群，而且试图成为一种音乐景象。而以乐器体验馆为代表的正规音乐设施以及音乐会和“音乐之乡”为代表的社会事件，与 Currid 提到的以正规设施（formal institution）和社会事件（informal social event）作为整个创意景象形成的源头不谋而合（Currid，2007）。

4.2.3 转型期（2010 年至今）

在提琴制造产业不断发展的过程中，提琴制作的技术扩散推动了企业和产业的空间布局分散化，但是也导致竞争更加激烈。许多厂里很多能做整琴的工人都纷纷自立门户，成立提琴制作工作室，在生产形式上往往类同于小作坊形式。由于现阶段市场竞争还是依靠价格竞争，这些工作室的进入反而带来了本地提琴市场的无序状态。正如受访人LYD提到的："好不容易花了几年时间教会做整琴，想让你带新人，你却跑了，自己开了个厂，然后还故意压低价格来夺市场，最后搞得大家都没饭吃。"

东高村镇内竞争非常激烈，而且国际购买商充分利用乐器制造企业之间的博弈关系，造成生产者相互压价、购买者操纵市场的格局。小的作坊逐渐发展起来，也可以达到每月100～200把提琴的规模，对大企业造成的压力很大。东高村镇不仅仅面临着内部竞争，外部还要应对国际上意大利、德国高端琴商的竞争，在国内也要面对来自上海、江苏和广东的竞争。除了激烈的竞争外，由于企业核心技术缺失，主要依靠低成本的规模效益竞争，因此随着原材料价格地不断上涨，交通成本和本地劳动力成本地不断增加，越来越多的企业选择将核心制造环节外迁，包括河南和山东乃至原材料所在地东北，东高村镇提琴产业发展开始呈现出"空心化"的现象。同时，还存在"长期未解决的工人就业时间与欧美市场的销售高峰期不吻合，企业资金压力大，区域自身产品建设不足的诸多问题"(来源于QQY老板的访谈)。

同时，伴随着腾退的厂房，越来越多的音乐创作者和爱好者开始在该区域小规模集聚，政府也在此基础上提出了"中国乐谷"的设想，这就需要一个从既有产业集群发展思路到音乐景象的角度转换。为此工业空间的演替开始，政府开始尝试整理提琴小作坊，并借助本地大企业来尝试整合小企业，用腾出的土地引入更多其他类型的音乐相关企业，如中国唱片总公司、北京歌华文化发展公司等7家音乐文化企业，已经与当地签下战略性合作框架。原有的提琴制造企业由于当地土地、租金和用工成本地不断提升，制造环节也开始逐步外迁，政府希望保留既有提琴企业的展示环节(图4-4)。

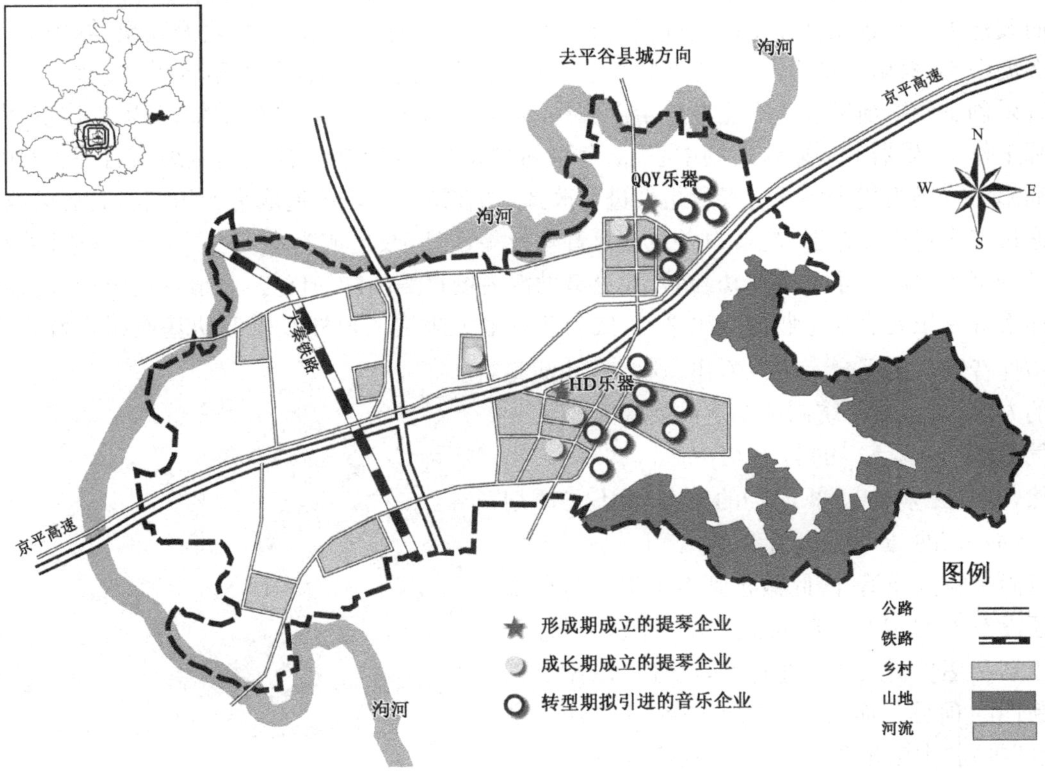

图4-4　转型期乐器企业分布图

4.2.4 小结

综上所述，前面两个时期，东高村镇一般可以看成是传统工业空间，第二个时期已经出现了音乐景象的萌芽，而在第三个时期也就是在转型时期内，如果还继续按照传统的制造业转型发展方式，音乐景象很快就会消失，显然背离了区域试图实现的“中国乐谷”的目标。在这样的背景下，既有的提琴制造企业面临或转型或迁移的选择，但是没有了提琴企业的“中国乐谷”还能成为乐谷吗？

从整个景观层来看，空间作为产业集群或者音乐景象的载体，同样面临着改变，这里有留与增的问题。在形成期和成长期，主要是提琴制造企业的成长，并逐渐形成一个包括大型、中小型和配套工艺作坊的提琴制作产业链。但在转型的背景下，区域需要升级，成本的提升导致原有制造企业或者企业中的制造环节外迁，“中国乐谷”已经开始筹建，当地工业空间演替后留下的厂房面临重建（表 4-3）。

表 4-3　区域三个时期发展对比表

时期	企业数	产品类型	提琴企业布局	区域符号
1988—1999	10 余家	小提琴为主	HD 乐器一枝独大	提琴之乡
2000—2009	20 多家	乐器产品多元化	核心加配套的企业格局形成	乐器之乡、音乐之城
2010 至今	18 家	从制造向服务转型	原有提琴制造企业开始外迁，其他类型音乐企业开始进入	中国乐谷

根据现有的规划，为了吸引更多类型的音乐企业及音乐人集聚，许多厂房会被拆除，而改建为一些音乐文化基础设施，如器乐博物馆、音乐厅、音乐演艺广场及喷泉、器乐文化会展中心、器乐鉴赏中心、世界音乐景观大道、音乐主题体验公园、大型音乐实景歌剧院、音乐创意酒吧街区和音乐主题旅游度假村、乐器技术开发中心、音乐学院、音乐创作室、大师工作室、乐器劳动职业培训中心、信息咨询服务中心和乐器产品物流基地项目等。而以渔阳滑雪场为代表的现有场所也会进行改造，如在滑雪淡季改造成为音乐演出表演场地，通过室内音乐厅改造、配备设备设施及音响效果设计，改造成为室内音乐演出基地；借鉴日本富士摇滚音乐节等成功经验，充分借助滑雪场自然山体的优势，将滑雪场改造成为以摇滚等音乐元素为主题的演出平台，成为北京最大规模的户外音乐活动基地和著名的实验性音乐交流平台。可以看出，这些空间演替的方向，都是从传统制造企业向富有音乐文化气息的“音乐城”的转型（Becker，1982）。当然，这些工业空间景观层的演替都还在规划“纸面上”的，原因在于土地详规和一些征地事宜尚未完全厘清，因此截止到本书提交时点都还没有大的工业空间景观上的替换。不过从规划和逐步引入的企业过程，已经可以做出判断性的预见。而且从“提琴之乡”到“音乐之乡”再到“中国乐谷”，这一区域符号也在不断升级，刚刚在平谷环岛树立的提琴地标景象

图 4-5　“中国乐谷”的提琴地标

(图 4-5)可以视为“中国乐谷”现在乃至将来重要的地标景象。本章节要研究的是在工业空间准备开始演替的过程中,提琴生产工艺是如何变化的。

4.3 东高村镇提琴技艺演替分析

4.3.1 技艺形成期(1988—1999 年)

从技艺来看,该阶段属于技术形成期阶段。根据受访人 LBC 的说法,认为在这个阶段东高村镇会全套提琴制作工艺的,“就是 3 个人,LJL(后来 QQY 提琴的负责人)、LYD(后来 HD 乐器厂的负责人)和我,其实 LYD 应该算是半个,他原来是搞提琴组装的”。其中,前两人目前已经成为区域内规模最大两家企业的负责人。结合对全部企业负责人的访谈,在 1995 年以前,会完整制琴工艺的不超过 10 人。

在技艺发展的阶段中,一个重要的转折点就是由 LYD 创立的机械工艺逐渐开始替代手工工艺,最为典型的就是 LYD 在 HD 乐器厂内推广的对提琴制作进行 42 道工序的细分,极大地加速了提琴制作流程,使得提琴机械化生产成为可能,成为区域技艺的代表。按他的说法:“一般制琴都是 100 多道工序,我们给简化为 42 道工序 (每个工序里面实际包含了一些小工序)……然后将可以进行机械化生产的部分,选择投入在生产线上。”

图 4-6 所示的是目前 HD 乐器厂进行提琴制作的 16 道核心工序,每道工序背后,一些细节的工序并没有在图版中体现。

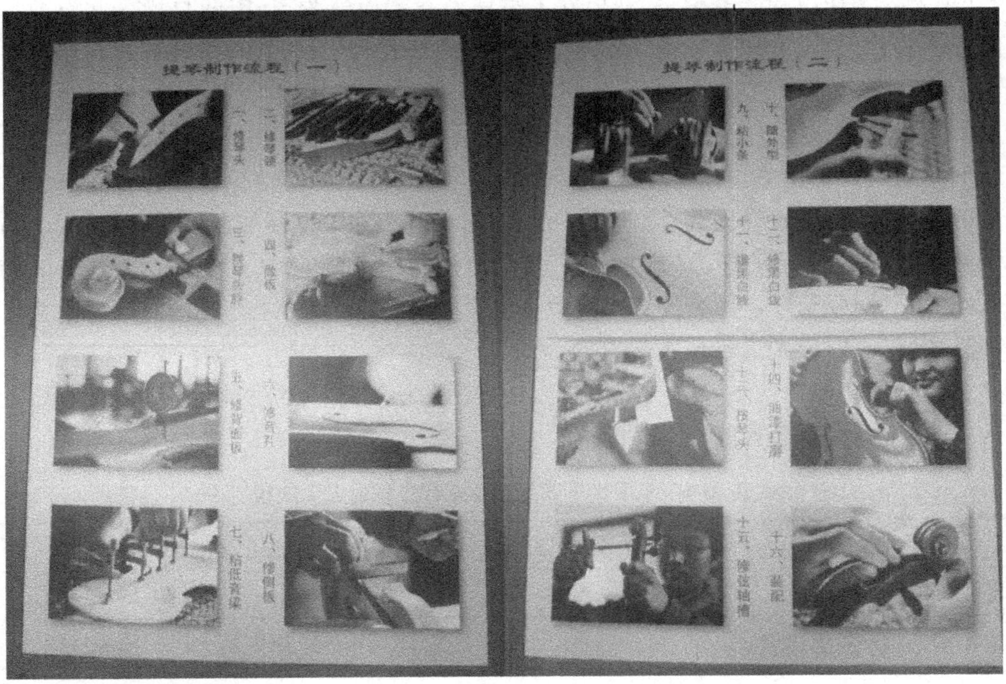

图 4-6 HD 乐器厂提琴制作流程

从访谈中得知,相比较手工工艺,拆解后的机械工艺学起来更为直观易懂,如 HD、

QQY 等规模大的工厂很快就成为了技艺学习传承的最重要节点。厂里大多数人只学了这个工艺的某几个环节,但一批有悟性的工人在三年左右学到完整的技艺流程后,往往先选择出来自己做,采用作坊的方式,接一些私活尤其是机械工艺无法替代和覆盖的中高档琴制作,等销售渠道建立起来后便开始建立自己的企业。下面的企业负责人的经历便是典型例子:

LLL:"怎么说呢? 大家都是从大厂出来的,所以大厂对于初级技艺的传承还是很有用的。我算最早的一批,1985 年在北京乐器厂学了一年多,回到当时的厂里做了挺长一段时间,1990 年的时候就出来自己干了,公司是在 1997 年注册的,主要是各方面都比较正规、方便。"

LBC2:"我 1989 年在华东大概边做边学了 3 到 4 年,1989 年的时候开始自己出来干,接点活,1995 年的时候自己注册了一个企业……大厂做的都是'垃圾',他们的好琴都是外包给我们这些'作坊'做的。"

这个时期是技艺传承的形成期,完整的提琴制作工艺从空间上由大厂向周边的小作坊或小企业扩散。

4.3.2 技艺扩散期(2000—2009 年)

该时期为技艺的扩散期,从大厂出来的学会完整制琴工艺的工人们都纷纷从原来的作坊开始建立自己的企业或者工作室,大厂为了弥补拥有完整制琴工艺工人的流失,也在不断培养新人,但是选择的门槛逐步提高,"只挑一些有前途的人教全套"。LYD 表示:

"现在选人比以前注意多了,就怕好不容易教会了你就跑了,因此只挑一些有前途的人教他全套,现在整个厂 600 多人,就 20 多人会全套琴技艺(最起码要 3 年),一般都教这些员工 2~3 个工序(需要 3 个月)。虽然都是采用师父带徒弟制,但是一般每个人只让他会其中几道工序。"

原来从大厂里出来设立企业或者工作室并熟悉全套工艺流程的工人们,受制于自己企业的规模,工人流动性太大,因此留不住人,更谈不上完整制琴技艺的传承,尽管受访人都一致表示,"遇到天赋好、愿意学的可以收为徒弟"(LLL 语)。如很早就出来单干的 LLL,工作室创办至今,"固有的工人大概有十多个,但是全套的工艺还是只有自己会。不是不教,是很多时候别人不认真学"。

无论是最初建立或新成立的规模较大的提琴制作厂,会完整制琴工艺的都只有 10 来个人,比例不到全部工人的 3%。

表 4-4　集聚区乐器企业会全套工艺的工人规模

企业	全部工人数量	会全套工艺的工人数量
北京 HD 乐器厂	600 多人	约 20 人
北京 HLYD 提琴销售中心	400 多人	约 10 人

就算是选择传承完整制琴工艺,也往往选择自己的亲人。LBC 表示:"已经做了 10 多年了,儿女都会,小外甥 5 岁大了,以后一定会让他学。"LBC 又表示:"会教自己孩子做琴,而且肯定和对工人说的不一样。"

但是这些提琴厂的负责人都说“现在孩子不愿意学做琴，看着做琴的人挺多的，但是要去做的人不多(LBC)”“大部分年轻人都不愿意做(LLL)”。如果亲属，特别是孩子一辈子都不学的时候，技艺传承往往会出现间断。如在对GGS制琴工作室的访谈过程中，对其孩子GJ的访谈可以得到佐证。他表示：

“自己也学，但是不经常做，一般学这个需要2～3年。家里做，自己也就跟着做……我们这一辈的朋友、同学基本上做琴、学琴的很少，因为做琴整不了多少钱。现在做这行，主要是把他们(父辈)那一代的渠道资源给转过来，琴可以找人来做。”

而在这个阶段越来越多的年轻工人，在大概了解整个制琴流程后就跳出来自己“单干”，并且满足于为大提琴厂进行配件制作，原因如WLS所说：“(做配件)挣得也比在厂里给别人干得多。”

典型的如北京JF乐器加工厂：“1997年华东乐器厂做过，大概是2002、2003年的时候跳出来自己干，厂子在2005年、2006年左右建的，现在大概七八个固定的长期员工，没人会做整琴，我自己也不太会，一般就是给其他厂子做做零件什么的。”

在这个时期，提琴工艺的传承遇到了瓶颈，大企业对工艺传承日趋保守，中小企业工艺传承由于遇不到合适的人选而无法继续，小工作室一般依靠亲缘关系进行技艺传承。从空间上，东高村镇的提琴工艺空间形成了包括大企业、中小企业和作坊的中心—边缘结构，位于中心的大企业开始将提琴制作工艺内部化，同时一部分跑到通州马驹桥地区，开始呈现出技艺从东高村镇“外溢”，这是让当地村民感到特别“严重”的事。LBC曾经做过调查：“(通州马驹桥)大概有48家这样的小作坊，规模较大的企业比较少，河南人在这个地方比较多，基本都在平谷这边学过。”

4.3.3 技艺转型期(2010年至今)

提琴工艺在形成期已经出现的传承问题，在转型期得到重视，一方面表现在专业制琴机构或音乐院校的介入。过去在文化生产模式下，东高村镇的文化产品形式更多是销往国内外的提琴，但实际上做琴的人很多也是弹琴的，有时也作曲，但是都是出于制琴试音的需要，更多的以经济效益形式出现，而不是文化形式的传播。正如受访人LBC所说的：“会做琴的不一定会弹琴，但是懂弹琴的做琴人做出来的琴一定好！”

在问及受访人关于制琴与弹琴的关系时，受访人往往都表示两者是相互促进的关系。受访人LHJ也表示：“可以和拉琴的人讨论什么样的声音更好；和做琴的人讨论怎么把声音做好。”

受访人LYD还在厂里邀请了中央音乐学院的老师来教制琴人演奏，提高制琴人的乐感。这种以乐器产品生产为导向的文化生产形式，显然不是传统音乐景象理论中所孕育的，而在产业集群中孕育的这种以产品为导向的音乐文化形式，却也在无形中创造了独特的以地方生产的小提琴来演奏中国民乐的地方性音乐文化形式。正如中央音乐学院教师LSQ所言：“这里制琴的人能用小提琴拉上两曲地方的民谣，虽然有点怪怪的感觉，毕竟小提琴往往被视为古典音乐的范畴，但是这种音乐形式的反串，别有一番韵味。”

另一方面，政府也已经开始意识到了这点。为了培育整个平谷的音乐氛围，平谷区政府每年拨款5万元用于重点进行200～300名青少年的音乐素质教育，并在平谷区三所中学内开设提琴课。这不仅可以提高平谷区青少年的音乐素质，同时也为平谷区提琴产业的发展储备了人才。同时在政府引导下，当地企业与本地的中小学签订了协议，设立相应的学琴班，企业还给中小学赠送相应的琴具。而在制琴方面，东高村镇内的大旺务村小学和东高村小学都开始教授简单的提琴制作工艺。在中学方面，推出“平谷音乐百人计划”，鼓励大家学习音乐。而原来平谷区第一职业技术学院开设了专门的提琴制作培训班，由小提琴制作大师郑荃及其弟子定期教授。第二职业技术学院则与中央音乐学院合作，中央音乐学院在“二职”入驻，成立专门的音乐院校。

音乐学院和政府的介入，能够起到积极的推动作用，但是这种推动作用往往是间接的，至少在目前还未显现出效果。由于这两者重在整体音乐氛围的塑造，其目的是在为“中国乐谷”未来的发展造势，同时将原有的制琴工艺“放大”为“整个音乐领域”，从“制琴”转变为“学弹琴”，这对制琴工艺的有效传承影响力有限。比如，即使是小提琴制作大师郑荃在东高村镇开技艺提升培训班，大部分负责人都表示“不会去”，有的甚至表示“没听说过”。

LYD 说：“都认为学不到什么，因为这种东西靠悟，很多学的人现在连基本工艺都不花时间琢磨，光想着一步登天，好像大师一教就什么都会了。”

4.3.4 小结

综上所述，东高村镇提琴技艺的空间演替过程，表现为一种提琴技艺在空间上的文化扩散过程(图 4-7)。一般而言，文化空间扩散包括传染扩散和迁移扩散两大种方式，其中

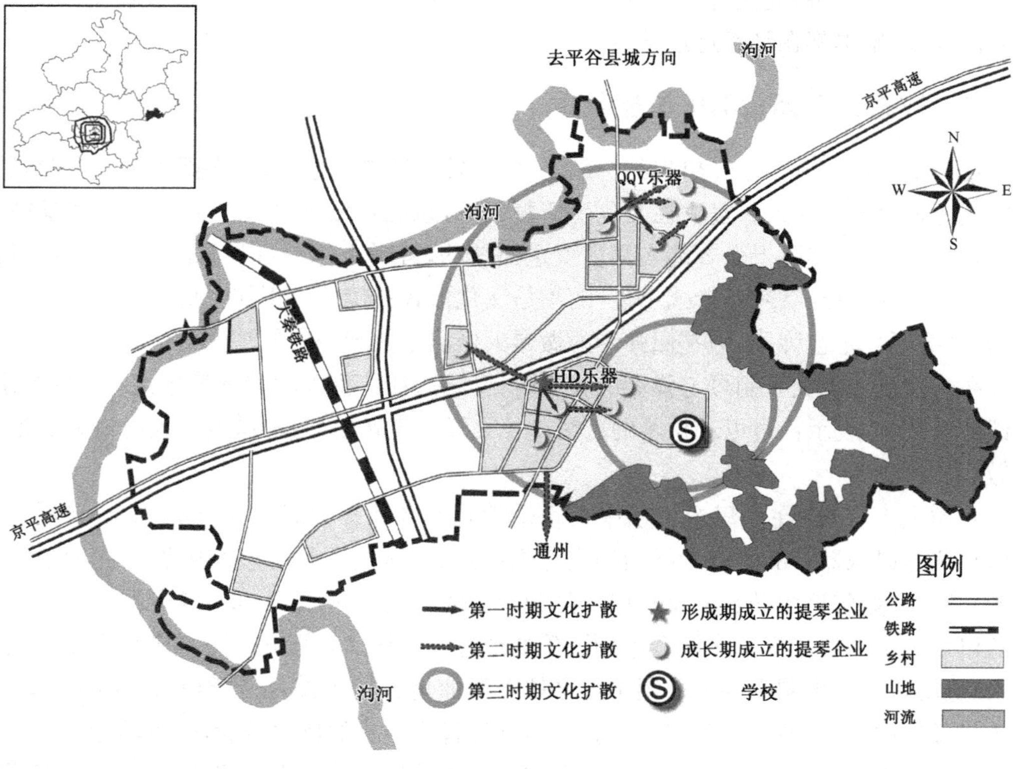

图 4-7　东高村镇提琴技艺空间演替示意图

扩展扩散还包括传染扩散、等级扩散和刺激扩散(周尚意等,2004)。第一时期,是提琴工艺的发展阶段,表现为扩展扩散中的传染扩散,即从掌握整套提琴工艺的大企业,如 HD、QQY,通过掌握技艺的工人向在工厂学制琴的工人们传授,有少部分学会整套技艺的工人们出来在大企业周边创立了自己的提琴作坊。第二时期,为较大规模的提琴技艺扩散阶段,这时期更多的工人们出来成立自己的作坊,原有的工作作坊已经成长为中小规模的企业,并且也开始成为技艺扩散过程的一个源头。此时,也出现了小部分的迁移扩散,表现为个别工人从平谷东高村镇学会了提琴技艺,到通州马驹桥附近建立了自己的提琴工厂。该时期后半段大企业为了确保自己的竞争优势,开始限制技艺的扩散,而中小企业苦于无合适的技艺传承人,整个提琴技艺的扩散过程开始减缓。第三时期,音乐学院和政府等组织的介入,希望从原来工人与工人之间的点对点扩散,向以学校为核心的点面扩散方式转变,呈现出一定的等级扩散特征,希望在更大空间范畴内可以传承这种技艺。

4.4 东高村镇演替动力分析

在东高村镇整个演替过程中,政府、企业、村民是主要的行动主体,而规划师作为演替的见证者和参与者,也构成整个演替的动力因素之一。

4.4.1 政府为多元化的乐谷文化造势

政府在整个演替过程中的转变主要表现在两个方面:一是政府宣传口号的变化,二是政府具体政策的变化。这两个变化都通过解读规划政策文本以及对政府部门的访谈来呈现。

1) 政府宣传口号的变化

宣传口号实际上代表了一种区域定位,在演替的过程中可以发现,区域从“提琴之乡”向“乐器之乡”“音乐之城”再向“中国乐谷”不断升级。区域定位的变化一方面表现为试图影响的尺度范围的变化,从“乡镇”向“城市”向“中国”影响尺度的升级。支撑口号升级的背后,实际上是区域推动政府行政级别的提升,从原来的东高村镇镇政府,到平谷区政府,再到北京市政府提出打造三十个文化创意产业集聚区之一的“中国乐谷”。政府行政级别的提升意味着权力的加强,对区域定位发展的实际控制能力也在加强。另一方面表现为区域文化产品形式的变化。现有区域的文化产品形式,是一种产业集群状态下表述的商业文化产品形式(或者更贴切地称之为文化制造产品形式)。从这个角度上看,在区域的发展过程中,文化制造产品形式可以解读为产品的逐步高端化和多样化。高端化方面,表现为精品琴、中高档琴的比例不断增加,依靠品牌发展策略来获得高的单把琴利润,希望逐渐摆脱过去的以量取胜。但是这种高端化的产业结构转变主要集中在集群内部两家规模最大的提琴生产企业,而其他中小型生产企业依旧以低端普及琴为主。这种高端化在另一程度上也正如 ZGYG 管委会主任 DYL 在访谈中反复强调的一样:“我们项目设计要符合高端定位,项目设计立意要高……”而多样化,则期望形成以小提琴为主导,包括钢琴、大提琴、贝司、二胡、钢琴等在内的多样化发展格局。其中,最具代表性的是平谷区山东庄镇于 2010 年下线的“乐尔”钢琴自主品牌,年产量近 3 000 台,成为继星海之后北京市第二大钢琴品牌。根据受访人 DYL 的介绍:“小提琴是‘乐器皇后’,钢琴是‘乐器之王'，现在皇帝、皇后都有了，我们离'音乐之城'就更近了。"（于丽爽，2010）这种产品的高端化和多样化，支撑着整个区域定位的转变。当然这种乐器文化产品形式，绝不是将来东高村镇想要打造的"中国乐谷"所需要的文化形式。"中国乐谷"所需的文化形式是一种"文化化的文化形式"（cultural culture），现有西方研究背景下，这种音乐景象的文化形式一方面表现为以激进音乐对抗主流文化，可以称之为逆主流音乐文化形式；另一方面，则是全球化背景下，地方性音乐文化对全球流行音乐文化的对抗，最典型的如芝加哥蓝调（Grazian，2004），可以称之为地方性文化形式。无论哪种形式，就政府看来，"中国乐谷"的景象文化形式更应该充满琴声，而不是制琴的机器声。

2）政府具体政策的变化

在具体政策方面，现有"中国乐谷"既享有北京市文化创意产业集聚区的一系列政策，又享有平谷区政府专门出台的《加快中国乐谷建设促进文化创意产业发展的若干扶持政策（试行）》。但目前的扶持政策其本质上依然是过去工业区的政策延续，重点仍然是通过税收、土地使用、公共设施及配套服务等方面的优惠政策，来吸引企业入驻，支持企业发展。

但值得一提的是，政府也开始关注音乐氛围的打造，成为一系列活动的主要推动主体。2011 年 5 月 1 日，举办了"中国乐谷国际流行音乐节"等系列活动，汇聚了包括艾薇儿（Avril Lavigne）、朱丽叶·刘易斯（Juliette Lewis）、小皮靴（Little Boots）等在内的国内外顶尖艺人（图 4-8）。据统计，音乐节期间参与人数超过 2 万。但一方面现有北京音乐节不少，而且竞争激烈；另一方面，原来产业集群中的企业负责人都对举办这样的活动表示不解，"花那么多钱办个 3 天的活动，还不如给企业扩大规模"。在传统产业集群升级思路的影响下，要求以赢利为目的的企业主体去理解这种文化形式不太可能，而国际流行音乐的介入又与一般音乐景象中对主流音乐形式的"排斥"产生矛盾，这种全球与地方的对抗、开放与封闭对立的外延性（extensiveness）也是音乐景象的一大特征。只是原本由以本地企业和音乐学院及音乐爱好者举办的以民乐和古典音乐形式为主的"华东之韵"音乐会，与国际流行音乐季又形成了强烈反差。

图 4-8 "中国乐谷"国际音乐节海报

综上所述，在整个区域专项发展过程中，提琴工艺并没有成为政府工作的重点，甚至可以说连区域规划的注脚也比不上。或者说，政府仅仅将提琴工艺作为乐谷文化的重要营销点，而设计思路上是在"传承馆""博物馆"和"培训基地"中有所体现。政府的根本目的，还是借助区域知名度来构成招商引资的重要噱头。

4.4.2 规划师的思路转变

尽管目前规划师为政府所做的规划，更多的是体现政府的意志，但是前后规划思路的转变也反映了区域转型的需要。在 2010 年提出"中国乐谷"（第二时期末）之前，关于器乐文化产业集聚区的规划(图 4-9),是延续过去产业集群升级的思路,在现有核心圈层制造业外迁的基础上,逐步将现有核心圈层向原本的配套圈层转移,整合"创意设计(研发)——制作加工(及工业旅游)——音乐制作——演奏演出——展览销售"等环节的耦合式产业价值链,并辅助以附加价值高的、与乐器制造产业及各环节具有直接的产品、技术关联的关联圈层,以及附加价值高的、对乐器制造产业各环节具有带动性的关联圈层。

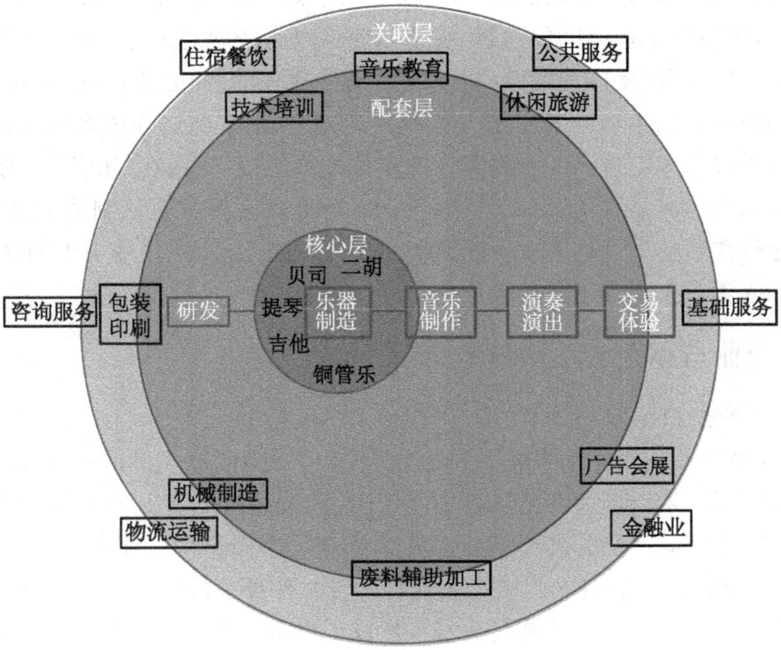

图 4-9　器乐文化产业集聚区规划思路

现有"中国乐谷"的规划思路(图 4-10),则是紧紧围绕"音乐的世界、欢乐的海洋"这一定位,以音乐展示、音乐制造、音乐教育、音乐传播、音乐养生、音乐演艺、音乐交易、音乐

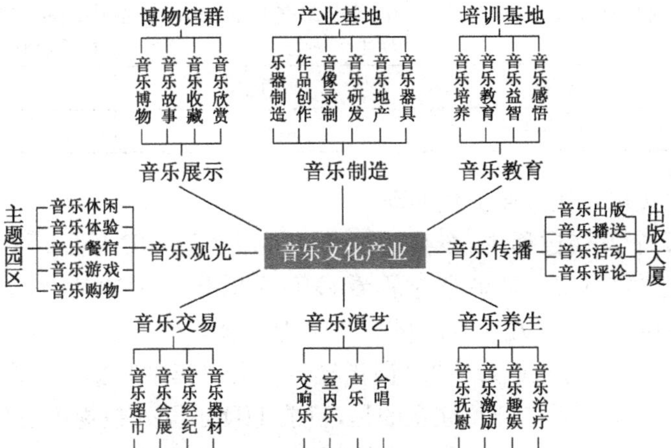

图 4-10　"中国乐谷"规划思路

观光等为主体，以集约化、集成化为手段，将音乐从听觉艺术转变为视、听觉艺术，将产业从传统制造型转变为生产服务型，成为“一业带百业、音乐汇百艺”的创新园区。从规划布局上看，“中国乐谷”依然根据生产功能导向，将整个区域划分为音乐产业区、音乐主题教育娱乐区和服务配套区。①

总体而言，Currid 理论中的非正规商业设施得到了重视，因为以咖啡屋、酒吧、小餐馆等为代表的非正规联系领地，起着一个不一样的联系节点作用(Currid,2007)。但是目前规划师在考虑整体工业空间的演替，更多的还是以生产功能区为导向来进行空间布局。而假如从“中国乐谷”的发展角度看，空间应该是生活化的，而非生产化的，亟须规划从传统的生产功能导向，向生活导向变化。实际上，如果真正按照这样的规划思路打造下去，即使是“中国乐谷”，也不过是一个提琴产业集群的升级版，只是在“乐谷”更为丰富的内涵下，集群内部制造业产品更为丰富，整体产业链条更加完善。而从制造业向服务业的转型，很可能导致在制造生产过程中不断升级的提琴制造工艺，仅仅变成陈列在博物视听馆中的展览品，或者整个提琴工艺仅仅成为某一个项目。

4.4.3 大企业与小企业之间的博弈

1）区域生产组织结构

从东高村镇产业组织结构来看，乐器制造形成了大中型企业与小作坊协作生产的组织结构。总体来看，乐器制造的市场集中度较高，大型企业的龙头主导作用明显，作为最大生产企业，华东乐器占全区总产量的比重达 66.67%，而整个行业的前三位企业集中度 CR3 达到了 86.67%。与此同时，大型企业将部分生产环节外包，形成了 150 余家提琴零配件手工作坊。因此，区域内乐器制造基本形成了以 HD、QQY 等企业为中心，以众多手工作坊为支撑的产业群(表 4-5)。

表 4-5 东高村镇乐器制造市场集中度分析

企业	HD 乐器	QQY 乐器	YY 乐器
产量(把)	200 000	40 000	20 000
规模描述	华北地区最大的提琴生产企业	中国北方重要的中高端提琴生产企业	中国北方重要的中高端提琴生产企业
市场集中度	CR1	CR2	CR3
百分比(%)	66.67	80.00	86.67

2）大型企业文化替代区域文化冲动

可以说，在整个发展过程中，东高村镇已经形成了以 HD 乐器厂和 QQY 乐器厂为代表的大型企业主导模式。从调研过程看，HD 乐器年产量达到 20 万把，占全镇产量的 2/3，年产值 7 000 万元，人均年产量为 200 把。公司以普及琴为主，高档琴的比例达到 15%，年增长 5%，目前已经形成“培训指导——大户集中收集——农户加工——公司组装”的区域生产分工体系。值得注意的是，目前 HD 乐器外包规模已经很大，在公司工资发放中，厂内工资和厂外发包工资月发放额分别为 60 万元和 50 万元。因此，HD 乐器

① 来自“中国乐谷”首都音乐文化创意产业集聚区规划。

现在主要控制材料、喷漆、组装和商标销售环节，带动相关下游产业包括泡沫厂、辅料厂等。同样，QQY 乐器厂尽管规模上小于 HD 乐器厂，年产量 4 万把，年产值为2 000万元，但主要以中高级琴为主，目前公司产品结构中 1/3 为中高档琴。企业生产的一体化程度逐渐提高，以琴盒为代表的核心部分由企业自己生产，一些零配件外包给东高村镇内的中小企业或作坊，而其他一些如五金支架等配件则需要从江苏购入。

两大企业带动了东高村镇内其他中小企业、零部件等工厂的发展，但是两大企业都提到这样一个问题，他们认为这些中小企业和作坊最大的问题是引起市场无序竞争，最终阻碍整个东高村镇提琴产业的发展。按 HD 乐器厂负责人的说法：

“这些企业规模小，在市场上随便报价，弄得整个市场价格混乱，一个琴不到一百，几十都做。”而 QQY 负责人也认为：“目前镇内竞争也很激烈，那些中介(国际购买商)充分利用乐器制造企业之间的博弈关系，造成生产者相互压价、购买者操纵市场的格局。而且小的作坊逐渐发展起来，也可以达到月生产 100～200 把琴的规模，价格混乱，对大企业造成很大压力。”

在对此现象的调研过程中可以发现，大企业都有兼并中小企业，将自己企业替代成为区域标志性企业的冲动。按照 HD 乐器厂负责人的说法：“就应该扶持大个，把我们一家，或者两到三家，比如 QQY 和 SX 做大。”

他还提出具体措施：“其他的厂子，准备在明年全部收购，比他原来那些小厂卖的琴还贵，原来这些人卖 150 的，我现在 155 收购它，这样他们也不用去别的地方，就在本地帮忙做，如 LYS 工作室，我亲弟弟，现在每年保稳挣个 20 几万没问题。”

从技艺发展的角度看，大企业选择将生产工艺进行展示，并建设提琴体验馆，以此促进高档琴的销售，并提出建设“具有高品位文化内涵的新型文化创意产业综合平台。该平台的内容主要由‘三中心一平台’——设计研发中心、交流展示中心、教育培训中心、交易服务平台构成”。目前，已经建成“提琴文化体验馆”“提琴交流展示中心”和“音乐厅”，可以承担提琴产品展示和技艺展示等功能(图 4-11)。

这种技艺展示景观更新的背后，在于 HD 乐器负责人认为自己的提琴技艺才可以代表整个区域。“现在东高村镇的这些提琴企业，全部都和我有关系，80%都是从我厂子里面出去的，技艺基本都是我那学的。”

因此，他提出：“我们企业现有的提琴文化观光体验馆，经扩大规模后可以成为整个‘中国乐谷’的核心区；再把收购的那些中小企业，改造成为技艺体验分馆，有的是琴弦，有的是琴盒……”

作为区域技艺传承的源头，认为在产业发展过程中，留下大企业本身，对中小企业及作坊进行改造，将大企业自身的工艺立为本区域的技艺标杆。但是，大企业自身标榜的技艺未必就是最好的工艺。

3) 中小企业的期盼

尽管中小企业主都承认“大厂对初级技艺的传承还是很有用的，毕竟大家都是大厂子出来的”(LLL)，但至少在中小企业看来，大厂的技艺并不代表一种好的提琴工艺。在以下访谈过程中，几个中小企业主对大企业的技艺并没有表现出多大的赞同：

“大作坊流水作业，基本无技艺可言”(LHJ)；

“大厂做的都是‘垃圾’；他们的好琴都是外包给我们这些‘作坊’做”(LBC)；

左上图：提琴文化体验馆；右上图：提琴工艺展示；左下图：音乐厅；右下图：产品展示

图 4-11　平谷区东高村镇区 HD 乐器厂

“HD(乐器厂)就是挣钱，技艺方面没什么可取的”(LHL)。

以 LBC 提琴制作室的负责人为例(图 4-12)，英国电视台对他进行了长达 24 小时的跟踪采访，他在 24 小时内可以一个人制作出一把出色的小提琴。《南方都市报》也对他进行过专访。他自己表示：

左图：工作室全貌；中图：天空电视台专访光盘；右图：营业执照

图 4-12　LBC 提琴制作室

“(我的)技术可以和大师级的一起比，48 小时内肯定比他做得快，而且声音不比他差……以前北京一个高级工程师的琴坏了，让我给他修，我修完了，就自己模仿做了一把，后来那把琴有老外出 5 000 马克(德国在使用欧元之前的货币单位，兑换人民币价格在 1∶5 左右)来买……郑荃老师(中国提琴制作大师)，还有他孩子、徒弟都是自己的好兄弟。”

不过，即使有了高超的制琴技艺，由于受制于规模，并没有太多人愿意来学，目前“这个农家院里的提琴作坊只有她和丈夫刘宝成及大儿子三人”(孙涛，2009)。

其实，中小企业也是愿意扩张的，但是都提到政府对中小企业的扶持不够。

“政府不扶持，没有场地扩张不了”(LHJ)；

“扩不了，没地方，政策不扶持我们这些小的，只扶持知名度高的大厂”(LHL)；

“政府对小个体的支持力度不大，对大厂子有优惠，小厂子没有……大厂子政府有给补贴，小厂子一分没有”(LBC)。

也有中小企业主则认为，“扩大规模后无法保证提琴的质量，做琴这东西主要靠手艺保证，是手活”(LLL)。这与大企业凭借提琴机械生产工艺，试图扩大生产规模有明显的不同。

中小企业及作坊应该是东高村镇提琴工艺的重要补充，按当地人的说法是提琴制作的“土办法”，如用晒衣服的木夹固定胶合好的琴板(图 4-13)。

图 4-13　小型提琴作坊用的土办法：用晒衣服的木夹固定胶合好的琴板

但是现在中小企业在抱怨政府的不支持外，也担心如金融危机等的外部环境对自己的小作坊造成影响。如金融危机时期，海外销路的大幅缩水，使主攻外销的东高村镇提琴产业遭遇浩劫。“最艰难的时候是去年 10 月到今年 3 月，这期间我们没收到一笔订单。”GGS 回忆道。而大中企业则“低价抄底了一些难以支撑的小作坊”(ZLQ)。

中小企业对风险抵御能力的不足，以及自身规模的限制，使得单纯拼产量的方式既容易导致工厂倒闭，也容易使得工厂倒闭后技艺无法传承。中小企业希望自身可以作为独立的提琴工艺传承点留下，有一定的经济效益，又能成为提琴机械制作工艺之外的重要补充。

中小企业希望扩大规模，传承技艺，并寄托于政府加大对中小型的提琴工作室的扶持，担心政府进行“中国乐谷”建设和大提琴企业会将自己挤走，以至于有企业主认为“年纪大了不想因此负债留给孩子负担，他们要做什么就做什么吧”(LBC1)，提琴工艺的传承这时被认为是一种“负担”。

4.4.4　熟人社会下的村民选择

在东高村镇整体转变的过程中，在企业发展的过程中，也产生了村民之间社会联系的变化。主要包括从事乐器生产的村民之间、从事乐器生产的村民与不从事乐器生产的村民之间、外来村民与本地村民之间的变化,以及随着"中国乐谷"的建设、旅游者和音乐爱好者的进入,都对社会文化空间的演替产生影响。

1) 本地村民

根据2010年统计数据,东高村镇内从事工业生产的劳动力人数达到4 355人,比例为28%;比从事农业的劳动力3 948人要高出3%。平谷区全区各乡镇从事农林牧副渔的劳动力人数为61 508人,比例为35%;从事工业的乡镇劳动力人数为38 665人,比例为22%。显然,与平谷区各乡镇总的劳动力结构比例相比,东高村镇工业从业人员占比更高,且绝大多数工业劳动力都分布在制琴业上(图4-14)。

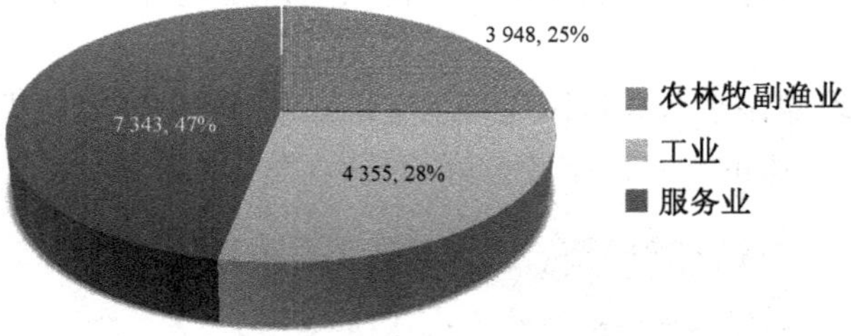

图4-14　2010年东高村镇劳动力按行业分布图

究其原因,在调查过程中发现,一般村民都表示"做这个(制琴)比种地挣钱多"(LL)。尤其是对村里的女劳动力而言,"对女人来说,干这个比种地收入高,而且稳定"(LL)。但是这种观念并不是一开始就有的,根据《南方都市报》的采访,受访人之一的GGS回忆说:"当时好多人都不理解我的选择。村民们觉得我应该好好种地,而不是玩提琴这种'洋玩意儿'。"随着最新进入的一部分人尝到甜头,"那时利润真高,竞争也少,我们从夫妻2人店,一路发展成了19人的制作室",后进的村民选择给这些大企业或者中小企业主打工。

尽管村民参与制琴的情绪很高,但是一般村民对提琴技艺的学习和传承并没有太大的兴趣。以LL为例,她已经在HD乐器厂做了十几年了,但是"工序多,太复杂了,到现在也没有完全学会"。问其原因,"现在这东西就能糊口,不好挣钱了,家里人开始也不做这个了"(LL)。随着提琴制作利润的降低和物价的增长,提琴工人的工资显得越来越没有竞争力,越来越多的本地村民选择退出该行业。在技艺转型期中,当地企业表示"现在本地的孩子不愿意学做琴,看着做琴的人挺多的,但是主要是外地的,本地做的人不多"(LBC)。

2) 外来员工

由于本地劳动力逐渐退出,孩子不愿意学,外地人成为现阶段企业员工的重点。越来越多的外来员工进入东高村,这给东高村提琴的发展带来了新的活力,但也带来了新的问题。一般外来人员来这儿打工,都会找个大工厂,毕竟"人生地不熟,大厂子靠谱些"(XL)。不过,这些在东高村镇发展起来的企业主们,似乎达成了某种共识:"外地人在村子里,一般都让做个配件什么的,不让做全套的,而且一般只让做几种。"(LBC)这在HD乐器厂里已经工作一年的山东女孩XL那得到了证实:"老家山东的,全家都在平谷做琴,学了一年时间,觉得学琴挺好的,就来学了,(一年了)只会其中几道工序……"

之所以不将工艺外传，原因还是担心外地人一跑，就到其他地方做去了，算是一种工艺的“地方保护主义”。中国提琴制作有南派和北派之分。“南北相比，北方的手艺比不上南方，南方琴制作工艺更强，在细节处理方面更好，但是由于北方湿润，江苏泰兴的琴盒在北京做就容易开裂。”(LBC)不过，北京整个地区的气候都比较适合，温度和湿度都合适，因此外来工人在平谷学了整套琴艺，就跑到北京其他地方去做。在访谈中，都提到了原来有河南人在厂子里学做琴，学了整套后，也自己出来做。“村(南埝头村)里河南人两口子，一个月就靠纯手工也能做 50～60 把琴……这些外地人很肯做”，可见外地人给本地劳动力带来的冲击挺大的。

3) 旅游者和外来音乐爱好者

根据本内特(A. Bennett)和皮特森(R. Peterson)的描述，未来如“中国乐谷”这样的音乐景象，应该是一个作曲家、音乐家和粉丝的集聚体(Bennett et al.，2004)。而斯塔(G. Stahl)也将音乐景象描述为一个作曲者、设计者、生产者、DJ、音效师以及音乐粉丝等主体参与的集会(Stahl，2007)。纵观“中国乐谷”的发展进程，在第一和第二阶段，“中国乐谷”主要由政府和企业推动发展；但在第三阶段，一方面，音乐景象的生产主体需要发生变化，不仅仅需要乐器产品的生产者，更多地需要音乐的生产者；另一方面，“中国乐谷”的未来还是依靠粉丝驱动的(fan-based)。目前，“中国乐谷”在周末常常会有音乐爱好者自发组织进行相应的音乐活动。据统计，现有的音乐爱好者主要包括驻华武官及使节、中央音乐学院师生和普通音乐爱好者。分析这些粉丝主体的消费市场，可以发现目前大众市场依旧没有被带动，全年不过 1 000 多的大众游客，更多是吸引专业性强的中央音乐学院和带参观性质的外国使节(表 4-6)。

表 4-6 “中国乐谷”外来者构成情况

	游客人数	动机	备注
驻华武官及使节	—	工艺参观	—
中央音乐学院师生	—	工艺参观	制作师郑荃指导
大众游客	1 000 余人	旅游参观	—

而原本区域内的集群网络主要是以生产关系为主的生产网络，以及叠加于其上的村居民之间的亲情网络。这种工作与亲情叠加的复合型网络较之一般的产业集群，更具有根植性。如受访的企业负责人之间往往是兄弟或亲家关系，而大多数中小企业主往往都是从 HD 和 QQY 企业中出来独立创业的，彼此之间还有一层师徒或曾经的同事关系。但是这种具有根植性的复杂社会网络，要逐渐被相对自由、非正规的以音乐爱好者为代表的社会网络所取代。这种社会网络的改变，容易造成维系整个集群网络的不稳定。在调查中发现，一方面由于音乐爱好者的介入，让受访者感觉“现在比以前乱多了，人杂了很多”；另一方面，在农村社区相对保守的民风与音乐景象中孕育的前卫风格的格格不入也是一个问题。不过，这些音乐爱好者们带来的经济效益和就业机会确实是本地村民所欢迎的，但正如 Blum 认为的一样，景象往往作为一种社会生活的基本对抗形式存在(Blum，2001)，尤其需要防止 Field 以上海为案例研究的在景象中可能导致社会分层和不平等情况的出现(Field，2008)。

4.4.5 东高村镇演替动力的结构和结构化分析

1）东高村镇演替动力的结构分析

从结构动力分析来看，东高村镇的演替动力依旧是追求土地升值的资本驱动力。尽管从北京的区位来看，平谷区位于远郊区，但东高村镇与平谷区中心城相连，且是北京城进入平谷区必经的京平高速出口，具有较高的升值潜力。在许多乐器企业看来，这不过是一场圈地运动罢了。有企业说：

“其实本质也是为了炒升地价，政府好卖地，现在我们辛辛苦苦每年 400 万税收，到时乐谷一建，人家就算是 10 万元/亩，只要卖 40 亩地，钱就回来了，比支持干这快多了。”

政府不过是这个计划的推手，而提琴制作企业则是整个过程的参与者，尤其是大中企业在整个过程中占据主导地位。他们希望剥离附加值低的环节（如零配件生产等），留附加值高的环节在村里（乐器产品展示销售、音乐旅游活动）等。尤其随着人力成本的提高，以 HD 乐器厂为代表的大企业正逐步将企业一部分生产制作环节迁移到河北，因为“现在东高村镇本地人工成本费用高，而且（村里人）还说坏话，不好管”（LYD），并计划把大部分的加工、配件部分，转到东北和其他原材料出产地去。按照 LYD 的说法：

“选的地就是地方偏，人没见过世面，劳动力便宜，当地没有类似企业，河北企业也多了，现在也不行了，人也贵。重点还是放在东北，当地妇女都以倒木头为生，直接派厂里人进行监督和教学，在那边把原木进行加工，厚度大概是原来的一半，从湿木直接变成干木可以运回来，或把原木粗加工成板块后送回来，实际上还省了运费……”

核心企业生产制造环节的外迁，根源还是传统制造业模式下需要降低包括人力和运输成本。这些行为的背后归根到底是为了追求更多的利润，技艺只不过作为其中重要的赢利手段。技艺改进的方向，一方面是进一步细分，并采用机械替代，尽可能降低人工参与而带来的成本提高；另一方面，加强防止技艺流失，且由原来大企业中脱离的员工创建的小企业对市场秩序造成干扰，而在一定程度上降低了完整提琴工艺的传承。即使是单纯作为提琴工艺展示的“提琴文化传承馆”，其目的也是为了更好地销售高端琴，依靠旅游者和外来音乐爱好者来争取更好的附加利润。

在单纯结构动力的驱动下，可以做这样一种情境分析：一旦“中国乐谷”真正建立起来，大企业将中小企业兼并，且将生产制造环节外迁，而东高村镇仅剩下大企业核心区展览馆，而中小企业的配件展览馆，其他区域则被“其他音乐设施所替代，不要仅仅拘泥于提琴”（DDL）。提琴制作之乡成为“中国乐谷”，许多村民则可能被“赶上楼”，将来出租房屋的收入将完全代替原来的种地收入或提琴制作收入，因此本地人去学习做琴的越来越少，或者压根不用再去学做琴，而外地人更多在这学做琴，但学习做琴也不会在东高村镇的工厂里，而是在“中国乐谷”内计划建立的提琴学校，原有东高村镇的提琴技艺就有可能无法传承下去。

2）东高村镇演替动力的结构化分析

所幸的是，东高村镇并不是单纯的开发区或者集聚区，整个生产过程是嵌入村里的，可以说已经构成了东高村镇日常生活的重要部分。在这种乡土关系空间下，大家都是亲戚或熟人，人情社会中不能仅仅只是利益上的联系，企业与企业之间，企业内部员工之间，还有一层亲缘关系。正如受访者 LBC 所言：“……只顾自己挣钱，把许多人都得罪了，现在很多人都骂他(指的是HD乐器厂LYD)。"而LYD自己也表示"村里有很多人说闲话的,还不好管"。而"骂"的人一方面是认为利益分配不均,另一方面则是认为"他把厂子都弄出去了,村里人就没得干了"。正是这种亲缘关系带来的结构化动力,使得企业选择将技艺留下来,并且强调"学东西也是自己村子里学,不能给外人学去"。因此,以HD乐器厂为例,"现在整个企业600多人,实际上还是本地人多,有500多人,而外地人就100多人"(LYD)。这种技艺的"地方保护主义",可以把技艺保存下来,但是无形中也有可能阻碍技艺的创新。如何更好地维持这种制琴工艺的网络呢?在现有新一代不愿意学琴,将来万一乐谷建立起来,"村民"变"居民"的结构动力后,如何去保存这种技艺是一个重要的课题。

4.5 东高村镇演替评价:产业和区域升级与技艺传承系统

4.5.1 乐器制作产业的升级:从薄利多销到高端取胜

从对区域产业发展的角度看,撇开"中国乐谷"不谈,单就提琴产业而言,技艺的传承和创新显然是支撑东高村镇提琴产业发展的核心竞争力。尤其是在从劳动力密集型产业向智力密集型产业转型的背景下,提琴工艺成为其中的关键要素。即使大提琴企业选择将生产环节外迁,但是仍旧保留核心设计环节,可以依靠纯熟的手工艺打造高端琴,以高端琴的高附加值来获得比以往更多的利润。由于高档提琴具有年代越久音色越好的特点,因此具有投资和收藏价值。随着具有300多年历史的"史特拉底瓦里"小提琴在纽约佳士得拍卖会上以203万美元的天价卖出,越来越多的投资者和收藏家将目光投向了提琴行业,精品提琴的市场需求越来越大。[①] 在东高村镇内,企业也开始瞄准这块市场,以GGS为例,为了"避免和大企业正面竞争,他瞄准了在当时还鲜有人问津的高端市场,第一笔订单就拿下了70把价值三四千元的高档小提琴"(孙涛,2009)。"只有好琴才能卖出好价格"(LHL)。

除了促进转型,提升产品档次外,高级手工制琴工艺传承下来的优点还包括吸引更多优秀的技工加入自己的工厂或工作室。"技艺好会吸引更多人来,当山西教琴的老师在这里交流的时候,很多人就愿意到我们厂子来,觉得水平高"(LBC1)。

总之,"手工艺高会吸引工人,影响价格、档次、订货量"(LYS)。"慢慢会形成一种口碑,口碑好了,有时候连半成品都能卖"(LHJ)。可见,提琴技艺的传承创新可以起到提升提琴价值、吸引新人才的作用。

4.5.2 "中国乐谷"的可持续发展路径锁定:产业集群抑或音乐景象

从整个区域发展层面看,东高村镇工业空间的演替,从景观层面考虑,是一种乡镇工业集聚区向音乐景象的转变。案例中"中国乐谷"作为一种萌芽,原有的工业空间正在不断演替,现在不能简单判断产业集群中孕育音乐景象是否成功,需要未来进一步探讨,但是确实提供了一条音乐景象产生和产业集群升级或转型的路径。

在产业集群中孕育音乐景象有其优势,但更多的是亟须解决的问题。从文化形式上

---

① 消息来源于 http://tieba.baidu.com/p/19205039。

看，从以提琴为代表的文化产品到音乐文化的转变，以及音乐节等音乐文化活动的产生是表面现象，深层结构在于这种文化形式是否具有地方根植性和批判性。对这种产业集群作为文化制造产品的集合以及中国经济转型时期诸多问题的集中体现，本质上适合作为以音乐为代表的文化批判对象，在产业集群中孕育这种与主流文化相对的批判文化具有一定的先天优越性，而以乐器决定音乐类型，进行产生将本地民乐与古典音乐融合的音乐地方根植性也是产业集群内部可以尝试孕育的结果。但是，文化形式终究由景象的主体生产，产业集群的核心主体是企业，企业对经济赢利性的追求，注定对音乐景象的文化生产表示不解，甚至会产生对音乐节形式的排斥。如在调研中许多企业主都表示：

“政府花了 2 400 万办的音乐节(指的是 2011 年 4 月 30 日至 5 月 1 日举办的首届中国乐谷国际流行音乐节)，都是浪费钱，说是来了 4 万人，但是实际上 10 000 人都不到……花了 150 万，3 小时，开个专家研讨会(指的是 2011 年 4 月 21 日举办的“北京平谷区域发展国际论坛”)，(专家)都说平谷好，但是实际效果一点没有……把这钱投到企业这边，钱都是见响的……”(LYD)

“……(现在)企业不景气，工人贵，工厂间还竞争工人；乐谷建起来，工厂变多，工人就更贵了……”(LHL)

“……目前地都还没有圈，也不知道什么时候才能成事……”(LBC1)

甚至有这样悲观的看法：“乐谷很可能弄不起来……”(WLS)

不过产业集群升级也给音乐景象孕育带来了可能，企业生产制造环节从该区域外迁，发展附加值高的其他产业环节，其他类型音乐企业的进入也可能带来新的契机。同时，与“中国乐谷”音乐景象的主体能动性的消费导向相结合是一个重要方向。而粉丝驱动下的音乐景象，也为企业的这种转型带来了直接的市场。对此，在空间上原有企业外迁后的厂房可以变成音乐景象所需的正规音乐场所，而企业寻求转型而建设的如咖啡厅、酒吧等非正规交流场所，也为音乐景象的空间塑造和主体之间的交流提供了场所。

在谈到这种从产业集群向音乐景象的升级，对提琴技艺传承带来的影响时，企业主普遍表达了乐观看法：

“……能促进传承，促进大家交流合作进步。”(LHJ)

“……肯定会吸引其他地方的人来，促进竞争。”(LBC1)

“……乐谷建起来促进技艺进步。”(LYS)

“……促进招商引资，技术进步，是好事。”(LLL)

当然，在整个发展过程中，政府的定位显得尤为重要，在对文化形式保持一定容忍态度时，需要的是在音乐景象发展前期，自上而下地帮助引入产业集群时期欠缺的如作曲、歌手、DJ 等音乐生产者以及音乐生产的中介者，进而以自下而上的姿态来服务“粉丝”，而不是与企业夺利。不过，正如 Blum 探讨的景象终究作为与时尚的绑定物，会随时尚消亡(mortality)(Blum，2001)，那么非正规的音乐景象是否又能转化为某种形式的产业集群呢？佛罗里达研究了 1970 年到 2000 年规模经济和范围经济作用下美国从音乐景象到产业集群的过程(Florida et al.，2010)，显示了在美国背景下的这种可能性。而中国背景下，乐谷音乐景象的再发展也是一个值得探讨的命题。同时，这种音乐产业集群中的音乐景象，应该在其再转化为产业集群方面，比之过往的非正规的音乐景象具有先天优势，如果成立的话，它们之间是否存在一种循环演替的关系，或者原本就是一种共存呢？

4.5.3 东高村镇地方性的形成：区域提琴生产工艺学习系统的构建

正如马尔库森(Markusen)提到的有些技术是全球的，而有些技术是有地方黏性的(sticky)，它们被视为某种秘密而在某些特定人群中传递，因此显得相对的不可移动性(Markusen，1996)。从东高村镇的地方性视角来看，不仅仅是提琴制作工艺本身，而是如果提琴生产制作可以在东高村镇内真正作为一种地方性知识，使之不但作为一种知识，而且这种知识传承创新系统，能够完整地保存并且不断地延续下去，才能构成现有工业空间演替路径下、由东高村镇乐器产业升级至“中国乐谷”路径下，东高村镇的地方性，也就是构成乐谷真正的根植性和核心竞争力。这种地方性知识除了显性的工艺以及机械化的知识外，真正具有核心意义的是“隐形知识”(Amin et al.，2005；Lawson et al.，1999)。在这里指代的是很多受访人口中提及的“灵气”，是一种无法直接用言语传授的知识技能，按照LBC的表述“做琴这东西靠灵气”，是一种“让木头会说话”(LBC)的能力。根据对企业主的访谈，技艺学会相对容易，一般三年时间就能够学会整套技艺。但是要做好，就需要许多光靠学是学不来的东西，这些东西需要靠领悟。

“……做琴说白了就两部分，外表和声音。外表能做出来，但是声音靠领悟……”(LHJ)

“……各项工艺都有需要悟的地方，声音尤其需要……”(LBC1)

“……主要由选材、做工和手艺决定声音质量，这些都要悟……”(LYS)

“……选料要干燥适当、年轮均匀、软硬适中，手艺这是经验，悟出来的东西很大程度上决定了提琴的质量，主要靠手感，这东西教不了……”(LLL)

可见这套以提琴工艺为核心的地方性知识并不仅仅是依靠手把手或口对口的传授来传承获得的，更需要一种悟性。

而要领悟这种隐性知识，需要一种相互交流探讨的氛围。受访人中有一半的琴师都表示，做琴的人会在一起讨论琴艺，认为这样才能创新提高。但是也有的人表示“大家都比较保守，悟出来的东西都不外传”(WLS)。

除了和做琴的人讨论外，这种“悟”还表现在与拉琴人的讨论上。“和拉琴的人讨论什么样的声音更好；和做琴的人讨论怎么把声音做好”(LHJ)。

在上述分析中，技艺不传外村人似乎成为了一种不成文的规定，但是这并不妨碍向外村人请教。如提琴制作大师郑荃的培训班，在GP教琴的山西琴师和中央音乐学院老师LSQ都表示与当地琴师有许多交流。

总之，由于技艺本身相对容易迁移，如上文提到的从平谷到通州的技艺外溢，技艺本身不能构成这个地方的地方性，更支撑不了地方的可持续发展。只有包含技艺和隐性知识在内的地方性知识的传承创新系统，才能构成这个地方的地方性。根据梅西的历史层累理论，为了能在更大尺度范围内凸显地方的特殊性，除了在地区口号定名上(中国乐谷)下功夫，更重要的是让这种知识传承创新系统可以扎根，并且包含更多的隐性知识及酝酿这种隐性知识的氛围。正如卡波那拉(N. Carbonara)提出的一样，一个地方如果充满越多编码化的显性知识，这种知识在全球尺度下就越容易转移；而如果这个地方充满了隐性知识，还与其本地的氛围(local milieu)相联系，并且最好让本地化组织(或者政府)将这个隐性知识系统正规化……那么就不容易轻易迁移到其他地方(Carbonara et al.，2011)。

反之，如果这套传承系统并没有被有效传递，一旦“中国乐谷”真正开始引入其他音乐相关产业，一大批音乐人进驻后，没有自身存在的“隐形知识”，这个村落将有可能最终被取代，受到外来文化的极大冲击，即便成为乐谷，也很可能只剩下提琴工厂的遗址和一个可能过度商业化的音乐城。国际化或者外界的力量只有融入这个系统中，才能更好地传承下去。政策、资本或者外来的力量可能成为这个地方再发展的资本，但是只有真正把这种“空间的知识生产系统”保存好，构成一个自身不断进步的学习型区域，才能够真正构成乐谷的核心。所幸平谷区政府已经意识到这点，音乐学院与本地学校正在与原有的工厂、家庭一起构成东高村镇的隐性知识传承系统(图 4-15)。

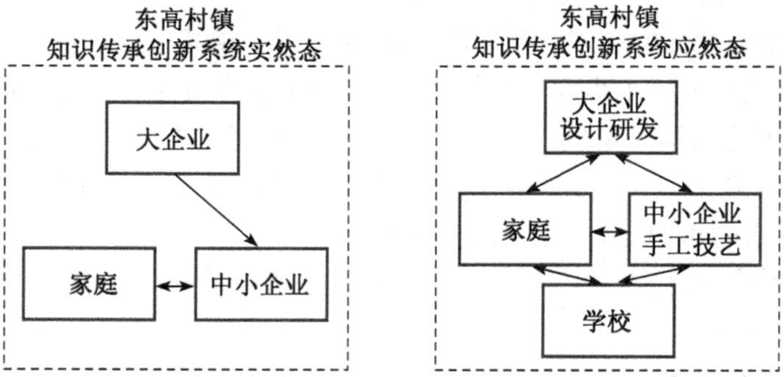

图 4-15　东高村镇知识传承系统构建示意图

4.6　本章小结

东高村镇案例的核心研究内容是生计层文化空间，表现为提琴工艺在空间上的扩散。生计层的建筑景观由于刚开始演替，基本物质景观层面都被保留，但是根据将来的规划，仅留存工厂的展示交易环节、技艺传承馆和提琴地标；企业分布上，开始出现企业从东高村镇向外省的迁移；提琴生产工艺在不断扩散且得到一定的传承，尤其是从企业到本地学校的传承系统正在构建。制度关系层方面，大企业的制造环节将外迁，核心的设计研发环节被留存，中小企业或被兼并，或将成为技艺的传承馆；原来的地缘和亲缘关系作为维护技艺传承的重要系统被保留下来，但是正在被削弱，所幸的是家庭学习系统与学校正规教育系统正在形成相辅相成的作用。意识形态层方面，区域形象在不断调整，并且在尺度影响范围上试图从“提琴之乡”向“中国乐谷”不断扩大。本书认为东高村镇应该留存的是地方性知识传承创新系统，但是其是否能留下有待观望。

从驱动力上看，东高村镇位于京平高速路口，平谷城区的南部，可以说是平谷对接北京市区的南大门。从平谷发展来看，东高村镇是平谷城区向南拓展的核心区域，对土地升值的潜力是“中国乐谷”创立的深层动力所在。但是，当各个主体受这种深层动力驱动的时候，同样有维护原来既有工艺，让工艺传承的结构化动力。可惜的是，从政府层面看，在对这种技艺传承时，更重视通过学琴思考琴文化本身，而不是制琴技艺。而大企业寻求制琴技艺传承的冲动，是为了借助工业化、程式化的制琴工艺来形成一种规模垄断优势。而中小企业则受制于成本提高，有技艺保持的冲动，却无奈于“无人传承”，或受大厂冲击很大，最终可能被兼并，或者随着第一代传承人的离去，而导致原有制琴手工艺失传。至于普通村民以及外来的游客在这个过程所起到的作用甚微,他们可以成为这种工艺的欣赏者,却因为无法从中获益,而不会选择成为制琴技艺的传承者。因此,留住中小企业是区域核心制琴工艺保存的关键。从工业空间与社会文化空间的互动评价来看,提琴工艺传承有助于提高单品价值,但只有将制琴工艺更多转化为区域的隐性知识,形成一个由企业、家庭、学校等不同主体形成的地方性知识传承创新系统,进而构成一个良性锁定,才能在更大尺度范围上,即"中国乐谷"层面上有所发展。

在现阶段研究中,代表社会文化生计层的制作工艺在经济系统中的嵌入过程往往被简单地抽象化,或者说整个嵌入的建构过程中(地方系统如何嵌入整个空间生产过程中)这部分是缺失的。尤其在工业空间与社会文化空间的互动过程中,如何将以工艺为代表的地方性知识传承系统转化为地方的生产力,这种空间的生产过程,成为地方工业空间演替过程发展好坏的一个关键因素。通俗地说,无论未来规划或者实际情况导致工业空间如何演替,或者无论是外来人口还是村里的村民,只有维持住这种提琴制作的地方性知识传承创新系统,将区域提升为一种学习型区域,才能构成"中国乐谷"持续发展的核心力量。因为"中国乐谷"是因为乐器生产而起,一旦这种地方知识传承系统无法保存,这个地方只能成为过去景观的遗存,或者就如现有提琴地标一样仅仅代表一种符号,整个东高村镇也成为曾经的"提琴之乡",而不能构成一种生产的能力,因为更多外界的其他力量将原来东高村镇最根本的东西——提琴工艺给挤走了(表 4-7)。

表 4-7　东高村镇空间演替情况小结

维度	载体	原工业空间特征(2010 年前)	现工业空间特征(2010 年后)
生计层	建筑景观	传统乡镇工业场景;小工厂和作坊式工业景观	工厂中出现提琴技艺传承馆;出现提琴地标建筑
	企业分布	提琴制作类企业不断增加,从核心企业向周边扩张	提琴制作类企业数量开始减少,非提琴制作音乐类企业进入,核心企业有外迁趋势,计划大工厂展示环节留下,其他生产环节外迁
	生产工艺	工艺从手工到机械,目的是为了生产;工艺在空间上扩散,具体包括形成、扩散和转型三个时期	空间上表现为从企业到本地学校的传递,保护整个地方性知识的传承创新系统
制度关系层	制度	鼓励提琴制造类企业发展	鼓励除制造业以外的音乐相关大企业进驻
	关系网络	村民之间的亲缘和地缘关系,空间上表现为亲戚兴办的工厂的扩散,且作为技艺传承的重要承载系统	1. 尽管越来越多外来者进入,但利益上的分配问题,导致村民关系的生疏,空间上表现为外来者租房以及规划中的众多企业准备进驻; 2. 原有的技艺传承系统空间范围不断扩大,表现为提琴技艺在空间上有外传(外溢到通州)
意识形态层	区域形象定位	提琴之乡、乐器之乡	中国乐谷(尺度扩大)
	区域价值观	乡镇集体主义价值观	以个人主义追求为导向的音乐景象

5 工业空间演替与制度关系层社会文化空间的互动——以北京内城普天德胜园区为例

北京城市中心区地域相对狭小，土地资源禀赋的约束较强，用地紧张。随着各种城市功能持续向心集聚，北京城市中心区承受了巨大的开发压力，建设强度不断加大，开发空间持续减少(郭培宜，2010)。现今北京内城区已经鲜有工业用地存在，仅有的工业用地也“名存实亡”，名为工业用地实际上已经转为他用。为了提高这些工业用地的土地利用效益，内城工业土地大多变为高科技产业用地或文化创意产业用地。以内城为代表的工业用地完成演替后，除了景观遗存外，原有工业用地上的企业大多外迁，部分将工厂外迁。本章节选取的案例是位于北京西城区的普天德胜科技园。

制度是人们在参与社会生产和生活实践活动中，为了调节人与人之间的各种关系，逐渐形成规范有关行为的准则(周尚意等，2004)。本书中制度关系反映的是在各种各样的制度，例如政治、经济、文化、教育、军事、法律、婚姻等制度，以及实施这些制度的组织结构影响下，个人与个人、个体与群体之间的关系。这种主体间的关系在本案例区中更多指的是企业之间的关系，即企业横向网络。具体包括该工业区演替过程中的老企业，与转型后试图进入该区域的新企业以及这些企业之间的关系。

那么内城原有工业区在演替过程中，原有制度和关系网络究竟发生了什么样的变化？这种变化背后的驱动力是什么？遗留下来的制度及企业网络对区域发展有什么样的影响？这些都是本章节要探讨的问题。

5.1 普天德胜科技园介绍和研究方法

5.1.1 案例区介绍

普天德胜科技园区位于北京西城区北二环积水潭桥外(图 5-1)，周边汇集了大量设计院所及科研单位，有着得天独厚的产、学、研优势。案例区土地使用权属于北京普天健德科技有限公司(原北京邮电电话设备厂，即“邮电 508 厂”)，是中国普天信息产业集团(POTEVIO)的成员之一。该企业创建于 1969 年，经历了 40 余年的发展历程，由小到大、由弱到强取得了长足的进步与发展。2002 年，依托中国普天信息产业股份有限公司，成立北京普天德胜科技孵化器有限公司，定位于信息通信技术(ICT)领域的科技企业孵化器，是经国家科技部认定的国家高新技术创业服务中心，也是经北京市科学技术委员会、西城区人民政府认定的高新技术产业孵化基地。2006 年，通过成功引进 DRC(设计资源协作)平台，使公司建立了科技同文化创意相结合的创新型孵化模式。①

① 来源于企业官网介绍：普天健德公司简介[EB/OL]. [2012-02-01]. http://www.putian508.com/qyjj.htm.

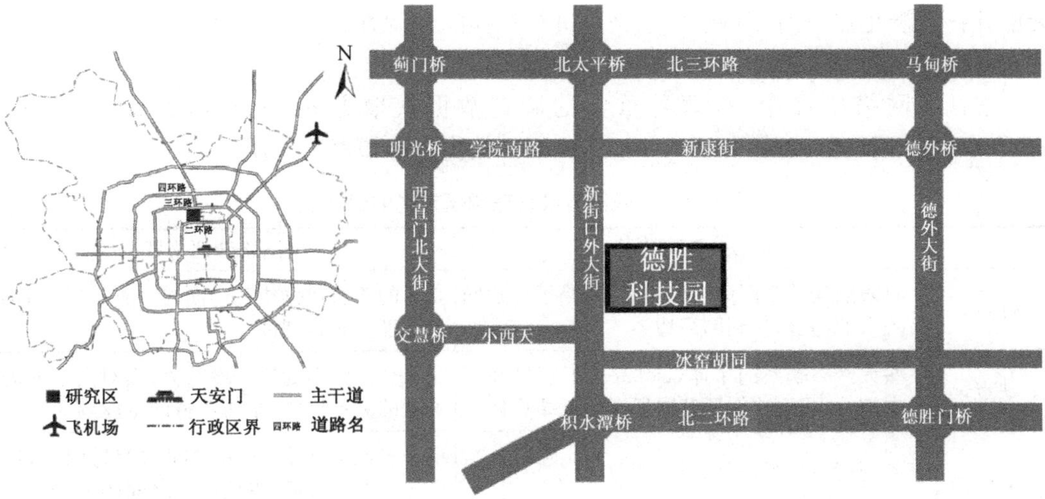

图 5-1 北京西城区普天德胜科技园区位图

5.1.2 研究方法

1）调查方案概述

制度关系空间研究的核心在于社会网络，根据泰勒和迪肯关于企业的经典论述，产业组织视角下的企业网络被视为社会网络的重要主体(Dicken et al.，2001；Taylor et al.，2001)。企业网络中企业之间的联系包括功能性联系和地域性联系。功能性联系包括交易、竞争、科技合作、知识扩散等；而地域性联系则是基于地理邻近性、共同的管制和制度框架(包括正规及不正规的制度系统，以及态度及“商业氛围”)。其中，功能性联系又可以划分为纵向联系和横向联系。纵向关系为研究的重点，即所谓的链(包括价值链、产品链和商品链)(Dicken et al.，1994；Raikes et al.，2000)，其中最有名的是全球商品链(Gereffi et al.，1994)。格里菲(Gereffi)关注的是这些链的管治结构和跨区域的生产系统。而横向联系是针对同类企业之间，往往以竞争关系为主要研究对象(Dicken et al.，2001)。但在加入时间维度的演化经济学视角影响下，企业不仅仅被视为生产系统的节点，更是创新和学习的核心。企业竞争力逐渐摆脱对资源的依赖和传统生产要素，更多地转向生产投入过程中的创意使用，这个过程使得知识和学习变得比以往任何时候都要重要。因此在关系地理的研究中，企业主体的横向合作互动成为整个分析的关键所在(Boggs et al.，2003)。

因此，本书并不太关注处于产业价值链上下游之间业务协作联系的企业纵向网络，而是重点调查普天德胜园区内企业之间、企业与科研院所以及企业与政府部门之间的横向网络联系。但是与过去就某一时间节点的研究相比，本书主要探讨普天德胜园区内主要企业的网络演替情况，以及企业间社会网络的变化。

研究调研分为两轮展开：第一轮调研开始于 2010 年 12 月 7 日，12 月 16 日对 DRC 有关负责人以及重点企业进行访谈调查；12 月 17 日到 25 日对 DRC 园区内全部工业设计企业进行全样本问卷调查。第二轮调研为 2011 年 8 月 2 日到 8 月 17 日对普天德胜科技孵化器进行景观观察和重点企业及负责人访谈；2011 年 10 月 20 日到 11 月 3 日对普天德胜科技孵化器 A 座、B 座、C 座企业进行抽样问卷调查。

2)抽样调查方法

在社会网络研究中,有两种重要的调查数据获取方式:滚雪球方式(snowball method)与全网络方式(full network method),其优劣势如表 5-1 所示。

表 5-1 全网络与滚雪球调研方式的优缺点

	滚雪球调研方式	全网络调研方式
优点	在有限的强关系网络中优势明显,易于寻找网络关系的趋势,找到网络边界	获得的关系数据相对全面与完整;网络结构的测度更具客观性
缺点	一些无网络联系的个体(isolates)不容易在调研中被发现;无法保证获得所有的网络主体	获取全部数据的任务量巨大;面对大量的需确定的关系群体,采访者将产生疲倦
主要应用	商务(业务)联系网络、社会精英关系网络、亲属关系网络	小样本社会网络,国家之间的贸易网络,城市之间的交通流,单位员工之间的电子邮件网络

其中,全网络调研方式,即在一个确定的调研群体内,收集每一个网络主体与其他主体的关系信息。该方法旨在收集所有的"A—B""C—D"等主体关系,因此其收集的关系数据是最为全面的。同时,全网络调研方式也是网络的结构定义与测量的重要基础(图 5-2)。

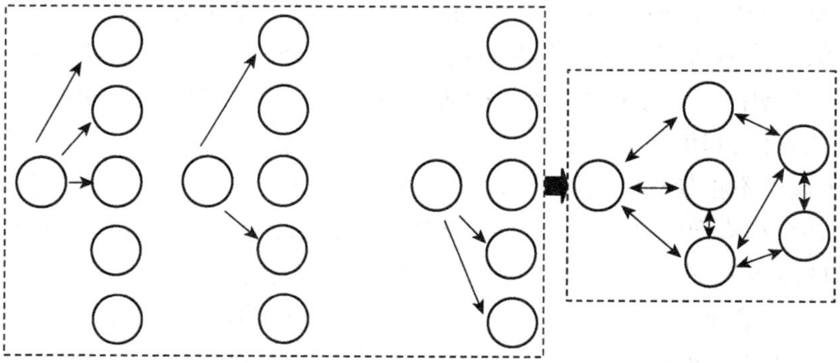

图 5-2 全网络抽样方法示例

在首轮关于 DRC 的调查中,基于 DRC 管委会将园区内企业清单给了调查组,清单中共有 28 家企业,且具体的位置都已明晰,为确保后期网络主体与结构分析的准确性,故选择"全网络调研方式"获取数据。即对 28 个工业设计及相关企业进行全样本的社会网络调查,要求调研对象根据自身联系的实际情况进行选填。同时为了确保填写信息的相对准确性,访谈和调查的对象都是该企业创意总监或项目总监及以上级别的人员。具体调查问卷可详见附录 2。

在第二轮关于普天德胜科技孵化器的调查中,原本要涵盖孵化器内的全部企业,但是在预调查中,园区管委会并不愿意提供企业名册,故从悬挂在普天德胜科技孵化器 A 座、B 座、C 座的企业名牌中获得企业清单(图 5-3),并采用"准全网络调研方式"获取数据。原计划是到每一家企业进行问卷调查,但在调研过程中发现很多企业只是注册地在本园区内,但企业实体已经迁出园区;同时,许多企业以涉及商业机密为由,禁止调查者入内调查,故最后实际收集到企业问卷共 20 份。具体调查问卷可详见附录 3。

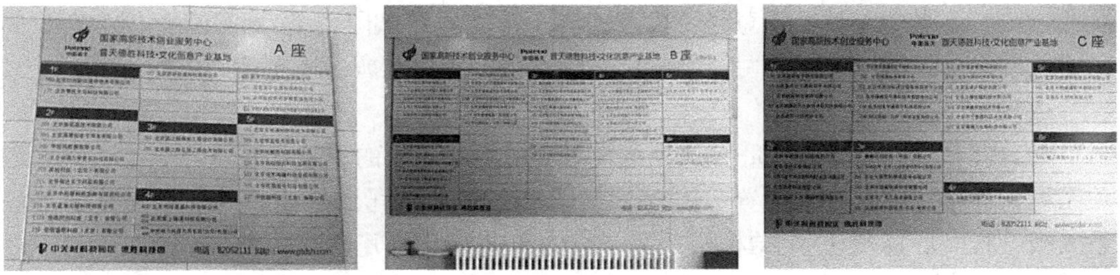

图 5-3　普天德胜科技孵化器 A 座、B 座、C 座企业名单

3）企业基本情况遴选

本书在分析网络特征时，需要对企业属性变量进行一定的控制。由于企业均在普天德胜科技园区内，外部的基础设施、政策、税收等方面差异性不大，而内部的企业性质、企业规模、企业专业化程度和行业领域有一定的差异性，且对企业创新能力有一定的作用，因此，我们在企业的调查问卷中设计了“基本情况”部分，并将其作为分析的控制变量。

（1）企业成立年份/入驻园区年份

为了研究园区内企业网络的演替情况，企业成立年份和入驻园区年份数据为企业网络演替提供了时间维度数据。

（2）企业性质

在企业网络研究中，企业性质意味着不同性质企业的社会网络主体类型的不同。国有企业的社会网络主体类型主要面向国企及下属单位；而民营企业则灵活度大，面向的企业网络主体类型更为丰富。

（3）企业规模

本书以“企业员工人数”来度量企业规模。由于企业在涉及资金问题的时候一般都不愿意配合，因此，没有按照企业注册资本等资金规模划分企业规模类型。

（4）企业专业化程度

本书以“企业专职负责设计的技术人员数”来评价企业的专业化程度。

（5）业务领域

园区内入驻的科技企业涵盖范围较广，包括 ICT、生物、金融服务、矿产资源等诸多行业，不同行业对创新的度量也不同。即使是同一领域，如工业设计行业涉及领域也很广，因此需要确定其具体的细分行业领域。在调查 DRC 园区内部企业时，按照 UNESCO 设计创意产业分类标准进行划分，具体包括建筑设计、服装设计、工业设计、室内家居设计、电脑动漫设计、工艺美术设计、规划设计和视觉传达设计等八大类。非工业设计领域的设计创意产业之间的差别很大。而在具体产品方面，则划分为家用电器、数码电子产品、通讯产品（手机）、医疗器械、仪器仪表、机械设备电动工具类产品、时尚消费品和公共设施及安防产品等类别。通过企业所属行业和产品领域的调查，看企业之间的关联是否在同一领域内展开。

4）企业社会网络特征度量

在企业社会网络的研究领域中，广泛使用的是哈坎森（Hakansson）等提出的企业网络的概念：企业网络是某产业中各种企业行为主体在交换资源、传递资源的活动过程中建立的各种关系的总和（Hakansson et al.，1992）。由于本书关注创意园区内的科技及创意企业，因此，不考察科技及创意企业与上下游企业之间的纵向网络，而只考察创意企业间的横向网络。运用"结构洞""强弱联系"等指标来刻画创意园区内企业间的网络特征。

(1) "结构洞"理论

"结构洞"理论是佰特(Burt)从网络"结构"的视角提出的理论。"结构洞"是指网络中关系稠密地带之间的网络位置。Burt 用结构洞来表示非冗余的联系，认为"非冗余的联系人被结构洞所连接，一个结构洞是两个行为者之间的非冗余的联系"(Burt，1992)。在图 5-4a 中，"自我"与 A、B、C 中的任意两者间的关系结构就是一个结构洞。因为 A 和 B 都与"自我"有关系，但两者间却不存在关系，相当于一个空洞(hole)，A 或 B 与"自我"的关系是非冗余的，"自我"是结构洞的占据者。而在图 5-4b 中，"自我"仅把信息传递给 A'即可，A'可以把信息传递给 B'。Burt 认为结构洞能为其占有者提供"信息利益"和"控制利益"，从而比网络中其他位置的成员更具有竞争优势。现有的研究已经论证出，企业在与供应商、客户、同行、中介组织、政府部门、大学、科研机构等组成的网络中，如果占据了结构洞的位置，便可以为其带来竞争优势(郭毅等，2002)。基于该理论，本书运用社会网络分析技术，寻找园区内位于结构洞位置的企业。

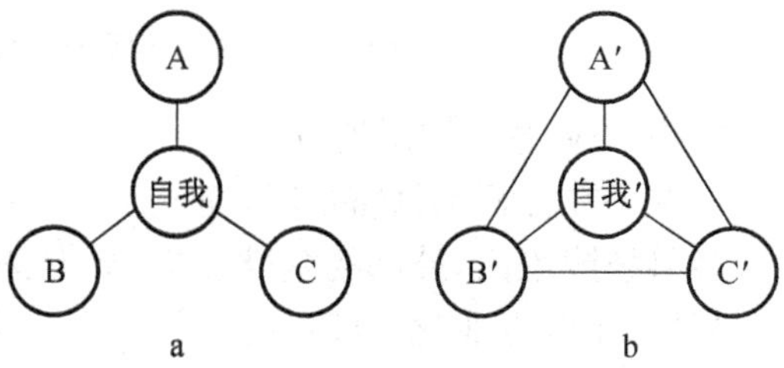

图 5-4 有无结构洞的信息流动网

(2) 网络强弱理论

格兰诺维特(Granovetter)用网络中节点之间的联系强弱刻画网络特征。他认为在传递信息、知识等资源的过程中，网络中的弱联系更起作用。因为强联系的行为主体相互间很了解，知识结构类似，彼此无法在交流中带来新的知识与信息。而弱联系的行为主体之间由于存在着较大差异，可以传递较为新鲜和异质的知识和信息，这种新鲜和异质的信息及知识对处在网络环境中的活动主体更具有价值，这便是他著名的"弱联系理论"。当然，也有学者主张强联系能促进创新能力。如乌奇(Uzzi)对纽约服装产业的研究，他认为由强联系生成的信任和其他嵌入性成分对企业获取深度的复杂知识、加快信息处理、发现新方法有直接的影响，进而放大企业现有创新资源(Uzzi，1996)。

故本书为了度量企业网络的社会网络，是通过考察企业的网络规模、网络密度、核心度三个指标来分析目前空间规模下企业网络的整体特征。通过考察每个企业占据"结构洞"程度、与其他企业联接度来分析单个企业在网络中的特征。

其中，网络规模(Size)公式如下：

$$\text{Size} = n \tag{5-1}$$

式中：n 表示能联系的行为者所组成的网络中的成员数。

网络密度(Density) 公式如下：

$$\text{Density} = \frac{2m}{n(n-1)} \tag{5-2}$$

式中：m 表示实际存在的关系总数。

核心度的分析思路来自于 Borgatti 和 Everett 的研究(P et al.，2000)。在欧式距离空间里，核心度是指每个点距离点云中心的距离。其算法是寻找一个向量 C，使得 C 与 C 转置的乘积所构成的结构矩阵与原始矩阵之间具有高相似度，而向量 C 经过标准化后变成行动者的核心度向量(魏晓俊等，2006)。C 越大，核心度越高，合群性越高。

结构洞一般有两个度量指标。一个是有效规模(Effective Size)，反映个体能有效利用的网络资源的规模，公式如下：

$$\text{Effective Size} = \sum_j (1 - \sum_q P_{iq} M_{jq}) \quad q \neq i, j \tag{5-3}$$

式中：j 表示与 i 相连的所有点；q 表示除了 i 或 j 之外的每个第三者；$P_{iq}M_{iq}$ 表示 i 与特定点 j 之间的冗余度；P_{iq} 表示个体 i 投入 q 的关系所占比例；M_{jq} 表示 j 到 q 的关系的边际强度，等于 j 到 q 关系取值除以 j 到其他点关系的最大值。

另一个是 Freeman 中间度(Betweenness)，在无方向性网络中的标准化公式如下：

$$\text{Bet} = \frac{2\sum_{j<k} G_{jk}(n_i)/G_{jk}}{(g-1)(g-2)} \tag{5-4}$$

式中：Bet 表示某一节点的中间度；G_{jk} 表示节点 j 到节点 k 的最短捷径数。$G_{jk}(n_i)$ 表示节点 j 到节点 k 的快捷方式上节点 i 的快捷方式数。

联接度(Degree of Centrality)公式如下：

$$\text{DOC} = \sum_i N_i \tag{5-5}$$

式中：DOC 表示特定企业的联接度；N_i 表示特定企业领域内的第 i 个企业。

其中，DRC 工业设计企业网络由于采用全网络调查，因此可以采用以上全部指标进行度量；但是在普天德胜科技孵化器中，由于样本相对缺失，因此不能采用全部指标度量。

5）企业创新能力度量

创新是由人、思想以及资源结合而来，这个观点最早由熊彼特(J. A. Schumpeter)于 1912 年提出。他认为创新就是“建立了一种新的生产函数”，是人与人之间的思想与资源的新组合(Schumpeter, 1934)。熊彼特提出的创新是从经济学视角考虑的，随着对创新研究地不断深入，从传统的经济视角转向管理学视角，并逐渐向社会学视角演进(张方华，2004)。三个视角各有侧重，经济学视角的创新强调“生产”，管理学视角的创新强调“市场化”和“商业化”，社会学视角的创新更强调“关系”。本书对工业设计创新的界定，综合了经济学、管理学和社会学视角，工业设计的创新是在个人或组织的思想、资源相互交融的情况下，通过产品外形、产品性能等方面的创新性设计，提高产品的市场竞争力的过程。

根据熊彼特的观点，“创新”或生产要素的新组合主要包括以下五个方面：①引入一种新的产品或者赋予产品一种新的特性；②引入一种新的生产方法，它主要体现为生产过程中采用新的工艺或新的生产组织方式；③开辟一个新的市场；④获得原材料或半成品新的供应来源；⑤实现一种新的工业组织(褚劲风，2007)。据此在本书中，将创新划分为产品创新、理念创新、技术创新、人才创新、环境创新等五个方面。

同时，为了更加真实全面地反映出企业的创新程度，本书的调查问卷采用主客观两个维度。客观上看，无论是科技企业还是创意设计企业，我们都可以认为它出售的是创新，因此，企业的营业额可以衡量企业的创新。另一方面，企业年均接的设计项目数也可以间接地反映企业的创新。再者，科技创意企业的创新的客观存在，如企业所获得的专利数及获奖情况，均可以反映企业的创新能力。此外，是否被授予如“国家高新技术企业”“北京高新技术企业”等称号，都可被认为是其创新科技能力得到政府的认可，其在创新过程中也有更大的政策优势。主观上看，工业设计企业的创新有自我评价和他人评价。自我评价包括相对评价和绝对评价。相对评价是评价出自身在整个行业中创新能力所处的位置。绝对评价可以通过自身的“理念创新能力、产品满意程度、人才获取能力、公司创新氛围、方法创新能力”等五方面进行考量。他人评价指的是从各个受访的从业者角度，评价行业中创新能力最强的前五位，从而得到创新能力评价的主观标准。

综上所述，本研究以园区企业创新能力作为因变量，利用企业的“年均项目数、年均营业额、所获称号、本专利数、获奖情况”等五个客观指标来度量园区内企业的创新能力。同时，根据“理念创新、产品满意度、人才获取、公司氛围、方法创新”等五个主观评价指标，采用李克特五分制法在调查问卷中邀请企业自评创新能力。最终，各企业创新能力的综合得分为指标标准化处理后，客观指标与主观指标的得分之和。

5.2 普天德胜园区工业空间演替：从电话设备厂到 DRC 的演替

5.2.1 2002 年之前的 508 电话设备厂

根据对机械工业部老职工张大爷（73 岁）的访谈，他在院子里已经住了 40 多年，1971 年就搬进了院子。根据他的描述：

“普天德胜园区整块地原来都是邮电中专工业学校（应该为‘邮电中专职业学校’）的（图 5-5），后来‘文化大革命’时期把学校变工厂，就变成了 508 厂。原来的学一、学二楼就是当时苏联建的，是学生的教室，红墙外面就是学生的宿舍，但是现在准备拆了，盖大楼……”

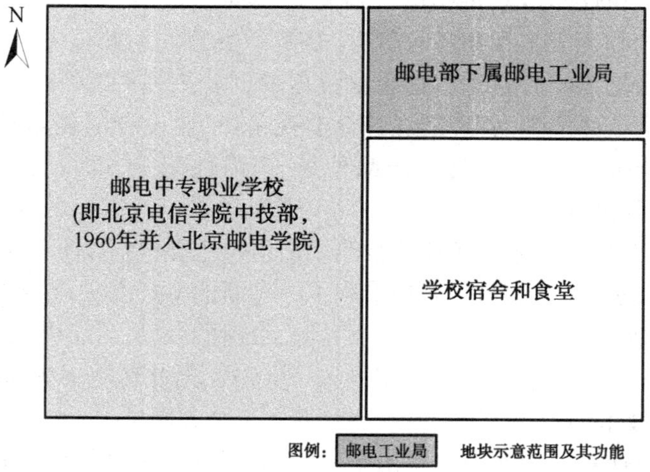

图 5-5 1952—1969 年邮电中专工业学校时期景观图

根据北京普天健德科技有限公司网站上的介绍，508 厂确切的建立时间为 1969 年，是原来的北京邮电电话设备厂，一般称为“邮电 508 厂”，主要生产电话设备(图 5-6)。[①] 而原来的邮电中专职业学校于 1960 年就并入北京邮电学院，称为北京邮电学院的南校区。学校的教室、宿舍和食堂被部分改造为邮电系统的居民区。最早的邮电工业局则改变成为邮电部标准化所。可以说整个居民区都属于邮电部系统，既包括 508 厂的职工，也包括邮电部标准化所的工作人员以及部分机械工业部的工作人员，整个区域呈现出“有机整合”的状态，是过去计划经济和住房分配时代典型的“前厂后居”的空间布局。按照张大爷的说法：

“整个居民区都是原来邮电系统的，整体关系还是比(现在)一般商品房好多了。但是性质也和商品房不一样，比如门禁、电费、物业费用都是 508 厂以及原来单位给交的(一直到现在还是)……”

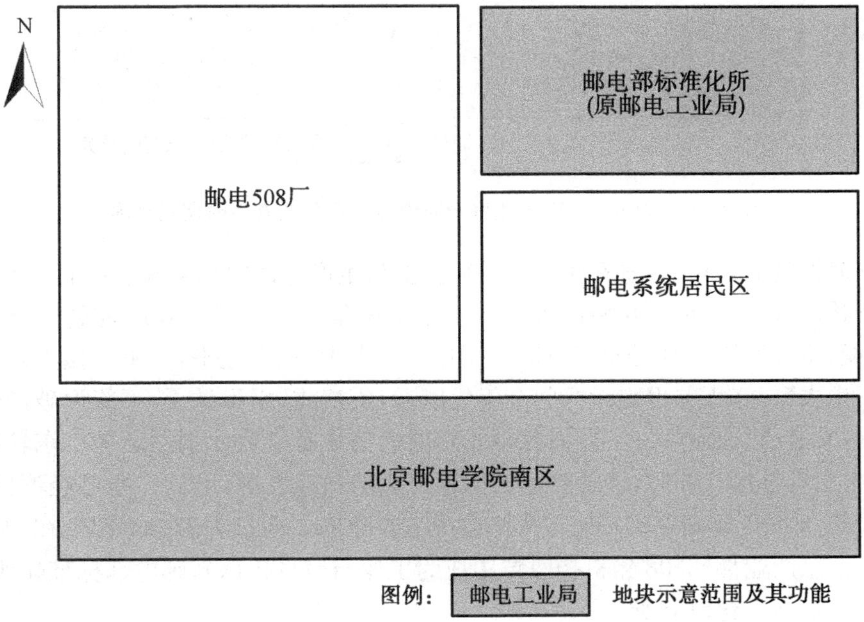

图 5-6　1969—1987 年邮电 508 厂成立时期景观图

在 1987 年的时候，同属邮电系统并且在空间上毗邻的邮电 508 厂和北京邮电学院共同注资成立了北京鸿雁电信设备厂，代表产品是“北京鸿雁地插”，品牌为“国伦”(图 5-7)。该品牌发展至今已成为国内知名品牌，被国家首批推荐为“小康住宅推荐产品”，部分产品被人民大会堂、钓鱼台国宾馆、亚运会工程和众多涉外公司采用。1995 年，北京鸿雁与世界电器行业占有领先地位的法国 LEGRAND 公司携手合作，共同成立了合资公司。但是厂址并没有在园区内，而 508 厂也从原来鸿雁的股份中退出，北京鸿雁成为了北邮的校办企业。

① 普天健德科技有限公司网站 http://www.putian508.com/qyjj.htm.

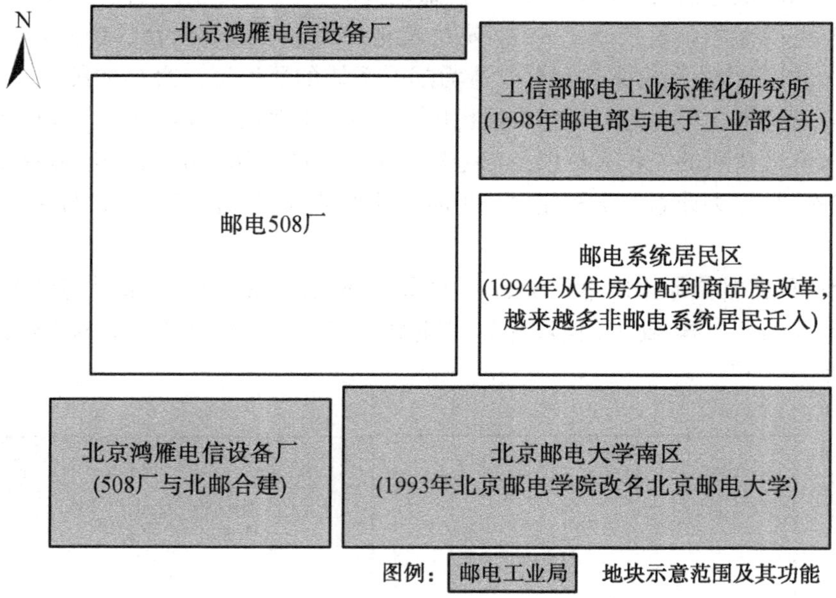

图 5-7　1987—2001 年北京鸿雁电信设备厂成立后时期景观图

而该时期的 508 厂，尽管在生产产品种类上从生产电话向早期的手提电话扩张，但是由于生产技术落后，508 厂开始出现了经营上的困境。根据对 508 厂老员工李大爷（65 岁）的访谈，主要原因是“厂子基础研究太弱，投入太少，追求短平快，不去做点新东西，老东西卖不出去”。张大爷也表示“到 90 年代以后，负担重，卖不动了，不能说破产吧，算是好听的词，要进行‘改制’……”。而我国此时的电信设备制造业则逐渐向广东转移，集中在东莞、中山等地区。同时，伴随着电子信息产业的快速发展，电信设备已经不仅仅局限于电话设备，508 厂逐渐在市场经济大潮中失去竞争力。而过去的邮电部也在 1998 年正式转变为信息产业部（2008 年机构改革中成为工业与信息化部），邮电部标准化所也随之更名为工信部标准化研究所。

对于居民区而言，1994 年商品房改革，原来邮电系统居民区的居民也开始出现变动，越来越多外来的居民进入该居民区。社区从过去的“有机整合”向“机械整合”的形式转变（辛会芳，2006）。按照张大爷的说法：

“过去大楼里面的（居民）构成，在分房当时就已经决定好了。现在整个楼也不纯了，有山东的，有山西的，人家要买，价格合适，你干吗不卖？再说很多退休老员工过世了，他的子女不在邮电系统了，你说这楼还算不算是邮电系统的啊？”

5.2.2　2002 年以后的“德胜普天科技孵化器”

这个时期，从这块地整体景观布局来看，508 厂正式改制成为中国普天北京邮电电话设备厂（并投资建立了“北京普天德胜科技孵化器有限公司”），原有的北京鸿雁电信设备厂也改制转型成为“北京鸿雁电信设备公司”，而原来的北京邮电大学南院则被改造成为网络教育学院（图 5-8）。

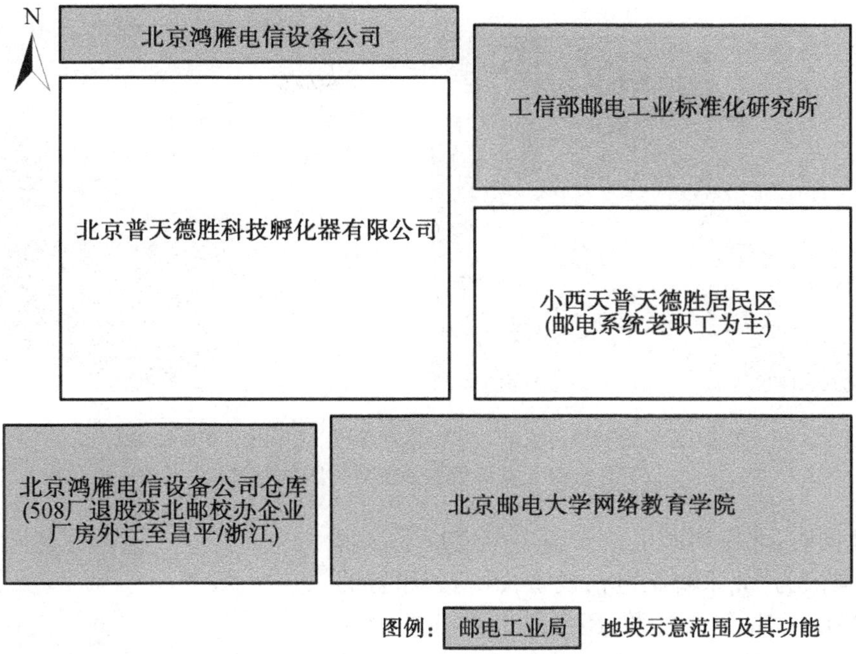

图 5-8　2002—2005 年北京普天德胜科技孵化器有限公司成立后时期景观图

其中，效益不佳的 508 厂开始寻求转型，依托挂靠于信息产业部具有央企背景的中国普天信息产业股份有限公司。一方面，企业在组织形式上，由国有工厂结构成功改制为有限公司的组织形式，试图建立起现代企业法人治理结构。另一方面，在经营方式上，从过去以产品为主，改为以“产品为辅，物业服务为主”，建立了普天物业公司，负责整个园区孵化器的管理工作(图 5-9)。

图 5-9　普天物业公司

508 厂将原来的厂房进行改造，成为占地6 万多平方米，能够提供企业有效发展空间约 4 万平方米的商用写字楼。根据“搜房网”上的相关描述，这些写字楼层高都在3.5 米，开间面积为 20～2 000 平方米，是适合办公的乙级写字楼。① 中间的厂房被改造成为绿地和停车场，写字楼 A、B、C 座则是由原来的办公室和厂房进行改造而成(图 5-10)。该时期内，入驻的企业主要是 ICT 产业领域内的一些企业。孵化器的定位为“普天德胜是依托中国普天信息产业股份有限公司的产业背景和中关村自主创新示范区德胜科技园区地域背景成立的定位于信息

① 搜房网提供数据，http://news.fang.com/2010-07-21/3578291.htm.

通信技术领域的科技企业孵化器”。①

左图：普天德胜科技孵化器入口处；右图：孵化器中间的停车场和绿地

图 5-10　普天德胜科技孵化器景观图

与此同时，北京鸿雁电信设备厂也进行了体制转型，注册成为“北京鸿雁电信设备公司”。原有的厂房迁移出，一部分在昌平，还有一大部分在浙江设厂。现阶段在园区内只剩下北京鸿雁电信设备厂，作为整个科技孵化器的D座；仓库及提货处；以及一个门面适中的北京鸿雁电器厂的“门市部”（图 5-12）。北京邮电大学学院南院则被改造成为网络教育学院和函授学院，还包括食堂等（图 5-11）。

图 5-11　北京邮电大学网络教育学院景观图

左图：提货处；中图：仓库；右图：门市部

图 5-12　北京鸿雁电器厂景观图

5.2.3　2005 年开始建设的“DRC”

随着德胜普天科技孵化器的不断发展，政府部门也开始加大对孵化器的投入认定，2003 年经北京市西城区人民政府认定为“西城区高新技术产业孵化基地”，2004 年经

① 官网上的“普天德胜科技孵化器简介”，http://www.ptdsh.com/www/GYJD/2011/1/26/1.html.

北京市科学技术委员会认定为“北京市高新技术产业孵化基地”(图 5-13)。这些认定的称号,使得孵化器可以在原有中关村自主创新示范园区(原中关村科技园)的基础上,享有更多的高新技术企业待遇,同时也吸引了更多的企业入驻。在这个过程中,整个孵化器的定位也发生了转变,“正在逐步从战略规划布局内的企业向战略性新兴产业源头方向升级”。[①] 招入驻企业的范围从原来的 ICT 产业逐步向生物、环境工程、金融服务等其他高科技领域拓展。2005 年 6 月,整个德胜科技园区又发生了一次大的调整。在北京市科学技术委员会与西城区政府的协调下,原来邮电电话设备厂靠近正门的 8 800 平方米废旧厂房被规划改造,建设成为面积 2 500 平方米的工业设计技术条件平台和 5 500 平方米的北京 DRC 工业设计创意产业基地。[②] 与此同时,德胜科技园区也随着 DRC 的建立而进行定位调整。在 2007 年正式经国家科技部认定后,成为“国家级科技企业孵化器”。随后将定位转化成为“科技+文化创意”的产业布局,并于 2009 年正式注册成为“北京普天健德科技有限公司”,原有的“电话设备厂”正式不出现在企业的名称中。

图 5-13　普天德胜科技文化创意孵化器宣传板

在整个过程中,少有提及的信息产业部邮电工业标准化研究所,则形成了包括“工信部产品质量检验中心”“邮电通信质量认证中心”“电信设备进网(小西天)受理中心”等在内的较为完整的电信设备认证检测相关部门系统(图 5-14)。

左图:研究所内部门清单;中图:设备认证中心;右图:电信产品检测中心

图 5-14　信息产业部邮电工业标准化研究所

可以说这个时期,德胜科技园区的格局基本形成,即以北京普天健德科技有限公司、DRC、工信部邮电工业标准化研究所三个常设机构,构成整个德胜科技园区的主体,外加北京鸿雁电信设备公司的仓库及办公区、小西天普天德胜居民区(图 5-15)。

---

① 普天德胜国家级科技企业孵化器官方网页[EB/OL]. http://www.ptdsh.com/www/index.html.

② 王志,侯瑞丽. 创意北京[EB/OL].[2011-02-15]. http://www.chinatoday.com.cn/ctchinese/second/2011-02/15/content_331949_2.htm.

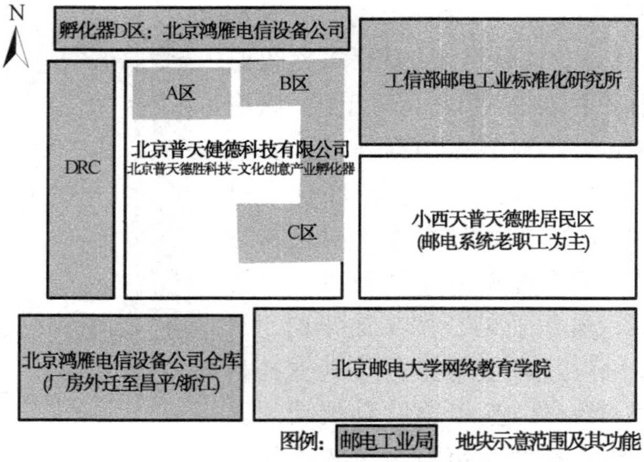

图 5-15　2005 年至今 DRC 成立后时期景观图

5.2.4　小结

普天德胜科技园景观上的演替可以视为是由一种由老工业区变为新工业区的过程。从宏观产业结构的升级来看，现有德胜科技园区可以看成是工业空间的一种升级演替，是从制造业向科技和创意产业进行升级。从微观景观来看，整个德胜科技园区主要包含普天德胜科技创意孵化器和北京 DRC 工业设计基地，整片园区的工业空间演替经过了三个时期，包括 2002 年之前的邮电 508 厂（电话设备厂）时期；2002—2005 年企业转制时期，成立普天健德公司，建立普天德胜科技孵化器；以及 2005 年至今，引入 DRC，正式建立普天德胜科技（创意）园。其中，DRC 是国内首个由政府引导建立的工业设计园区，它由北京市科学技术委员会与北京市西城区人民政府共同建设，由北京工业设计促进中心指导。

从工业景观的演替结果来看，原有的邮电部电话设备厂旧厂房基本上大都已经被改造，原有的厂房被居民楼替代，仅保留原来北京邮电大学校办的鸿雁电器厂销售部门和仓库，制造车间大都被迁往中关村昌平园区以及浙江。508 厂剩下被改造的老厂房都成为了进行物业出租的办公楼。可以说，德胜工业空间在微观景观上已经基本不存在，现在只有通过留下的一些广告牌等景观，才能看到过去电话设备厂的演替痕迹（图 5-16）。

图 5-16　演替痕迹："北京邮电电话设备厂"职工活动中心

5.3　普天德胜科技园社会网络演替分析

在普天德胜科技园区工业空间演替的同时，叠加在其上的社会文化空间也在发生变化。本章节内容则重点探讨制度关系层社会文化空间变化情况。其中，园区内部的企业网络演替是重点。

5.3.1 园区整体企业网络演替分析

从园区整体的企业网络来看(图 5-17),伴随着工业空间的演替,主要包括四条主线:一是标准化研究所的从属部门由邮电部改为工信部,是名义上的变化,实际上的社会网络不变。二是同样情况的北京邮电学院到北京邮电大学的变化。三是北京鸿雁电器设备厂,企业性质由 508 厂和北京邮电大学的合办企业,转变成为北京邮电大学的校办企业,企业发展过程则表现出由于企业升级需要,将制造业环节外迁,仅剩销售环节留在园区内。而真正变化的是北京邮电 508 厂,既是工业空间演替的核心区,又是整个园区企业网络变化的主线。1969 年北京邮电 508 厂建立,到 2002 年改制成立普天德胜科技孵化器有限公司,建立第一个园区。该园区前期主要吸引 ICT 产业,后期随着不断被授牌,园区的级别不断提升,吸引科技企业的范畴也越来越广。2005 年引入工业设计创意产业,建立了 DRC 设计创意园区,即第二个园区,主要集中于工业设计企业。囿于园区面积不大,第一批以洛可可、视觉中国等为代表的知名工业设计企业已经迁出园区。

纵观整个企业网络的变化,重点关注园区内政策和社会网络的变化:从政策来看,三个时期,从 508 厂到后来的普天健德有限公司,政策关系的主线始终围绕在邮电系统(部门改革后的电信系统)中。从第二时期开始,中关村园区开始介入,通过德胜园区管委员进行统一整合,使得两个园区内部企业都能够享受到中关村企业的优惠政策。其后科技委员会这条主线开始介入,从西城区到北京市再到科技部,不断提升的授牌层级,使得普天德胜科技孵化器的政策吸引力和作用力逐步提高,但也伴随着入驻企业筛选门槛的提高。正如在 B 座从事广告设计的然先生(男,30 岁)提到的一样,“园区入驻企业是有门槛的,要销售收入在一定水平以上才能入驻”。那么在这些政策空间的影响下,企业入驻或者创新能力的提升是否受到这些政策的影响以及相关政府部门的影响是一个重要的问题。

从社会网络来看,具体要谈的是两个园区都是在 508 厂原厂房基础上建立起来的,那么园区中的企业选择入驻园区与 508 厂是否有关?这是一个前提问题。两个园区之间是什么关系?是否存在一定的继承关系?这是第二个问题。而两个园区内部各自孵化的企业与该园区其他企业之间存在的关系网络,则是要研究的第三个问题。

通过调研可以发现,两个园区尽管都是在 508 厂基础上发展起来的,但是分属于不同的具体分管企业,一个是普天健德有限公司(实际上属于华彬资产管理有限公司),另一个则是从属于北京工业设计中心。两个不同的管委会,也带来了不同的物业团队,这导致两个园区之间没有特别的联系,以至于从园区管委会层面,DRC 的总经理表示“与后面的园区没有任何关系,只是和他们的老总比较熟”。而入驻园区的企业,如在普天德胜科技园区中的派华文化负责人表示:“(对)前面的(DRC)一点儿都不熟悉,不知道什么名称,更没有合作,一般就是车子从正门过来就这么进来了(意思为并没有穿过前面的 DRC)。”该负责人在名片上写的也是“新外大街 28 号院 15 号楼二层”,而并没有出现 DRC 设计创意园区的名称或者标识。

同样,入驻 DRC 设计创意园区的斯巴克工业设计有限公司负责人曲总,在被问及对后面园区的看法时,表示惊讶:“后面难道还有其他设计企业吗?我对后面那个园区的具体情况一点儿都不清楚,也从来没走动。”

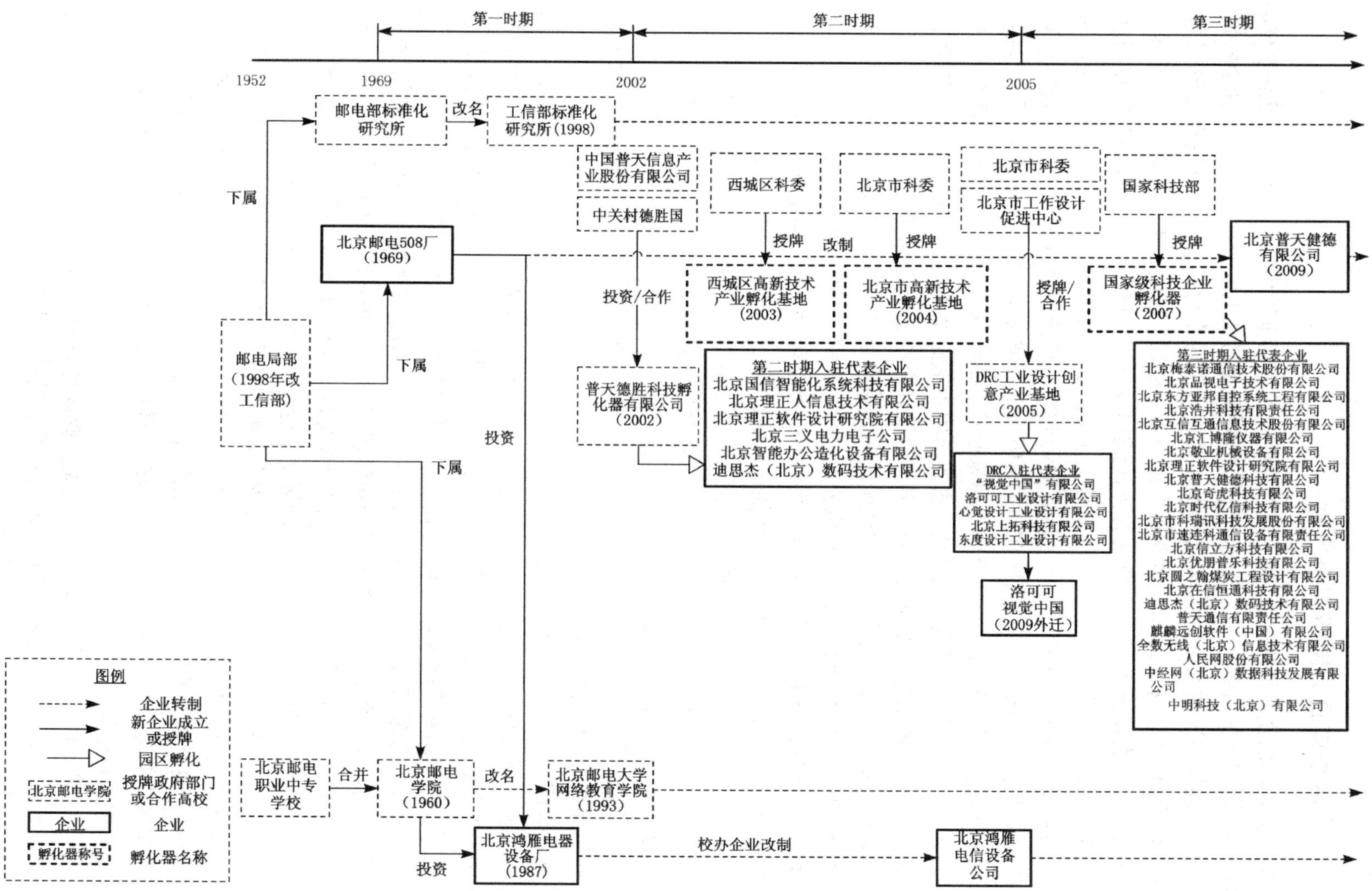

图 5-17　普天德胜科技园区企业网络演替过程

这种两个园区间的“隔离”，也表现在 DRC 一楼大厅之间锁着的门景观中(图 5-18)。尽管已经可以看见普天德胜科技孵化器的招牌，但两个园区还是不能相互自由走动，实际上两个园区本来就是一个整体。

值得一提的是，实际上 DRC 自身只是占据了普天德胜园区的一、二两层，而三、四层被普天德胜科技孵化器称为 E 座(图 5-19)，从属上又归于普天德胜科技园区，而非 DRC。更为严重的问题在于，因为园区产权主体多样，过去是电话厂，因此往往出现物业多头管理的现象。乐升科技的陈小姐曾遇到过如下情况：

“如修厕所的时候，出现内部管道和外部管道由不同公司负责；在进行装修线路改造时，需要找到原来的装修设计公司，物业都不负责，相互推诿……”

图 5-18　DRC 一楼大厅隔离两个园区的景观

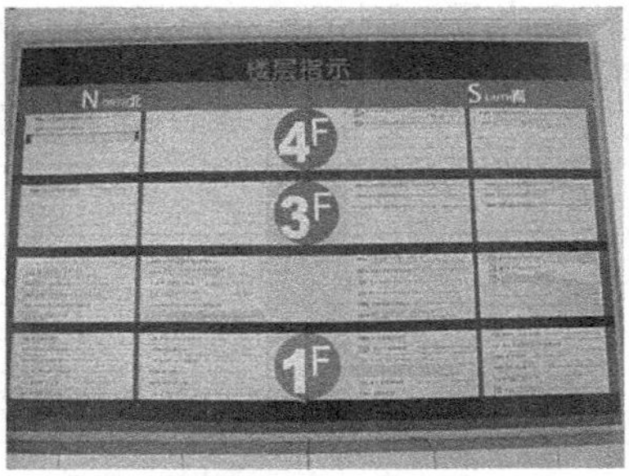

图 5-19　普天德胜科技园区 DRC 和 E 座企业名单

5.3.2　普天德胜科技孵化器企业网络分析

1) 普天德胜园区企业整体基本情况

根据对园区内企业名牌的统计，普天德胜科技园区中共有 123 家企业，其中主要集中在 A、B、C 三座楼中(图 5-20)。但在调研中发现，至少有 2/5 的企业都没开门，其实办公地在德胜园区的公司不多，特别是 B 座的公司，都是关着门的。根据 B 座门卫的说法：“这是他们(那些公司)的注册地，办公地不在这儿。”企业主要考虑到进入德胜孵化器可以享受到国家级科技孵化器和中关村政策的双重优惠，尤其是减免税收的优惠，这导致了孵化器出现有名无实的“空巢”现象。

通过搜索各个企业的资料，将入驻企业按照类型进行划分，可以发现主要企业集中在通信行业，达 34 家；电子信息服务业也有 25 家企业(图 5-21)。

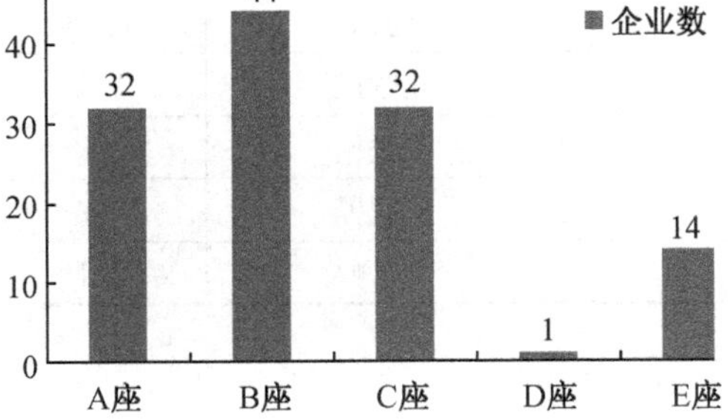

图 5-20　企业位置分布图

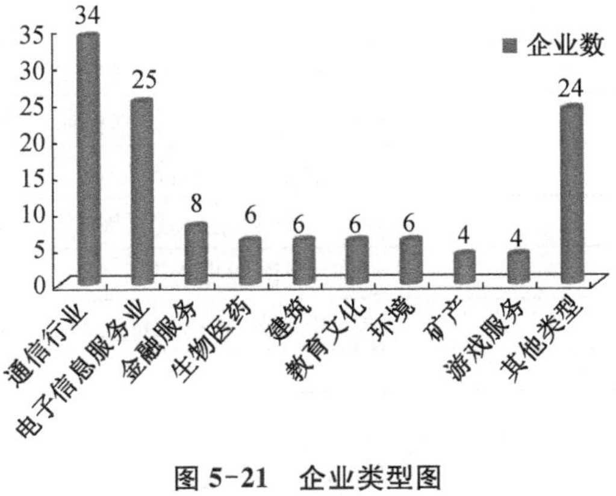

图 5-21　企业类型图

孵化器内的通信行业不仅在数量上最多，而且在实力上也最强(表 5-2)。目前园区内唯一一家上市的企业是北京梅泰诺工业技术有限公司，其主营业务涉及通信运维服务、塔桅、信息基础设施投资、通信测试服务等多个通信领域。① 对 2011 年中关村推出的“瞪羚企业”计划进行统计(所谓“瞪羚企业”，是对成长性好、具有跳跃式发展态势的高新技术企业的一种通称②)，德胜科技孵化器中共有 23 家瞪羚企业，其中 8 家为完全的通信企业，另有 9 家企业涉足通信行业(如中国市场首屈一指的业务集成技术和解决方案供货商，主要行业服务对象就包括电信行业)，与通信领域相关的瞪羚企业比例占园区总瞪羚企业的 74%。但是瞪羚企业中，有 8 家企业注册地在德胜孵化器，而实际企业并不在园区中。不过在这 8 家企业中，只有 1 家与通信行业有关，并且是进行手机设备销售的企业，通过访谈了解到这家手机销售企业在此注册，与便于产品检验有关。

表 5-2　德胜孵化器瞪羚企业类型和位置表

企业名称	企业所在行业	位置
北京东方亚邦自控系统工程有限公司	机械自动化	B
北京浩井科技有限责任公司	通信	E
北京互信互通信息技术股份有限公司	通信	C
北京汇博隆仪器有限公司	机械自动化	注册
北京敬业机械设备有限公司	机械自动化	注册
北京理正软件设计研究院有限公司	软件信息化	注册
北京普天健德科技有限公司	通信	B
北京奇虎科技有限公司	互联网	注册
北京时代亿信科技有限公司	通信	B
北京市科瑞讯科技发展股份有限公司	软件信息化	注册
北京市速连科通信设备有限责任公司	通信	C
北京信立方科技有限公司	互联网	B
北京优朋普乐科技有限公司	数字影音	A
北京圆之翰煤炭工程设计有限公司	矿井规划设计	A
北京在信恒通科技有限公司	通信	B
迪思杰(北京)数码技术有限公司	软件信息化	B
普天通信有限责任公司	通信	B
麒麟远创软件(中国)有限公司	软件信息化/通信业	C
全数无线(北京)信息技术有限公司	通信	注册
人民网股份有限公司	互联网	注册
中经网(北京)数据科技发展有限公司	互联网	A
中经网数据有限公司	互联网	A
中明科技(北京)有限公司	金融	注册

① 梅泰诺官方网站 http://www.miteno.com.

② 百度百科“瞪羚企业”词条，http://baike.baidu.com/view/1680850.html.

2）普天德胜科技园区抽样企业网络基本情况

（1）基本情况

在调查到的20家企业中，企业性质中16个为内资民营企业，2个为外资独资企业，2个为外资合资企业。在调查中，国资背景的大企业往往以会泄露公司机密为由，不予填写调查问卷。

从企业规模上看，75%（15个）的企业为企业人数不超过50人的小企业，仅有5个企业为大中型企业。

从业务领域上看，有10家企业是通信行业，其他涉及软件、互联网、建筑设计、包装、广告等行业领域。值得一提的是，这些设计行业与前面的DRC园区并没有太多的联系。

（2）通信类企业网络联系

企业与普天内企业的联系，平均值为2.00，即偶尔与普天内的企业有联系，而且根据问卷中的数据，企业联系主要集中在工信部标准化所、普天健德以及普天德胜科技园区有限公司（即园区管委会）三个单位，一般是物业、业务咨询以及产品检验等方面的联系。但是通信类企业与园区内企业的联系频次能够达到2.33，高于平均值。总体而言，企业重点的业务联系区域还是在北京市（3.85）以及国内其他地区（4.00），与国外的联系也较少（2.30）。

通信类企业与园区内的企业有一定的合作，尤其是与电信类的政府部门或者单位有较为密切的合作，如普天德胜园区管委会、信息产业部邮电工业产品质检中心、工信部认证中心等。

尽管整个园区都有很多标准化认定以及仪器检验、认证等，与通信企业有直接业务关联，但在工信部认证中心的签到簿上登记的园区内的企业非常少，北京地区也一般是移动研究院和大唐研究院的工作人员，大多数为外地的企业办事人员。工信部产品认证中心前台也印证了这点，“外地的要比北京的多”。究其原因，才发现原来是由于普天健德以及园区内一些大企业与认证中心的联系合作尤其密切，很多时候根本就不需要签到。如根据工信部产品认证中心前台和保安的说法：

“经常到这个地方来的人，混的脸熟了，也就不用在前台签到了。普天仓库就在认证中心地下室，普天的人经常会到认证中心来，（我们）和他们都很熟，一周至少2～3次，最少也会1个月至少一次，因此不需要特别登记，很多还有楼上的认证中心和相关工作人员下来领他们上楼。”

这种与政府联系密切的社会网络，应该对电信类企业入驻园区起了一定的吸引作用。这从许多企业在园区内注册但办公场所不在园区便可得到佐证。此外，许多中介企业都位于园区内，一般都是利用这种社会网络获益。

（3）非通信类企业网络联系

相比较于通信类企业，非通信类企业在该园区内就没有特别的可利用的社会网络。根据孵化器内一个广告设计企业老总曲先生的说法：“希望可以利用到网络，但是能利用到网络的机会实际上特别少。”

这里以国内知名的网络游戏制作企业乐升科技为例，作为非通信类企业的代表。行政协理陈小姐认为与园区内其他企业的横向联系非常少：

“联系非常少，甚至连对面隔壁的都不知道……园区应该有布告栏，曾经举办过园区摄影比赛，但是各个公司，大家彼此也不认识，收效甚微……通过有限的唱歌比赛、乒乓球比赛等等可以认识些人；建议可以开设园区的BBS方便交流……”

分析其原因，在于：第一，内部业务网络非常完善。“企业内部分工明确，整个企业网络很完整（就不需要外面的企业）：台北是研发中心，主要负责家庭机游戏的研发制作（是台湾为数不多的自行开发游戏并发布运营的厂商，一般游戏厂商都是直接代理国外游戏），苏州、上海、北京按照产品类型进行分工，其中上海、北京完成不了的3D美术部分发包给苏州。……公司里有跨城市的公司内部交流平台（类似于Sharepoint、高端QQ群），大家可以在平台上讨论各种问题，而且不存在监管的问题（只要放松就行）。”

第二，产业性质决定的。“整个游戏产业在产业链方面，只有美术部分业务可以外包，其他部分外包不了，而美术部分已经有苏州方面进行负责，因此无需寻找其他的横向业务伙伴。我们一般是将3D美术部分发包给苏州，其他部分各个城市的子公司自行完成。”

第三，与同行联系的方式也有限。“一般主要通过一年一度的互联网游戏盛会等形式，大家就打个招呼。”

在问及园区为公司提供哪些优惠条件时，回答道：

“从优惠政策上来说，从北京到德胜园再到DRC都没有享受到，或者是没有宣传到，公司还未或不懂得应用；作为软件类企业享受到文化创意产业类优惠政策。想申报高科技企业，但是由于赢利不够多，现阶段还没有评上。一般的服务，就是人才招聘、逢年过节送水果、歌唱比赛、有奖征答活动等。租金较优惠，但是整个园区环境较为老旧，条件较差。由于园区产权主体多样，过去是电话厂，因此往往出现物业多头管理的现象，如修厕所的时候，出现内部管道和外部管道由不同公司负责；在进行装修线路改造时，需要找到原来的装修设计公司，物业不负责等相互推诿的情况。曾经参加过相关的需求反映会，但是每次参会企业少，同时也由于反映了也得不到解决，因此热情不在。”

当然，这种非通讯类企业自行发展，有时也被企业认为是一种好事：“园区不理你也是一件好事，自己可以做自己的，自由发展也好，如果硬是为了加强联系，经常组织什么活动，各个企业也吃不消。”

5.3.3 DRC园区企业网络分析

1) DRC园区企业基本情况

根据DRC管委会给的企业清单，调查组对DRC集聚区内的28个企业进行了调查，得到DRC内部工业企业网络主体基本情况。

(1) 企业性质

除了递加设计隶属于北京工业设计促进中心为合资企业外，其他企业都是民营独资企业或者民营合伙企业。可见，在本书中企业性质作为控制变量的意义不大。

(2) 业务领域

通过对28个企业的调查可以发现，仅有14家企业是直接从事工业设计方面的企业；有4家是从事工业设计培训、设计展览、设计艺术展览等与工业设计产业相关的企业；而有 10 家，即超过 1/3 的企业从事的是与工业设计方面一点儿都不相关的行业，如软件销售、证券服务、婚纱摄影等。调查发现，这些企业没有与现有工业设计企业产生不同领域间的弱联系，而是基本上没有联系。根据 KC 企业①负责人的说法："来这儿就是找个地方租个办公室，和其他地方没什么区别，也没什么优惠。"很多企业甚至不清楚园区管委会的具体业务领域(图 5-22)。

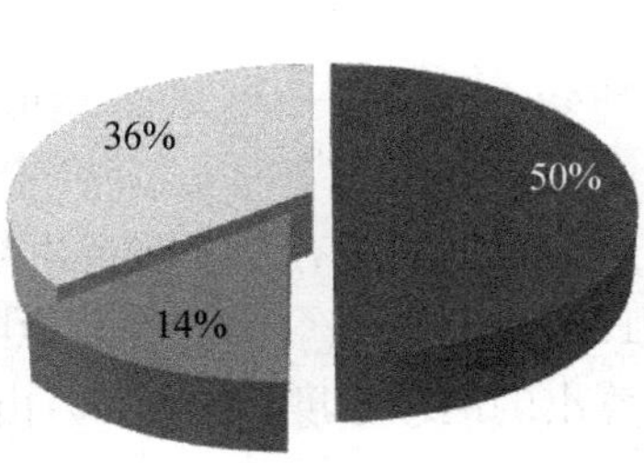

图 5-22　DRC 园区内企业业务类型图

(3) 产品领域

目前，工业设计公司设计产品的领域主要有家用电器、数码电子产品、手机通讯产品、医疗器械、仪器仪表、机械设备、电动工具类产品、时尚消费品、公共设施及安防产品等等，设计产品的种类多样。并且大多数工业设计公司的产品设计业务都涉及了多种产品，很少有专业致力于一种或几种产品的设计。在所调查的 14 家工业设计公司中，有 2 家是分别专门从事医疗器械和时尚消费品设计的，其余公司设计的产品几乎包括了问卷列举的所有种类。用访谈中 XJ 企业受访人员的话来说："只要是可以生产制造的产品，大多数工业设计公司就都能够设计。"

(4) 企业规模

本书按照企业人员规模大小，将所调查的工业设计公司分为三类：小型企业(10 人以下)、中型企业(10～50 人)、大型企业(50 人及以上)。调查数据显示，DRC 园区内 55%的工业设计企业都是小型企业；中型企业占比 45%，除了灏域、心觉设计等企业规模超过 20 人，其他企业规模均不超过 20 人。这与北京市工业设计企业整体状况相符，现有北京市工业设计企业中 82%的企业不超过 20 人。同时由于 DRC 园区更多的是孵化器功能，如洛可可工业设计、东度工业设计企业，在孵化发展到一定规模后，都选择了从 DRC 园区内迁出。DRC 园区自身面积的限制，也决定园区内企业规模都不大(图 5-23)。

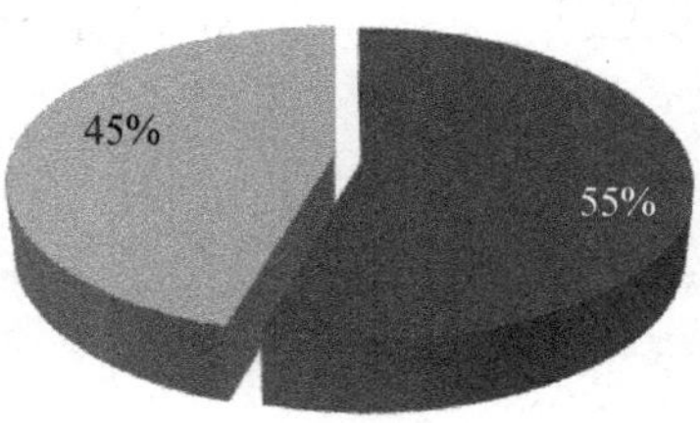

图 5-23　DRC 园区内企业规模类型图

(5) 企业专业化程度

受限于企业规模，企业在专业化程度方面普遍较高，企业中专职技术人员一般占到了企业员工总人数的 70%以上，即除了必需的行政人员外，其他均为专业的技术人员。拥有 10 人以下专业技术人员的企业占到了 82%，与工业设计企业一般不超过 20 人的规模相符。

2) DRC 园区企业网络整体特征

本书借助 UCINET 软件生成 DRC 园区工业设计企业网络联系图(图 5-24)。具体研究方法是在 UCINET 中，选择 Network>Cohesion>Density，将综合关系矩阵、强关系矩阵与弱关系矩阵分别导入其中，计算三个矩阵的网络密度；同时，选择 Network>Ego

① 这里访谈企业名称均用代号表示，下同。

Networks>Densit,Network>Centrality>Degree>Betweenness>Nodes 计算以节点为中心的自我网络密度、点度中心性与中介中心性,在 Netdraw 软件中成图,并得到计算结果。该图表明有 1/3 的企业与园区内的其他企业没有任何联系,在 DRC 园区内部仅有 18 个企业相互联系。原始矩阵中按照联系频次将变化幅度确定为 0~4 次,UCINET 计算出的网络密度为 0.2849,由此可见 DRC 园区内企业网络很不发达。

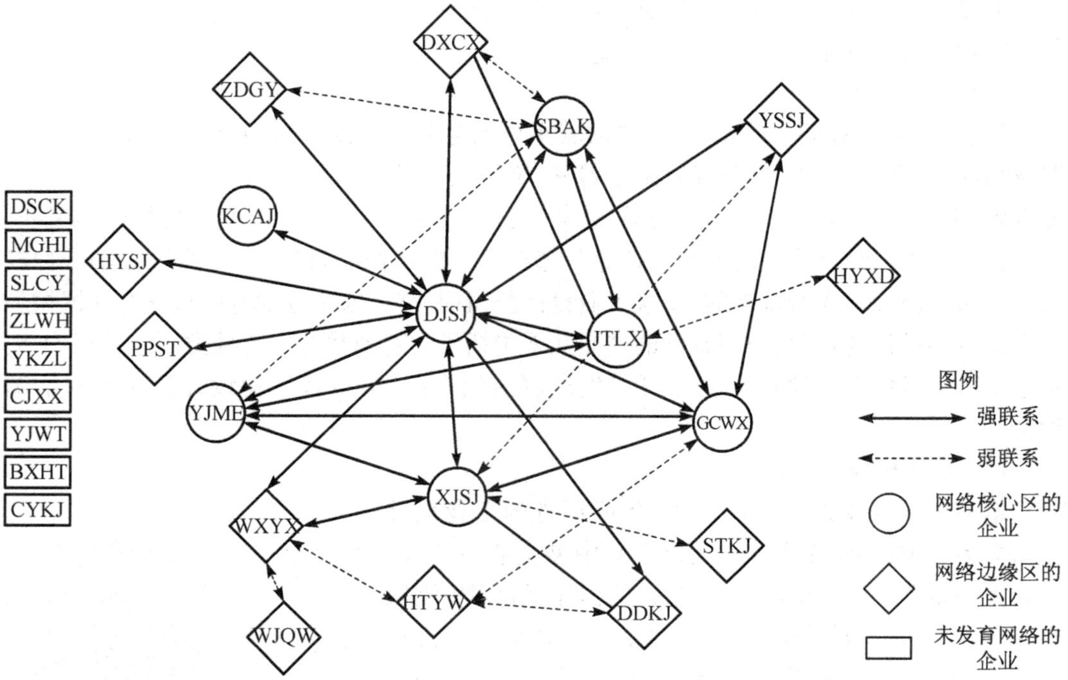

图 5-24　DRC 园区工业设计企业网络联系图

进一步将 18 个有联系的企业划分出核心区与边缘区。表 5-3 呈现的是网络核心区企业、网络边缘区企业和未发育网络的企业编码。可以发现,仅有 7 家企业位于网络联系的核心区,这样的网络总体特征也印证了 DRC 内企业之间的网络发育不是很好。

表 5-3　DRC 园区企业网络整体结构表

企业网络结构类型	企 业 编 码
网络核心区企业	DJSJ、GCWX、KCAJ、YJME、JTLX、SBAK、XJSJ
网络边缘区企业	WJQW、STKJ、YSSJ、HYXD、ZDGY、HTYW、HYSJ、DXCX、DDKJ、PPST、WXYX
未发育网络的企业	DSCK、MGHL、SLCY、ZLWH、YKZL、CJXX、YJWT、BXHT、CYKJ

3) DRC 园区企业个体在网络中的特征

研究使用软件中的 Network> Ego Networks>Structural Holes,计算出每个企业的“有效规模”和“中间度”,并通过 Excel 计算个体网络强弱联系的数量,汇总结果如表 5-4 所示。该表展示了少数企业处于结构洞的位置,并且他们与其他企业的强联系数量也较多。

根据调查的结果也反映出 DRC 园区内工业设计企业与园区内、外的企业联系均不多，原因主要是由于"工作时间太忙，一般没有时间讨论交流"（WX企业受访人）；"涉及企业涉密的问题，因此不做业务间的交流，往往都说些不痛不痒的事情"（LS企业受访人语）；"缺乏特别的平台，往往都只是碰面打个招呼"（HT企业受访人语）；"而且由于企业获得的项目标的都很小，一般就10万元左右，不存在所谓竞标的关系"（HY企业受访人语）（表5-4）。

表 5-4 DRC 园区企业个体网络特征表

企业编码	网络位置特征		网络联系特征	
	有效规模	中间度	强联系数量	弱联系数量
DJSJ	11.692	103.567	13	0
GCWX	3.967	13.667	4	2
KCAJ	1	0	1	0
WJQW	1	0	0	1
DSCK	0	0	0	0
STKJ	1.81	1	3	0
YJME	2.393	1	4	1
JTLX	5.681	28.333	6	2
YSSJ	1.5	1	2	1
MGHL	0	0	0	0
SLCY	0	0	0	0
HYXD	1	0	0	1
SBAK	3.367	6.333	5	1
ZLWH	0	0	0	0
ZDGY	1	0	2	0
HTYW	3	6	2	1
YKZL	0	0	0	0
CJXX	0	0	0	0
YJWT	0	0	0	0
HYSJ	1	0	1	0
DXCX	1.125	0	3	0
DDKJ	3.197	7	4	0
PPST	1	0	1	0
WXYX	3.3	10	3	1
XJSJ	4.436	13	6	1
BXHT	0	0	0	0
CYKJ	0	0	0	0

受访的然先生也印证了这个观点：

"对门都不认识，尽管很面熟，会点个头，但是交流特别少，不超过五句话……大家自己搞自己的，彼此都不知道，不会去搞一些其他的联系。"

可见，企业间的横向交流受制于知识产权保护、缺乏平台、交流时间有限等因素，即便在一个很小的园区内也缺乏交流。

4) DRC 园区企业与园区外企业网络的联系

从表 5-5 中可以发现，除了与国外的企业联系频次最低外，DRC 园区内的企业与园区内的企业实际上也是联系很少的。DRC 园区内企业的整体网络所覆盖的区域还包括北京上地电子信息产业园和亦庄地区现代制造业园，其次是服务于国内其他省区的企业，而为本创意园区和西城区的企业提供的产品和服务较少。可见，企业间的整体网络从行政边界上并没有被局限在西城区内。

表 5-5　DRC 园区企业整体网络空间覆盖表

	DRC 创意园区内	北京市西城区（除 DRC 外）	北京市（除西城区外）	国内（除北京市外）	国外
得分	1.18	1.64	3.00	2.64	0.91

在这些企业网络中，根据本调查所得的工业企业横向网络状况，我们将横向网络的主体细分为大型设计企业（大于 50 人）、中小型设计企业（小于 50 人）、自由设计师或设计工作室、生产企业的设计研发部门、高校设计创意相关院系、相关的设计科研机构（非高校）和政府部门等，对 DRC 园区内各个企业的网络整体状况进行分析。

表 5-6　DRC 园区企业网络整体情况分析表

企业类型	大型设计企业（大于 50 人）	中小型设计企业（小于 50 人）	自由设计师或设计工作室	生产企业的设计研发部门	高校设计创意相关院系	相关的设计科研机构（非高校）	政府部门
网络整体得分情况	2.55	2.36	1.45	2.00	1.55	2.09	1.64

从表 5-6 中可以发现，DRC 园区内企业与设计企业和设计科研机构的联系频率最高，平均得分均在 2 以上（表示程度是“常常”）。这与研究中假设企业与企业间、企业与科研院所间横向联系相符。其中，现阶段 DRC 园区内企业主要与大型工业设计企业联系程度最高，原因是“能从大型工业设计企业中分点活”（HY 企业受访人）。而与中小型设计企业的联系也较多，显示出一定的横向联系的倾向性。联系程度最低的是自由设计师或设计工作室，往往是临时有活需要人手的时候与其合作，而且这种联系往往是“企业负责人之间与这些设计师联系，下面的其他设计人员则联系很少”（WX 企业受访人）。

调查结果反映出，除了洛可可设计公司外，园区内企业与园区外其他企业的横向网络联系很少。因此，本书加入洛可可设计这个以前在 DRC 内孵化的企业，重点研究园区内企业与企业之间的横向网络联系。从图 5-25 中可以发现，尽管洛可可设计公司已经搬迁出 DRC，但它的点度中心性还能达到 5，很多企业都表示与洛可可有比较密切的联系。作者将洛可可设计公司作为中心，询问过去企业网络对之后进入企业的影响时，受询问的企业普遍表示选择进入 DRC 与洛可可是否在这个地方并没有直接联系。但是这种从园区中迁出并继承下来的社会网络，给园区内的企业带来了许多业务上的联系，如洛可可很多时候会把一些活通过 DRC 平台外包给园区内的其他工业设计企业。

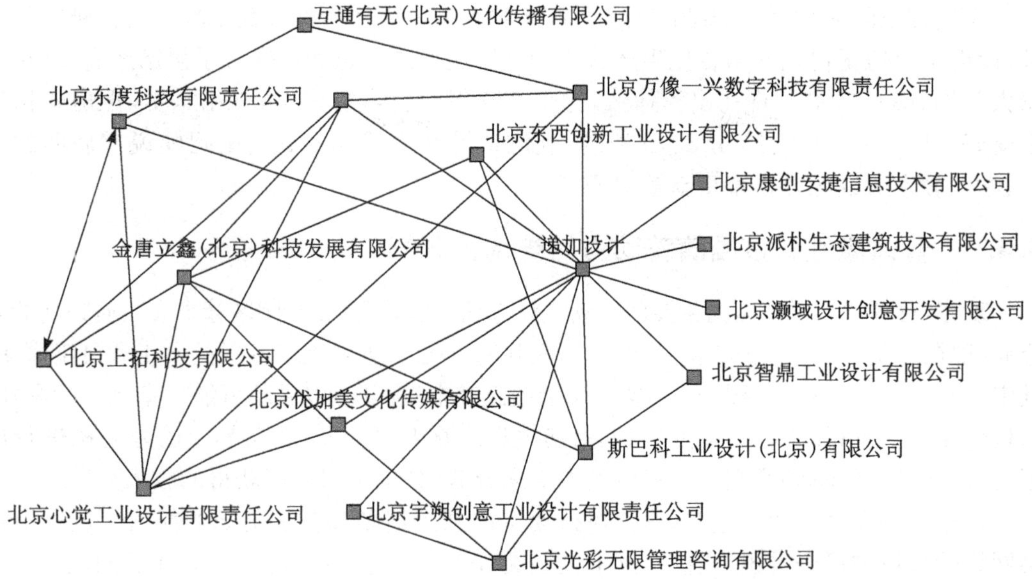

图 5-25　洛可可设计公司与 DRC 园区内企业网络联系图

5.4　普天德胜科技园演替动力分析

5.4.1　普天德胜科技园演替动力的结构分析

普天德胜科技园区演替结构动力来源于园区位于首都核心区的土地升值压力，迎合产业政策的发展动力以及首都核心区文化发展动力。从宏观格局来看，1985 年时，在北京工业地域分布中，除了东郊通惠河两岸工业区，南郊工业区，石景山钢铁工业区，酒仙桥电子工业区，清河毛纺工业区，卢沟桥、管庄、长辛店等近郊边缘地带散布工业区，旧城区范围内的工业分布，还有德胜门外、和平里、东直门和广安门外的“城区工业企业分布群”。根据当时的统计，德胜门外工业职工共有 18 834 人，工业占地面积45.68公顷，工业用地比例介于 20%～30%(甘国辉，1986)(图 5-26)。而邮电 508 厂正是位于城郊工业企业分布群中。现在这一片地区已经基本被开发成为居民区。在厂里工作了 40 多年的王奶奶介绍：“原来电话设备厂比现在这范围大，连着周围的变压器厂，还有很多厂子都被盖成有钱人居住的房子了。”

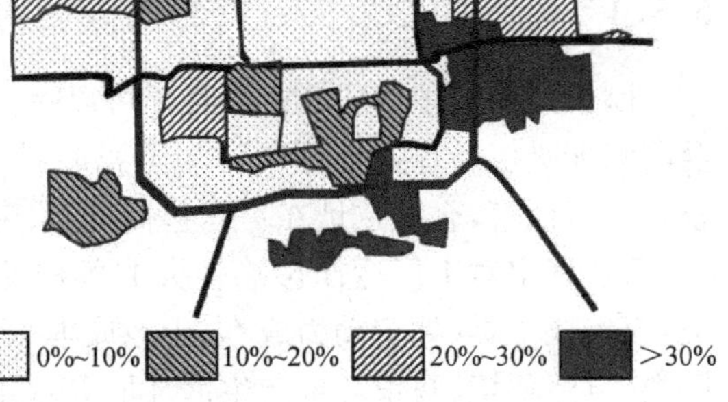

图 5-26　1985 年北京工业用地分布图

而这种空间演替背后的结构驱动力在于普天德胜园区所处的北二环外的优越区位条件，使得出租房子得到的租金比生产获得的利润还要高。正如住在院子里已经有40年的张大爷提到的："508厂现在出租挣钱，比生产获得收益容易多了，不用愁卖，把房子租出去就好。原来一个(电话)卖8、10块的，利润估计几块钱都不到。"王阿姨说："后面的学一、学二教室听说也要拿来重新盖房子了。"

5.4.2 普天德胜科技园演替动力的结构化分析

现在，普天德胜科技园内主要的行动主体包括政府管理组织(园区管委会)、演替前的老企业(现在主要是普天健德有限公司)和新入驻的企业，以及原有508厂的员工和员工家属。其中，508厂员工大都已经退休，与整个园区已经基本没有联系，更不可能分享园区的利益。如现今在厂里兼职的"首都保卫员"王阿姨提到："原来厂子大，现在都变成办公楼进行出租，再怎么轮也轮不到我们这些退休的老人来分钱(分享出租房屋获得的收入)。"

根据吉登斯结构化理论，这里探讨行动主体利用规则和获取资源的能力。从以上社会网络的分析中可以看出，园区实际上被割裂成为普天健德科技园区和DRC园区。

其中，在普天健德科技园区中也可划分为电信类企业和非电信类企业。通过调研发现，新进入的企业，尤其是非电信类企业，一般并没有选择联接园区原有的社会网络，因为无法也不知道如何从园区原有的社会网络中获益，而且新进入的企业往往选择重新建立与管委会之间的联系。但是作为园区内传承下来的普天系企业(包括普天健德、普天物业)，由于也是物业的管理者享有对园区的管理权力，因此可以通过该网络获益，表现为获取政府信息的便利性，且自身作为物业方，在一定程度上也参与园区的运营发展，会进一步巩固原有的社会网络。

而入驻DRC园区的企业，虽然也在普天德胜科技园内，但是由于是设计企业的集聚区，与园区现有的通讯类企业扶持政策和社会网络没有直接的关系，仅仅是在设计企业之间构建起一定的社会网络。按照园区内某企业经理的说法："园区内倒是号称有挺多政策，但是都是通知让我们申请国家级或市级高新技术企业，我们这些设计企业压根都选不上。"

5.5 普天德胜科技园演替评价

5.5.1 既有的制度关系网络与园区对新企业的吸引力

园区的发展很重要的一点在于可以吸引到新的优势企业入驻。那么原有的制度和社会网络能吸引新企业入驻吗？这里我们对入驻园区的企业其选择园区的原因进行了调查。一般而言，企业选址在考虑包括成本、市场、资源、人才与环境、工厂自身状况的基础上，重在确定对工厂运作影响较大的各种迁入因素。一般而言，可以把这些因素分成三类：直接成本类(如劳动力成本、土地成本、运输成本)、资源类(包括原材料、市场等)与环境类(自然环境、政策环境与生活环境等)(张宏伟，2008)。但是，这其中并没有考虑到现有的制度关系网络对企业迁移吸引力的影响。对此，本书设计了指标体系，具体如表5-7所示。

表 5-7　普天德胜园区企业吸引力指标体系表

目标层	指标层	问题层
园区对企业吸引力	区位条件	靠近市区(A1)
		靠近相关大学(A2)
		靠近原来的老企业(A3)
	历史事件	以前是 508 厂,历史比较悠久(B)
		租金比较低(C)
		政策性资金或贷款政策(D1)
	租金条件	税收/租金减免政策(D2)
		人才服务政策(D3)
		信息服务/技术培训政策(D4)
	政策条件	园区内有熟悉的政府人员,入园便利(E1)
		园区内有亲戚或朋友(E2)
		园区内有经常合作的同行(E3)
	社会网络条件	园区内有经常合作的上下游关系(E4)
		园区内有熟悉的中介咨询伙伴(E5)
		园区内有老东家或老雇主(E6)

1) 因子分析

这里采用因子分析法对企业入驻园区因素进行分析。根据 15 个因素变量,本书利用 SPSS 对德胜科技孵化器的样本进行了因子分析适合性检验,结果显示 Bartlett 球形检验的显著概率为 0.408,KMO 检验值为 0.416,小于适合作因子分析的 KMO 值,因此需要对变量进行筛选。

表 5-8　普天德胜园区企业吸引力 15 个指标因子分析提取表

指　标	提取成分
靠近市区	0.555
靠近大学	0.543
靠近老企业	0.768
以前是 508 厂	0.715
租金较低	0.700
政策性资金或贷款	0.873
税收/租金减免	0.779
人才服务政策	0.788
信息服务或技术培训	0.918
园区内有政府人员	0.821
园区内有亲戚或朋友	0.890
园区内有经常合作的同行	0.789
园区内有经常合作的上下游	0.760
园区内有熟悉的中介咨询伙伴	0.791
园区内有老东家或老雇主	0.506

根据表 5-8，将 15 个指标中提取成分最小的“靠近市区”“靠近大学”和“园区内有老东家或老雇主”三个指标剔除。前两个指标对区位的概念较为模糊，无论是市区范围还是大学都比较模糊，而园区内如果有老东家，一般职业人会选择避讳。对剩余的 12 个指标进行新一轮的因子分析，结果显示 Bartlett 球形检验的显著概率为 0.015，KMO 检验值为 0.584。通常，KMO 值大于 0.5 就认为指标适合作因子分析，因此剩下的这些指标适合作因子分析。

根据因子分析的输出结果，按照特征值大于 1 的原则，本书选取了 4 个因子作为主因子。表 5-9 列出了 4 个因子的方差贡献率，4 个因子的累积方差贡献率达到了 83.423%，即这 4 个主因子能够反映 12 个指标的 83.423% 的信息（通常，累积贡献率达到 80%，即可认为选取的因子能够代表所有指标的信息）。

表 5-9　因子特征根和累积方差贡献率

因子	特征根	方差贡献率(%)	累积方差贡献率(%)
1	4.188	34.903	34.903
2	3.162	26.351	61.253
3	1.652	13.769	75.023
4	1.008	8.400	83.423

由此使用主成分分析法提取前 4 个因子为综合因子，得到因子载荷矩阵，如表 5-10 所示。为了可以更好地进行表示，对指标进行 X1，X2…的注释。

表 5-10　因子载荷矩阵表

指　标	主要公共因子			
	主因子 F1	主因子 F2	主因子 F3	主因子 F4
靠近老企业(X1)	0.655	0.482	−0.176	−0.345
以前是 508 厂(X2)	0.697	0.440	−0.114	−0.062
租金较低(X3)	−0.294	−0.440	0.596	0.410
政策性资金或贷款(X4)	0.249	0.844	0.165	0.325
税收/租金减免(X5)	0.182	−0.083	0.924	−0.117
人才服务政策(X6)	−0.112	0.764	0.371	−0.166
信息服务或技术培训(X7)	0.203	0.889	0.154	0.225
园区内有政府人员(X8)	0.682	−0.301	0.280	−0.486
园区内有亲戚或朋友(X9)	0.807	−0.470	−0.024	0.159
园区内有经常合作的同行(X10)	0.763	−0.152	−0.302	0.396
园区内有经常合作的上下游(X11)	0.808	−0.084	0.139	0.303
园区内有熟悉的中介咨询伙伴(X12)	0.829	−0.329	0.142	−0.095

从表 5-11 中可以发现，主因子 1 在 X1，X2，X8，X9，X10，X11，X12 上载荷很

大，其中 X1 和 X2 指标可以代表企业演替完的空间对企业入驻的影响，而 X8，X9，X10，X11，X12 则代表社会网络条件，因此该因子可以视为“关系网络”的因子。主因子 2 在 X4，X6，X7 上载荷很大，是一系列制度政策对企业入驻的影响，因此可以视为“制度政策”因子。主因子 3 在 X5 上载荷最大，主因子 4 在 X3 上载荷最大，两个主因子实际上都和企业成本的税收和租金有关。其中主因子 3 代表税金减免政策，是企业诸多优惠政策中最关注的一个；而主因子 4“租金低廉”更往往是企业选择入驻的最直接因素。

表 5-11　各主因子命名表

	变量			
	主因子 1(F1)	主因子 2(F2)	主因子 3(F3)	主因子 4(F4)
载荷指标	X1，X2，X8，X9，X10，X11，X12	X4，X6，X7	X5	X3
因子命名	关系网络	制度政策	税收/税金减免	租金低廉

为考察各个主因子的重要程度，根据表 5-9 的数据，以累积方差贡献表中的各主因子的方差贡献率作为加重权数，可以得到计算园区对企业吸引力的综合得分公式：

$$Y = 34.903F1 + 26.351F2 + 13.769F3 + 8.400F4 \qquad (5\text{-}6)$$

即关系网络占据最大的影响比重，对企业入驻有最直接的影响，但是该主因子承载的指标较多，而从两个和租金直接相关的主因子 F3 和 F4 反映出税收和租金这两个与收益、成本最为相关的因子对企业选择是否入驻德胜园区有最直接的影响。

2) 均值分析

为了进一步对各个指标因素的重要性进行分析，采用均值分析的方法。先从二级指标来看，代表历史事件的“以前是 508 厂，历史比较悠久(2.17)”对企业进入德胜园区并没有太多的直接吸引力，而社会网络条件(2.69)从均值方面也可以看出影响力较小，区位条件有一定重要性，租金条件(3.78)和政策条件(3.87)则都趋向于“比较重要”的结论。

从单个指标来看，“靠近原来的老企业(2.53)”“以前是 508 厂，历史比较悠久(2.17)”两个指标均值最小，但是“靠近原来的老企业”标准差较大(1.07)，这主要是由于通讯类与非通讯类企业在选择上存在较大的差异性。而“税收/租金减免政策”均值达到4.16，则是企业最为关注的因素。其他如“租金比较低(3.78)”“政策性资金或贷款政策(3.89)”等因素均值较高，都直接反映出结构性因素的作用力较强(表 5-12)。

表 5-12　普天德胜园区企业吸引力指标体系表

指标因素	均值	标准差
靠近市区(A1)	3.79	0.92
靠近相关大学(A2)	3.28	0.83
靠近原来的老企业(A3)	2.53	1.07
以前是 508 厂，历史比较悠久(B)	2.17	0.86

（续表）

指标因素	均值	标准差
租金比较低(C)	3.78	0.81
政策性资金或贷款政策(D1)	3.89	0.90
税收/租金减免政策(D2)	4.16	0.83
人才服务政策(D3)	3.83	0.86
信息服务/技术培训政策(D4)	3.59	0.71
园区内有熟悉的政府人员，入园便利(E1)	2.88	1.11
园区内有亲戚或朋友(E2)	2.29	0.69
园区内有经常合作的同行(E3)	2.94	1.03
园区内有经常合作的上下游关系(E4)	2.94	1.11
园区内有熟悉的中介咨询伙伴(E5)	2.71	0.99
园区内有老东家或老雇主(E6)	2.35	1.11
区位条件	3.20	
历史事件	2.17	
租金条件	3.78	
政策条件	3.87	
社会网络条件	2.69	

3）卡方检验

但是有这样一个问题，"以前是508厂，历史比较悠久"这个因素是否与电信行业有关呢？因为只有电信行业的企业可能比较了解该空间过去是508厂，且了解该空间与工信部系统存在一定的网络联系。故本书继续对德胜科技孵化器的20个样本进行卡方检验，定性判断通信行业企业与"电话设备厂（508厂）历史对选址重要性"间是否存在相关性（表5-13）。

表5-13　通信行业企业与508厂历史对选址重要性的卡方检验表

			电话设备厂历史对选址重要性		Total
			0	1	
通信行业	0	Count	8	2	10
		Expected Count	5.5	4.5	10.0
		% within 通信行业	80.0%	20.0%	100.0%
		% within 电话设备厂历史对选址重要性	72.7%	22.2%	50.0%
		% of Total	40.0%	10.0%	50.0%

（续表）

			电话设备厂历史对选址重要性		Total
			0	1	
	1	Count	3	7	10
		Expected Count	5.5	4.5	10.0
		% within 通信行业	30.0%	70.0%	100.0%
		% within 电话设备厂历史对选址重要性	27.3%	77.8%	50.0%
		% of Total	15.0%	35.0%	50.0%
Total		Count	11	9	20
		Expected Count	11.0	9.0	10.0
		% within 通信行业	55.0%	45.0%	100.0%
		% within 电话设备厂历史对选址重要性	100.0%	100.0%	100.0%
		% of Total	55.0%	45.0%	100.0%

由于样本量小于40，因此需要用Fisher精确概率法来进行判断，双尾检验条件下显著性变量为0.070，单尾为0.035，在置信水平0.01条件下，可以认定为通信行业与508厂因素选择有关，即通信行业可能会更多地考虑到508厂的历史因素。这在访谈中也可以体现："厂子以前就是508厂，现在并到普天了，和通信口都比较熟，我们也做这块，园区里面很多关系的疏通方面还是比较方便……"（CYXY企业负责人）（表5-14）。

表5-14　通信行业企业与508厂历史对选址重要性的卡方检验结果

	Value	df	Asymp. Sig. (2-sided)	Exact Sig. (2-sided)	Exact Sig. (1-sided)
Pearson Chi-Square	5.051[b]	1	0.025		
Continuity Correction[a]	3.232	0.072			
Likelihood Ratio	5.300	1	0.021		
Fisher's Exact Test				0.070	0.035
Linear-by-Linear Association	4.789	1	0.028		
N of Valid Cases	20				

注：a. Computed only for a 2×2 table; b. 2 cells (50.0%) have expected count less than 5. The minimum expected count is 4.

综上所述，从大的条件来看，社会网络条件、过去的网络联系对企业选址有一定的影响力，涉及单个因子分析时，个体差异较大，通信类的企业在考虑到508厂的历史因素时，更有可能入驻德胜园区，缘于其与工信部系统较好的关系，而租金条件等是企业最关注的直接条件。但在访谈中发现，区位也是一个很重要的要素，如然先生提到的一样：

"选址上，主要出于区位的考虑，因为在北二环，积水潭，区位好，大家都抢着这块肥肉，实际上这地又紧，不大好；房租实际上贵些，氛围又比不过 798、宋庄，但是从业务上和客户交流相对方便。"

综上所述，从老工厂变为新园区，其制度和社会网络会有一定的继承，而且这种继承对吸引新企业入驻有一定的影响。尤其是原来电信系统的企业可以通过继承下来的网络，更为方便地获得优惠政策的信息。这是由于原有园区内的老企业更倾向于将这样的信息传递给自己熟悉的人员。原有企业网络的人员之间的信息传递，较之简单的纸质信息，非熟人之间信息的传递更具有一些"可信度"，同时也有一定的效率，因此对新工业园区的发展有一定的好处。但是，租金和区位依然是企业选址的首要因素所在。

5.5.2 制度关系网络对园区入驻企业的创新影响

现有的一些研究认为关系网络中无论强弱联系对企业创新能力都有影响。如 Kraatz 认为，强弱联系对企业创新都有好处，他指出弱联系强调互动内容的广度，可以保持节点关系动态演进的弹性，增加组织的灵活性。强联系则关注互动内容的深度，能够提升组织的效率，但却会易使网络产生惰性与束缚，形成消极的网络锁定（Kraatz，1998）。Rowley 等人指出，强弱联系的正向效果在不同行业中体现不同。对于钢铁产业而言，强联系对企业的绩效正相关，而在半导体产业中，弱联系的网络结构与企业绩效正相关（T et al.，2000）。那么这种企业网络对园区内的企业创新是否有影响？为了剔除制度因素对通信类与非通信类企业的影响，本书选择 DRC 园区进行集中探讨。

1）DRC 园区企业创新能力

通过对入驻 DRC 园区内部企业创新能力的客观评价结果发现：在年均项目数方面，55%的企业年均有 21～50 个企业，甚至有 2 个企业年均项目在 100 个以上。一方面表现出企业内部业务繁忙，另一方面印证了由于业务忙而缺乏时间交流（图 5-27）。"每天加班都特别晚，根本没有时间进行交流，而且周末也要加班。"（ZD 企业受访人语）这是企业网络联系不密切的重要原因之一。在年均营业额方面，有 2 家企业年均营业额超过 500 万，超过 70%的企业年均营业额在 100 到 500 万之间，仅有 1 家企业由于刚进驻 DRC，年均营业额不到 100 万。获奖方面，企业 GCWX 获得过德国红点和 IF 大奖各 1 次和 8 次红星奖，DXCX 获得过 5 次红星奖、XJCX 获得过 3 次红星奖。另有 5 个企业获得过 1 次红星奖。其他企业则没有相关的获奖纪录。

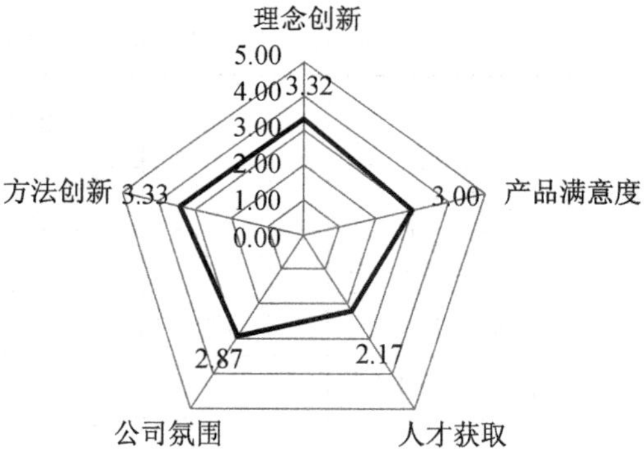

图 5-27 DRC 园区内企业创新指标自评结果

主观评价结果发现：园区内受访企业对自身的创新能力认可度均不高，"理念创新、产品满意度、人才获取、公司氛围、方法创新"五个指标的主观打分分值都只在 3 分（即"一般"）结果。企业受访者普遍认为园区内企业创新能力都差不多，除非是个别大的企业。其中对"人才获取"方面能力的打分最低，原因在于"能力强的人一般都进外企、大的设计企业，不愿意到我们这些小企业来”(SX 企业受访人语)。并且 DRC 内企业人才流失较严重，频繁的人才流动也导致了企业网络联系发育不是很好。

最终得到 DRC 园区内部企业的创新能力，其中排名前十位的企业如表所示：

表 5-15 DRC 园区前十位企业创新能力位序表

位次	企业编码	创新能力总评
1	GCWX	7.8
2	XJSJ	7.8
3	HYSJ	6.6
4	WXYX	6.4
5	STKJ	6.0
6	DXCX	5.8
7	HTYW	5.75
8	DJSJ	5.2
9	SBAK	4.8
10	JTLX	2.2

2) 企业网络特征与创新能力的关系

从总体上看，71.4%处于网络核心区的企业进入了工业设计创新能力的前 10 强，其中包括两个创新能力最强的企业，网络边缘区中仅有 45.5%进入了创新能力前 10 强的企业。从企业在网络中的特点上看，在横向协作方式嵌入企业网络、企业工业设计专业化程度相当的前提下，企业创新能力高低与其在企业网络中便于交流的特征值高低有很强的相关。将单个企业便于联系的网络特征值与其创新能力做回归分析，所得到的回归方程如公式 5-7。

$$Y=X-1.331\times10^{-16} \tag{5-7}$$

其中 Y 表示创新能力位序，X 代表弱联系或中间度(两个指标高度相关可以彼此置换)，该回归方程通过了 F 检验，F 值为 8.625，显著性水平为 0.026，自变量系数为 1，通过了 T 检验，T 值为 2.937，显著性水平达到了 0.026。因此，可以认为位于个体网络结构洞位置的企业相比个体网络中的其他企业更有创新能力，个体网络中弱联系发育最好的企业最具有创新能力。

研究结果显示，位于企业网络核心区、且可以控制信息资源结构洞位置、还与其他企业具有强联系和弱联系的企业，其创新能力最强的。当然，这个结论成立的条件是企业规模和年均营业额等约束变量基本一致。因此园区应创造机会，促使更多的企业进入企业网络中来，从而真正享受创意企业集中在一个园区内的益处。

综上可见这种社会网络的发展，有利于促进企业之间的信息交流，进而促进创新。在 DRC 的调查表明，凡是企业之间的横向网络联系较好的，企业的创新能力也较强。而这种横向的联系往往也是熟人之间的联系，而非业务之间的联系。但由于目前园区内多数企业之间的横向联系比较少，因此也一定程度地降低了园区成立最初的目的。

5.5.3 继承下来的制度关系网络与园区的地方性

本案例中原有企业的制度和关系网络并没有得到很好的继承和保留，是因为原来企业508厂是一个经营不景气的企业，新员工也不是原来企业的员工，因此缺乏有效的传承载体。原有企业社会网络在电信类企业中得到一些继承，这继承背后的结构机制是，工具性社会网络往往建立在情感性社会网络之上，从而减少社会网络建构的成本和风险。与原来企业所处的行业门类相似的企业进入园区，是期望从该工业空间基础上发展起来的原有企业网络中获得对企业的好处。

进一步从政策层面来看，这种制度的继承仅仅巩固了部分企业，对大多数新企业吸引力不足，一来企业不知道也不大懂得如何应用，二来制度相似性大，并且这种制度并不具有在地性，是根据产业类型而延续的，同样是在一个园区内，仅仅部分通信类企业可以获益。而普天德胜科技园区内其他许多优惠政策，在当时的整个中关村国家自主创新示范区"一区十园"都可以享受到，因此制度并不能构成地区的地方性。企业为了获得政策优势，更多是从冲着减免房租和税收的经济效益政策而进入，这在不同园区内很容易具有可比性，因此也容易产生"免租多少年，我就待多少年，然后再换个免租的地方继续待"的园区"大篷车"现象。

从网络层面，企业不是为了企业网络来的，空间不过是这种关系网络的有效载体。在整个演变的过程中，内城相对紧张的空间，使其一般是作为孵化器出现的，导致很多企业一旦成长以后就走了，而与这些企业的网络一旦割断，就不存在新企业网络的不断生成和继承。当好的网络没有继承，也会影响到企业对园区的认同。如乐升科技陈小姐提到："对外不会说我们公司就在DRC或者的德胜园区内的，一般说在小西天或中影集团对面，普天科技园里面；对德胜园的认同更低，不了解具体涵盖范围，感觉这儿一块(德胜)，那儿一块(DRC)。"

因此，就本案例而言，无论从制度还是网络层面，继承下来的制度关系网络都不足以构成地方的地方性。而一个不具有在地性制度关系网络的地区，如果不注意对政策和社会网络的延续和积累，最终只会成为企业选择享受政策优势，降低物业成本的驿站；而不是一个愿意赖以生产、生存的牧场。

那么有这么一个衍生的问题，是否当一个地方的制度和关系网络能够构成某种"制度厚实(institutional thickness)"的时候，就能形成地方的地方性？所谓制度厚实的概念来源于阿明等的讨论，他们认为在"全球—地方"连结下，除了区域自身的环境条件与产业特色外，区域还必须创造地方经济活力，而中介的方式便是透过正式与非正式制度的搭配以产生协同作用(synergy)。通过制度化过程，形成一套共同认可的行为、支撑和操作规定，使每个个体"如鱼得水"(Amin et al.,1994)。这种制度厚实从制度上来看，可以是国家尺度，也可以是一个区域尺度，能否到园区尺度值得探讨。但是制度厚实的形成，除了"①大量的制度存在；②各种制度组织间产生高度的相互作用；③高度互动下所形成的明确的管辖结构、联合建构与集体表达机制；④地方共同的企划或愿景"外，很重要的一个要素就是依赖于地方背景(local context)，这就为整个制度关系网络寻找到了承载的地方载体，不同主体也基于这个地方容易就共同的发展目标形成共识(魏成等，2009)。但是制度关系空间如何转化为制度厚实，同时制度厚实如何转化为地方性，这个需要在未来的研究中做进一步的探讨。

5.6 本章小结

第二类是老工业区变为新工业区的案例。本书选择了北京市西城区的普天德胜科技创意园为例。整片园区的工业空间演替经过了三个时期，包括1980—2002年间邮电508厂(电话设备厂)时期；2002—2006年企业转制时期，成立普天健德公司，建立普天德胜科技园；以及2006年至今，引入DRC，正式建立普天德胜科技(创意)园。

从生计层景观上看，原有的邮电部电话设备厂旧厂房基本上大都进行改造，仅保留有原来北京邮电大学校办的鸿雁电器厂销售部门存在，制造车间大都被迁往中关村昌平园区以及浙江。被改造的老厂房成为进行物业出租的办公楼。现有的工业空间演替过程中仅保留有一定的演替痕迹。

社会组织制度层面，整体保留了从邮电通讯到电信类企业的社会网络，原有的工人还有一部分留在普天健德公司及其物业管理部门工作，制度上与其他园区没有本质的差别性(但容易被复制)；社会网络上，通信类企业因为空间临近和社会网络上的路径依赖而获益；非通信类企业因为空间临近，在社会网络中扮演不同的角色对创新有一定的促进作用；制度并不具有特定的在地性，且现有以减免房租和税收的制度由于与其他园区有高同质性，并不能构成园区的核心优势，但是可以吸引以通信类为主的一些企业，但不容易留住企业。

精神文化层面，无特别的留存，只剩下一些退休的老职工对过去工厂仍有回忆，对后来人没有文化记忆上的认同；由于企业并没有获得持续的成功，工厂也因为在市场竞争中衰弱而被兼并，并没有留下特别的精神文化层的东西。研究还发现：第一，尽管两个园区相互毗邻，但是两个园区之间基本没有联系。即尽管DRC工业设计基地仍占用了原有508厂的工业空间，但是社会网络已经产生了割裂。第二，在两大园区内部，社会网络对企业的创新有一定的正相关作用，现有对DRC的案例研究发现，位于企业网络中较好位置的企业其创新能力也较强。研究结果显示，位于企业网络核心区、且可以控制信息资源结构洞位置、还与其他企业具有强联系和弱联系的企业，其创新能力是最强的。当然，这个结论成立的条件是企业规模和年均营业额等约束变量基本一致。因此园区应创造机会，促使更多的企业进入企业网络中来，从而真正享受创意企业集中在一个园区内的益处。第三，在原有工业空间基础上，发展起来的社会网络为德胜(普天)科技园的发展提供了一定的条件，主要是与通信相关类的企业，继承了包括政府通信管理部门以及老工业区中原有的企业(主要是普天健德公司)的社会网络；但是这些继承下来的社会网络，并没有为以工业设计产业为主的DRC园区提供有利条件。第四，调研过程中还发现这种关系的继承以及关系对企业吸引力，即提高企业入驻园区的积极性没有产生根本的影响，区位优势、租金税收优惠和政策性补贴仍是企业选择园区入驻的根本原因，这也是资本驱动下的深层结构体现。

本案例反映了目前内城老厂房借助政策对利润的追逐，大量老厂房借助房屋补贴等政策，来弥补人力和物业成本提高。从追逐利润的深层动力看，区域从西城到北京“设计之都”核心区，再到国家级科技企业孵化器，尽管在定位的尺度上有所突破，但是与北京市其他园区相比，并没有在整个北京的园区中有明显的竞争优势，更不用谈在全国园区范围内，传承下来的制度和社会网络关系无法构成该区域的地方性，继承下来的部分也仅对少数一小部分入驻的通信类新企业有益，对于大多数企业而言，只不过是占据北京内城有利区位的一个新园区，并有着与其他园区类似的税收和租金减免政策，一旦这些政策的有效期失效或者是内城房租的上涨，企业就会寻找其他的园区，进而就会形成现有园区物业管理运营模式下的"大篷车"现象（表 5-16）。

表 5-16　普天德胜科技园空间演替情况小结

维度	载体	原工业空间特征（2010 年前）	现工业空间特征（2010 年后）
生计层	建筑景观	工厂厂房、工业大院、食堂和学校	尽管厂房改造为写字楼，但是从土地利用类型看，原来高校、企业和政府的使用类型不变，且有一定的演替痕迹（如尚未替换的广告牌等）
	企业分布	邮电 508 厂；标准化研究所；邮电学院等邮电通讯相关企业和单位	德胜科技园和 DRC 园区中以高科技企业和创意设计企业为主，有一定的电信类企业
	生产工艺	电话设备制造工艺	工艺已经被淘汰，空间上原来的仓库仍然存在，且园区门口有销售经营部
制度关系层	制度	无特别制度	鼓励科技企业和文创企业进驻制度，以税收租金减免政策吸引力最大，容易形成园区"大篷车"现象
	关系网络	508 厂、标准化研究所以及邮电学院联系由于空间临近较为紧密	1. 园区内部企业关系，通信类企业由于与相关机构的空间临近可以从中获益，非通信类企业并没有太多获益； 2. 既有的关系网络，对吸引新企业作用有限，对通信类企业有一定吸引力； 3. 企业集聚带来的空间临近所产生的关系网络对创新有影响
意识形态层	区域形象定位	北京国营老工厂	国家级科技与创意集聚区
	区域价值观	集体主义文化氛围，空间上表现为工厂和工业大院	崇尚个体主义的创新，空间上表现为科技及创意类企业集聚，科技及创意设计人才集聚

6 工业空间演替与意识形态层社会文化空间的互动——以北京近郊首钢为例

在我国城市发展的特殊历史背景下，大多数城市的近郊区都存在一定连片的大型工业空间。随着城市的功能定位不断更新，在社会、环境、经济等多方面因素的推动下，城市近郊的大型工业区都面临着向城市远郊甚至外省市搬迁的情况（Mair，1986）。早在20世纪80年代，这种大型工业外迁后对工人群体社会文化的影响就成为地理学者所关注的问题。同时，工业外迁对工业单位大院居民群体社会文化的影响变化也是一个值得研究的问题。单位大院是我国“重工业、轻消费”特殊时期下，保证国家工业化战略并进行社会化管理的重要方式。单位大院中职住接近，单位不仅提供就业，并且为其职工解决住房、文教、医疗等全套社会福利（柴彦威等，2007）。如北京城市中相对较大规模的工业项目大多以单位大院的形式进行布局，最具代表性的是本章所选取的首钢及其单位大院。

有学者认为，单位大院的空间布局、单位制度的特征与变迁、单位居民的单位情节与社会网络分别从空间、制度、精神层面体现了中国城市现代工业文化的内涵（张艳等，2012）。其中，精神文化，又可称为意识形态文化，是人类在社会实践和意识活动中长期育化出来的价值观念、思维方式、道德情操、审美趣味、宗教感情、民族性格等，它是人类在改造和创造自然和社会过程中的思维活动和精神活动，是文化整体的核心（周尚意等，2004）。本书尝试探讨工业外迁后的首钢工人和首钢工业大院居民两大群体在意识形态层文化方面的变化情况：这两大群体的意识形态层社会文化发生了什么样的变化？变化的驱动力是什么？变化的效果如何？这些都是本书要研究的重点所在。

6.1 首钢介绍和研究方法

6.1.1 案例区介绍

始建于1919年的首钢是一家以钢铁业为主的大型企业集团，位于北京市市区西部石景山区，处于长安街的西端（图6-1）。2010年首钢钢产量已经达到3 154万吨，销售收入1 320亿元，资产总额3 090亿元，在北京经济中占据重要地位。20世纪80年代，北京市开始加快产业结构调整，向国际化大都市转型。1985年，北京市开始搬迁污染型企业。首钢是城市环境污染的重要源头之一，为实现2001年申办奥运会时对环境质量做出的承诺，北京市政府决定搬迁首钢至河北唐山曹妃甸。2005年首钢5号高炉停产标志着首钢压产搬迁工作正式启动，2010年北京地区冶炼、热轧已经陆续全部停产。[①] 与北京市其他工业大厂区相比，首钢搬迁所涉及的人员分流安置问题是最为严峻的。2005年9月24日，北京市首钢搬迁协调领导小组第八次会议审议通过了《首钢压产搬迁富余人员分流安置方案》，明确以2004年年底北京地区在册职工8.3万人为基数，扣除不受停产影响的1.83万人，至2010年年底共需分流安置因停产造成的富余人员达到6.47万人。截至

① 来源于石景山区发改委2011年提交的《关于首钢工业区及周边区域规划建设和首钢搬迁调整等有关情况》。

2010 年年末搬迁结束，首钢停产涉及北京厂区钢铁业 1.81 万人、协力工 0.4 万人，合计 2.2 万人。扣除不在岗的长病长伤及内退 1 400 余人后，还需安置分流在岗职工约为1.66 万人。① 这些或继续留在首钢，或离开首钢的工人及其亲属大部分依旧居住在原来石景山的首钢单位大院内，首钢搬迁对区域内工人及家属群体社会文化产生了重要影响，而他们也将对石景山区下一步发展以及工业遗产的传承利用产生重要作用。

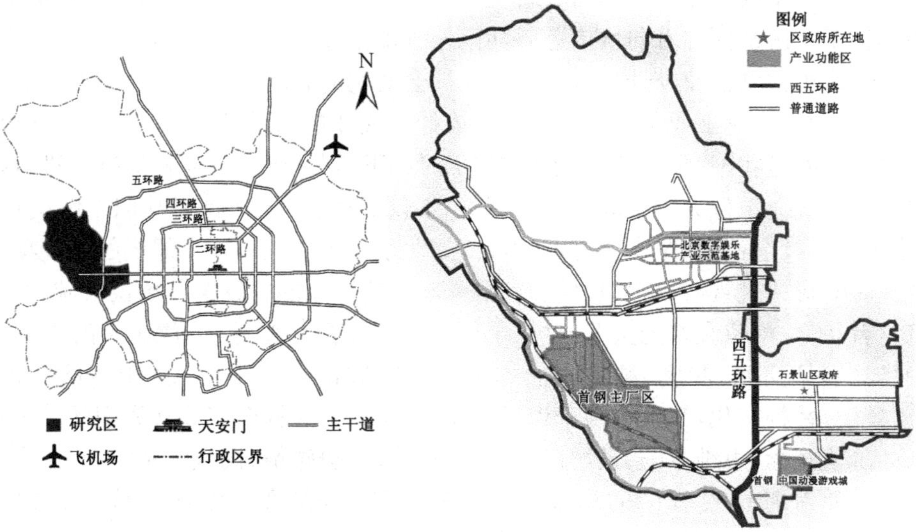

图 6-1　首钢区位图

6.1.2　研究方法

1）首钢工人问卷设计——集体主义文化度量

（1）首钢工人问卷调查情况说明

现有首钢仍在聘的工人群体可以包括三大类型，即搬迁后续聘的工人、搬迁后买断但是又返聘的工人，以及搬迁过程中新招募的工人。本书问卷的调查对象涵盖这三大类型的工人（具体见附录 4）。

问卷调查所采用的抽样方法为简单不重复随机抽样方法。此种方法具有简单易行、可操作性强的优点（范克新，2004）。不重复随机抽样下的样本容量为：

$$n = \frac{t^2 P(1-P)N}{\Delta^2 N + t^2 P(1-P)} \tag{6-1}$$

其中：n ——样本容量；

N ——样本总体：根据调查，首钢北京及迁安地区在岗职工人数为 65 241 人；

t ——通过查表可知，当概率保证度为 90%时，查表 $t=1.645$；

Δ ——相对误差极限，本书取 0.1。

本书采用最大样本容量法，保证抽样精度。取 $P = 50\%$ 时，$P(1-P)$ 达到最大，且

① 来源于石景山区发改委 2011 年提交的《关于首钢工业区及周边区域规划建设和首钢搬迁调整等有关情况》。

可利用微积分求极值的方法 $P(1-P)=0.25$，于是在最大样本容量法下可转化为公式(6-2)：

$$n=\frac{0.25t^2N}{\Delta^2N+0.25t} \tag{6-2}$$

经过计算得到最小样本容量为 68 人。

研究于 2011 年 12 月 6 日在首钢候车大厅发放并回收了 40 份问卷，其中 34 份有效问卷，有效率为 85%；同年 12 月 12 日发放并回收了 50 份问卷，其中 46 份有效问卷，有效率为 92%。总共发放并回收 90 份问卷，有效问卷为 80 份，总体有效率为 88.89%。发放地点为首钢工人到迁钢、鞍钢等大巴候车室，由于每天候车大厅是 1～2 班车，候车的工人有限，大厅里一般只有不到 100 个工人，且很多工人并不配合，导致问卷发放量和回收率相对较低。工人一般在下午 3:00 或 4:00 出发，但是 1:00 左右就会在休息室集中，是访谈的最好时机(图 6-2)。

图 6-2　工人问卷发放地——首钢候车大厅

此外，除了发放问卷之外，研究者利用 2010 年 8 月到 2011 年 3 月负责《石景山西部创意发展新区开发方案和制造业总部集聚区方案研究项目》对首钢地区宏观环境和产业结构变化进行了较为深入的了解，并于 2011 年 5 月 28 日下午 2～5 点、6 月 3 日下午1～6 点、7 月 12 日下午 3～4 点对厂区进行景观观察，并对工厂留守工人、买断工人、新晋工人、返聘工人、社区管理人员、社区居民等各类型主体进行了访谈，补充了解问卷之外需要补充的相关信息。

(2) 集体主义文化度量问卷设计

为了度量集体主义文化，这里基于文化特质论的实证方法进行。即假定群体特征是个体特征的归因，通过以个体为研究对象，采用抽样的统计方法，选取代表性人群，从不同的维度，以定量方法来建立相应模型，从而对文化进行度量(晏国祥，2006)。本书中所指的"文化维度"，是将某个空间内类似的心理或行为习惯表现进行分类，对同一类型的心理或行为习惯浓缩为一个方面，采用有限个维度就可以描述这种心理与行为习惯所涉及的众多方面，就可以达到充实研究内容，使研究成果具有更强概括力的目的。

现阶段对文化的维度划分，代表性的有爱德华·霍尔(Edward Hall)的高背景/低背景二维度模型(Hall，1976)；Schwartz 的三维度模型研究了个人与群体的关系、社会行为激励、人们在自然与社会中的角色(Schwartz，1999)；最具广泛影响力的 Hofstede

四维度模型，包括权力距离、不确定性规避、个人主义/集体主义和男性化/女性化（Hofstede，1983）；以及 Trompenaars 的五维度模型，包括：个人导向性还是集体导向性、中立性/情感性、普遍主义/特定主义、具体性/扩散性、业绩导向/因袭导向（Trompenaars，1993）。

本书按照研究尺度的大小对上述的社会文化维度划分进行了梳理，认为这些维度划分模型主要可以划分为三类：一是从宏观大尺度（一般是国家层面）上对文化的特征进行概括，最典型的是 Hall 高背景和低背景文化以及 Kim 等人进一步细化的文化六维度；二是从微观尺度，从个人信仰角度出发进行文化维度的描述，主要是 Ralston 的四维度模型，显得过于细碎；三是从大尺度和小尺度结合的角度入手进行研究，主要包括 Hofstede 和 Trompenaars 两个模型，这符合本书的研究方向，因此本书在 Hofstede 理论的基础上，吸纳 Trompenaars 模型中的个别维度进行研究。在选择维度时主要考虑到避免两个模型中的重复维度，对于群体特征中的个性维度进行剔除，并在社会关系中重点考虑纵向联系，即不同权力层级个体间的联系，从而得到文化的分类维度表（表 6-1）。

表 6-1 文化的分类维度表

文化维度	定 义	文化指向
集体主义/个人主义	集体主义：强调群体利益，个体利益基于群体利益	集体主义
	个人主义：强调个人目标，群体利益基于个体利益	个人主义
权力距离（纵向联系）	大：不同层级之间有很大的不平等关系	集体主义
	小：不同层级之间的不平等关系较小	个人主义
不确定性规避	强：很难接受模糊和不确定性的情况	集体主义
	弱：对模糊和不确定性的忍受度较大	个人主义
因袭导向/业绩导向	因袭导向：权力和地位通过出身、年龄和性别获得	集体主义
	业绩导向：权力和地位通过业绩、竞争和努力工作获得	个人主义
情感性/中立性	情感性：对人不对事，重视人情关系	集体主义
	中立性：对事不对人，重视合同关系	个人主义

从本质上说，五个文化维度都可以归纳为集体主义和个人主义，通过整体分类度量来衡量首钢工人群体集体主义文化是否发生变化。具体而言，集体主义文化相对个人主义而言，权力距离更大，对不确定性规避更强，偏向于因袭导向，在问题处理上情感性强，重视人情关系。而个人主义，权力距离小，对不确定性规避弱，偏向于业绩导向，在处理问题上中立性强，重视合同关系。

2）首钢居民问卷设计——社会资本度量

（1）首钢居民问卷调查情况说明

对首钢居民的调查所采用的抽样方法同样为简单不重复随机抽样方法。利用最大样本容量法下的计算公式（6-2）：

$$n = \frac{0.25t^2 N}{\Delta^2 N + 0.25t}$$

在首钢预调查的初始问卷中，由于设置的问题过多，达到 3 页，且文字太小，首钢家属区居民中主要是老年人，填写不方便，故在正式调研的时候进行了问卷的缩减。研究于 2011 年 10 月 30 日在首钢老山社区和十万坪社区发放并回收了 100 份问卷，其中 81 份有效问卷，有效率为 81%，大于 68 人的基本抽样容量。

(2) 社会资本度量问卷设计

最早对社会资本概念进行系统描述的学者是法国社会学家布迪厄，他在 1980 年发表的《社会资本随笔》一文中将社会资本界定为"实际或潜在资源的集合，这些资源与由相互默认或承认的关系所组成的持久网络有关，而且这些关系或多或少是制度化的"，此后经科尔曼、普特南等学者的发展，逐步建立起社会资本理论的框架(边燕杰，2004)。

社会资本一般既包括社区网络，又包括社区归属感和社区凝聚力等意识形态层的内容，但在这里更多关注的是社区归属感和凝聚力等意识形态层的文化变迁。根据拥有社会资本的主体的层次和其研究对象、研究领域的范围，社会资本可以简单划分为微观、中观和宏观三个层面。本书主要关注介于宏观社会与微观个人之间的中观社区的社会资本。中观层次的社会资本强调其集体性特征，其拥有的主体是社会群体或组织，而不是由个体所独享的社会性资源。社会资本是一种公共物品，不仅有利于实现个体的行动目标，更重要的是能促成集体行动的达成，是解决公共问题的重要资源。中观或群体层次的研究主要关注两个方面的问题：一是某些群体如何发展并或多或少地维持作为集体财产的社会资本；另一方面是集体财产如何提高群体成员的生活机会(林南，2004)。

社会资本具体包含哪些维度一直是学者们所关注的焦点，不同的经验研究也都给出不同的答案。社会关系网络的稳定性是研究社会资本的首要指标，处于关系网络中的成员之间一般相互认同，因为某些共同的目标、利益与期望而保持着一定的互动。Coleman 认为紧密联系的稳定社会网络形成社会资本，对城市人力资本的创造、传递和获得具有积极的社会影响，这一观点排除了松散的社会网络产生社会资本的可能性(Coleman，1988)。另外，社区参与也是社会资本重要的一个方面，在工业社区与居住社区中，居民的社区参与目的不一样。有学者从社区参与的角度评价社会资本与地方经济发展的关系，例如 Mike Raco 评价了社区参与在 Cardiff 地方经济复兴中的作用：在公共政策的制定、公共与私人部门的协调、不同地方意见的融合等方面社区参与都发挥着重要作用(Raco，2000)。在国内社会资本文献方面，具有代表性的是赵延东、罗家德在其综述中指出的，集体社会资本的测量维度集中于信任、公共参与、社会联结和社会规范等几个方面(赵延东等，2005)。

桂勇、黄荣贵在对国内外社区社会资本文献进行梳理的基础上，发现最常见的 8 个测量维度，包括：参与地方性社团或组织、地方性社会网络、非正式社会互动、信任、互惠、志愿主义、社会支持、社区凝聚力和社区归属感，据此结合中国实际情况，设计了一个较为完整的测量量表，通过了 50 个社区调研数据的信度和效度检验，并根据数据分析结果修改了测量维度，揭示了中国城市社区的社会资本与国外相比具有自己的特点(桂勇等，2008)。

本书在此基础上建立了包括地方性网络、社区信任、社区归属感、社会互动、志愿主义、社区凝聚力和互惠与一般信任 7 个维度在内的社会资本度量量表，用来衡量首钢搬迁前后大院内居民群体社会资本的变化。对居民群体的社会资本主要从与工厂的联系、与同事的联系、与同事亲友的联系三个方面进行考虑。同时，假定首钢社区可以构成一个相对完整的社会系统，根据帕森斯结构功能主义理论，通过社会系统 AGIL 功能模式，对社区功能进行界定，认为首钢社区包括适应功能、目标达成功能、整合功能和潜在模式的维持功能（乔治·瑞泽尔，2004）。在分析工人家属社区归属感的时候，将按照首钢社区四大功能维度进行分析。

表 6-2、表 6-3 显示了问卷中具体问题的分类维度。考虑到实地调研中问卷的清晰度与可操作性，问卷按个人基本资料、与工厂的联系、与同事的联系、与同事亲友的联系和总体情况五部分呈现（具体见附录 5）。

表 6-2　首钢居民问卷设计的分类维度表

	与工厂的联系	与同事的联系	与同事亲友的联系
适应功能	9、10、11		
目标达成功能	12、15	19	20
整合功能	14	16、17、18	21、23、24
模式维持功能	13	22	25、28、29

注：表中数字为调查问卷中的问题编号，问卷详见附录 5。

表 6-3　首钢居民问卷设计的分类维度细表

	与工厂的联系	社会资本维度	与同事的联系	社会资本维度	与同事亲友的联系	社会资本维度
适应功能	9. 您的家庭成员中有多少人在首钢工作	地方性网络				
	10. 您从首钢获得的经济收入占家庭总收入的百分比	地方性网络				
	11. 您从首钢获得的福利包括哪些	地方性网络				
目标达成功能	12. 您信任首钢的领导组织和管理部门	社区信任	19. 您愿意发动同事解决首钢内出现的问题	志愿主义	20. 与小区居民发生矛盾、利益冲突时，您寻求解决的途径有哪些	社区信任
	15. 您关注首钢的发展，并希望首钢的发展越来越好	社区信任				

(续表)

	与工厂的联系	社会资本维度	与同事的联系	社会资本维度	与同事亲友的联系	社会资本维度
整合功能	14. 您认同自己是首钢内重要的一分子	社区归属感	16. 您的业余娱乐生活的朋友圈中有多少是同事(百分比)	地方性网络	21. 您的子女或孙辈结婚时愿意邀请同事参加	地方性网络
			17. 您上下班、购物等与同事是否同行	社区凝聚力	23. 您的家里有困难时愿意找同事帮忙	互惠与一般信任
			18. 是否有退休工人一起组织的合唱团、秧歌队等娱乐组织	社区凝聚力	24. 如果同事有困难向您求助,您愿意帮忙	互惠与一般信任
模式维持功能	13. 首钢会举办集体活动(体育、娱乐等)以增强凝聚力	社会互动	22. 您和同事都愿意参与集体活动	地方性网络	25. 如果邻居(不是同事)有困难向您求助,您愿意帮忙	互惠与一般信任
					28. 您认同工人群体具有较高的社会地位	社区归属感
					29. 您认同工人群体具有较强的团结协作、集体主义观念	社区归属感

6.2 首钢工业空间演替:从首钢工厂到工业遗产

6.2.1 首钢重大历史发展进程[①]

首钢始建于 1919 年 9 月,经历了新中国成立前痛苦磨难的 30 年、新中国成立后成长壮大的 30 年、改革开放大发展的 30 年,在中国改革开放的历史上、在中国钢铁工业发展史上做出了卓越贡献(表 6-4)。

第一个时期,从 1919 年至 1948 年。1919 年 9 月龙烟铁矿有限公司炼铁厂开工建设,历经了北洋军阀战乱、日本侵略者占领、国民党政府的腐败,工程建设缓慢,生产几度陷于停顿,30 周年累计产铁只有 28.6 万吨。

第二个时期,从 1948 年至 1978 年。新中国成立后,迅速恢复生产。1958 年 9 月建

① 内容来源于对首钢官网"公司历程"介绍的归纳:http://www.shougang.com.cn/shougang_cn_web/gslcdy.htm.

起了侧吹转炉，结束了有铁无钢的历史；1961 年 5 月建成了当时具有先进水平的 30 万吨轧钢生产线，标志着轧钢生产开始起步；1964 年建成了我国第一座 30 吨氧气顶吹转炉，翻开了我国炼钢生产新的一页；1978 年钢产量达到 179 万吨，销售收入 14.43 亿元，成为全国十大钢铁生产基地之一。

第三个时期，从 1979 年至今。首钢作为国家第一批改革试点单位，从率先实行承包制，到建立现代企业制度的改革，再到实施战略性搬迁调整，进行了一系列改革探索。改革开放 30 年，钢产量从 179 万吨增加到 1 214 万吨，增长 5.8 倍；销售收入从 14.43 亿元增加到 1 320 亿元，增长 90.5 倍；实现利润从 3 亿元增加到 44.88 亿元，增长 14 倍；资产总额从 16.89 亿元增加到 2 070 亿元，增长 121.6 倍；在册职工人均年收入从 739 元增加到 4.6 万元，增长 61.2 倍。累计向国家上缴利税 576.6 亿元。2009 年在中国制造业 500 强中，首钢销售收入列第 12 位，在中国企业 500 强中首钢列第 39 位。

2005 年对首钢来说是一个里程碑似的年份，按照国务院批复的方案，首钢开始实施史无前例的搬迁、调整系统工程。2005 年 2 月，国家以发改工业[2005]273 号文批复了“首钢实施搬迁、结构调整和环境治理方案”，主要内容是分步压缩北京石景山区钢产量，2007 年年底压缩 400 万吨，2010 年年底钢铁冶炼、热轧能力全部停产。首钢就此开始了一系列变革：

2008 年压缩北京地区 400 万吨钢产量，2010 年年底全部停产；联合唐钢，在河北曹妃甸建设首钢京唐钢铁公司，第一步工程于 2009 年 5 月投产，一个代表当今国内外先进水平的钢铁精品生产基地到 2010 年基本建成。经过搬迁调整和跨地区联合重组，到 2012 年形成 3 000 万吨级企业集团，产业结构、产品结构、产业布局和工艺装备将跨入世界先进水平行列。实施北京首钢工业区改造，在北京发展总部经济、高端金属材料、高端装备制造、汽车零部件、生产性服务、文化创意产业，一个自主创新型、运行高效型、循环经济型、和谐发展型的新首钢将展现在世人面前。

表 6-4　首钢不同时期重大历史事件

时间	重大历史事件
1919 年	“龙烟铁矿公司石景山炼厂”(即首钢的前身)建立
1948 年	中国人民解放军解放了石景山钢铁厂
1967 年	石钢正式改名为“首都钢铁公司”(简称首钢)
1979 年	首钢二号高炉移地大修改造工程竣工投产，成为我国第一座现代化的高炉
1994 年	首钢的钢产量扩大到 824 万吨，超过鞍钢，名列全国第一
1996 年	首钢改制，首钢集团正式成立
2005 年	国务院批复了首钢搬迁调整规划
2009 年	北京批准首钢建设“中国动漫城”
2010 年	以首钢石景山钢铁主流程全面停产，曹妃甸京唐钢铁公司一期第二步工程投产为标志，首钢搬迁调整的历史性任务基本完成
2011 年	首钢首次进入“世界 500 强”

那么，这些重大的历史事件对首钢工人集体主义价值观以及对企业文化的认同是否产生影响，并且产生哪些影响，是本书要研究的问题之一。

6.2.2 首钢工业遗存景观分析

1）首钢整体工业遗存景观

（1）整体定位

由于首钢的调整搬迁与北京城市发展战略调整、京西部地区发展建设、石景山区经济社会转型、首钢非钢产业和总部经济发展等都具有高度相关性，其定位实际面临着首都、长安街、京西地区、石景山区、首钢集团等多重规定性。从整个北京城市发展战略进行调整，石景山由原来的工业区转型为“一区三中心”——“城市功能拓展区”和“城市职能中心、综合服务中心、文化娱乐中心”。从京西地区发展来看，石景山首钢地区开始承担京西产业中心、功能中心、创新中心、服务中心，尤其是国家服务业综合改革试点区的提出，明确了石景山地区“二转三”的导向。随着 CRD（Capital Recreation District，首都文化娱乐休闲区）发展战略的提出①，首钢调整搬迁地区将成为整个石景山转型中的重要载体，其功能定位符合在石景山区定位基础上有创新、有分量、突出自身的主导功能，产业选择要与文化创意业、休闲娱乐业、商务会展业等有效对接，如中国动漫城等一系列重点项目的引入，促成了首钢整体景观定位的转变，从过去定位于北京的首钢，向中国的首钢甚至世界的首钢定位，在尺度上正不断地升级扩张。

为了匹配首钢定位的转型，规划将一些具有重要利用价值的建筑物予以保留，在景观上构成工人、工人家属以及外来游客的记忆附属点。同时，整个区域改造的风格开始向现代化的综合社区转变，这从图 6-3 两个启动区规划的优胜方案中就可以看出。

图 6-3 启动区规划方案国际征集优胜方案

（2）首钢工业景观的演替

首钢悠久的历史及其在北京工业发展史上举足轻重的定位，使得首钢工业景观在演

① 以“一山（天泰山）、一水（永定河）、一轴（长安街西延长线）、一园（石景山科技园区）”为核心，按照“完善东部、建设中部、启动西部”的原则，构建三大特色功能区（东部主题娱乐区、中部创意高新区和西部休闲度假区），大力培育三大产业集群（休闲娱乐服务业、商务会展服务业和创意科技服务业）。

替过程中不仅求变，更多的是求存。根据《首钢工业遗产保护规划与改造设计》，在详细普查的基础上，首钢对各个工业遗存的价值进行准确评价，进而确定保护区范围、保护名录及保护分级要求等，有效约束和引导开发建设行为。

其中，石景山、晾水池、炼铁厂、焦化厂等区域工业遗存最为集中，整体格局保存较为完整，历史脉络清晰，钢铁工业风貌特征也非常明显，是首钢工业遗产的精华所在。因此，上述区域得到了整体保护，划为工业遗产保护区，总面积约 200 公顷。

通过进一步对首钢演替留存下的不同工业遗产其历史价值、文化价值、艺术价值、经济价值和技术价值的高低进行划分，其中强制保留历史文化价值比较突出，或是风貌上很有特色，同时对将来的建设不会造成较大影响的建筑物 36 项。保护要求带有强制性，不得拆除，整体保留建筑原状，包括结构和式样，对于不可移动的建筑物和地点具有特殊意义的设施设备应原址保留。在合理保护的前提下可以进行修缮，也可以置换建筑功能，但新用途应尊重原有建筑结构，建议保留一个记录和解释原始功能的区域。建议保留具有一定价值，但可能会对将来的建设造成较大影响的建筑物共计 65 项。不强制要求保留，主要通过建筑面积和容积率奖励等措施引导业主主动进行保护。可以对建筑物进行加层和立面改造，置换适当的功能，满足时代的需求。但应尽可能保留建筑结构和式样的主要特征，保留工业特色风貌，并与现代生活需要密切结合。具体可以参见图 6-4。

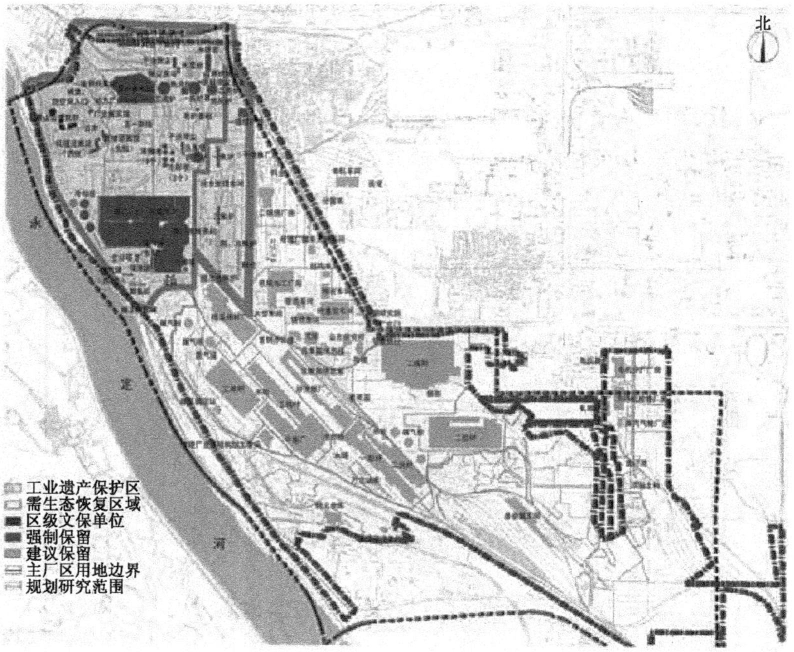

图 6-4　首钢重要建筑物分类及建筑分布图

注：深色为强制保留；浅色为建议保留。

由于首钢调整搬迁地区的工业设施在外观、形式和用途上是为适应钢铁生产流程而设计的，这决定了首钢工业设施在形态上除了常规的类型外，还拥有一些具有自身特色的类型，大体上分为大跨型、特异型等。独特的工业景观给文化创意产业发展提供了思路，将钢铁生产史、工业文化凸显在人们面前。工业遗产的利用将会把工业文明与新兴文明进一步对接、共融、升华。搬迁后首钢地区的工业资源形成了错综复杂、息息相关的分布格局，其中具有较高经济利用价值的建构物如图 6-5 所示。

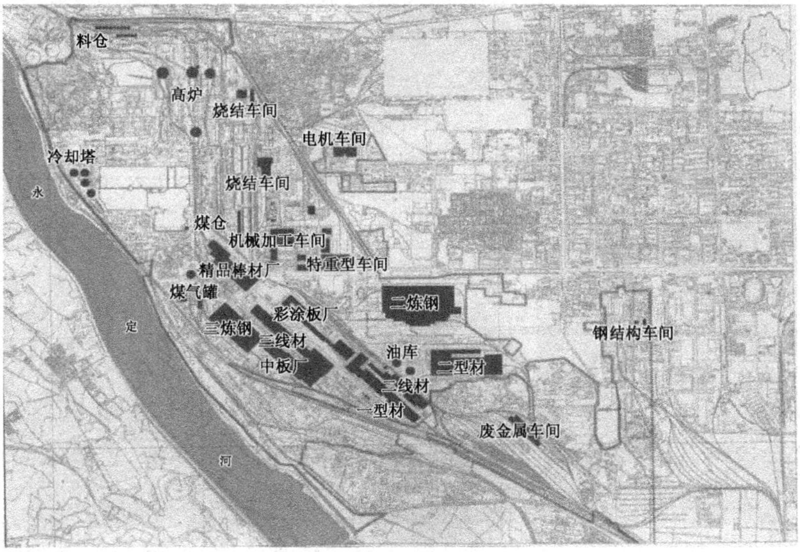

图 6-5　首钢具有较高经济利用价值的建构物分布图

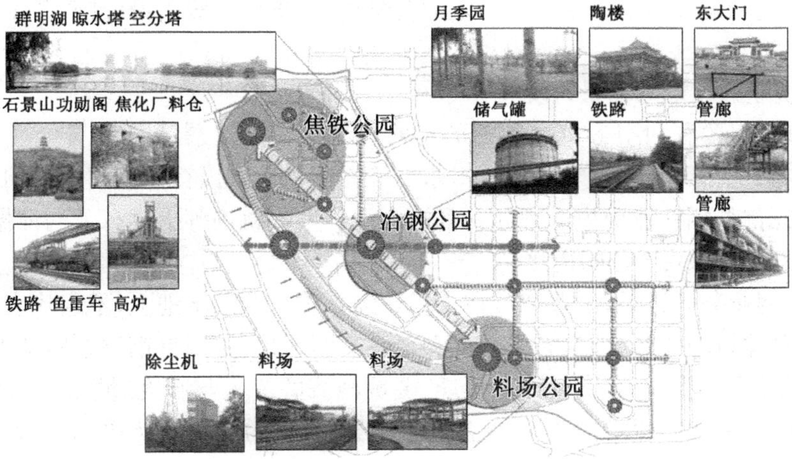

图 6-6　首钢工业区改造规划(2006—2007 年)留存图

从开发的方面看(图 6-6)，这些工业遗产的再利用主要集中在三个方面：一是改造首钢老厂房发展创意产业聚集区，典型的代表是原首钢二通厂老厂区已被改建为中国动漫游戏城，这是北京市与文化部合作的创意产业重点项目(图 6-7)；二是利用老工业区无形历史遗产发展工业设计和研发产业；三是利用石景山传统的京西娱乐中心的历史积淀，发展创意旅游。

图 6-7　中国动漫游戏城(首钢二通动漫产业园区)及其周边地区用地规划方案示意图

(3) 首钢调整搬迁地区工业遗产的价值

① 工业文明的见证

首钢工业遗产是首都近百年工业发展和经济建设的一个缩影,也是中国钢铁经济的一个缩影。它见证了北京工业发展的演进、工业主体的变迁、工业建设的进程等,体现了工业遗产的社会、技术及美学三方面的特征。就社会意义而言,它是对首钢人工作、生活记录的一部分,是北京社会发展的重要组成部分;从技术角度出发,它促进钢铁工业技术进步,对首都乃至全国制造业、工程学及建筑学发展史的研究意义重大;而首钢现有高品质的工业设施和设计规划等都具有一定的美学价值,提供了吸引设计师、艺术家等人才进入的环境。

② 钢铁业的见证与场景再现

工业遗产保留和利用最直接体现的是对首都钢铁业发展的见证与再现。首钢在选址、建筑布局、生产工艺、生产流程、技术水平等方面都反映出首都钢铁业不同历史阶段的特征,为研究首都钢铁业历史进程和首都社会经济发展轨迹等提供有力的证据。

③ 重工业与新兴产业的衔接

首钢涉钢业务搬迁后,工业遗产在这片曾经是重工业的土地上,不仅代表过去工业的繁荣,还将发挥新的作用,即与新兴产业和新兴文明衔接,实现首钢调整搬迁地区的再生。首钢调整搬迁将不仅成为"支柱产业外迁、区域经济的流失与补充、城市整体产业结构完善"的中观尺度区域产业结构调整的经典范例,还将为"尊重工业历史,促进地区可持续和谐发展,实现效益最大化"的工业遗产保护与新兴产业的对接提供宝贵经验。

2) 首钢工业遗存景观细探

(1) 工业设施

包括主要的生产设施与生产厂房等,含料厂、烧结厂、焦化厂、炼铁厂、炼钢厂、轧钢厂以及其他的辅助设施,如供水系统、排水系统、电力系统、燃气系统、热力设施、制氧设施、通信设施和原料传送带等。这些工业设施见证了首钢曾经的历史,具体包括常规型,即空间较低的工业厂房、仓库等;特异型,包括一些特殊形态的构筑物,如贮气罐、冷却塔等。但现在这些设施都稍显破败(图 6-8)。

图 6-8　首钢工业设施遗产示意图

(2) 交通设施

包括运输铁路线与公路交通等，也能反映出历史的痕迹。现在这些运输线路一般都杂草丛生，显示出一段时间没有被利用(图 6-9)。

图 6-9　首钢交通设施遗产示意图

(3)标识海报

包括工业绿地、花房、各种壁画、雕塑、景墙、整体景观、企业标志性图案以及可以鲜明地展现时代特色的标语、口号等(图 6-10)。在进行景观观察的时候发现了一个有趣的现象，即反映集体主义企业文化价值观的标识与反映创新的个人主义价值观的标识交相呼应。

左图："团结一心齐奋斗"的横幅；右图：中国动漫城起步区前充满个性的动漫墙

图 6-10　首钢标识海报遗产示意图

6.3　首钢不同群体意识形态层文化的演替分析

首钢工业景观的变化对首钢内部包括工人及其家属群体的意识形态层文化产生了什

么样的影响？本书从首钢企业文化谈起，并从工人的集体主义文化价值观和家属的社会资本两个方面来进行分析。从空间上看，意识形态层社会文化空间表现为工人附着在空间上的集体主义文化认同以及家属对社区的认同。

6.3.1 首钢企业文化的整体演替分析

1）首钢企业文化发展历程

根据首钢官网关于其企业文化的介绍[①]，首钢90多年的发展历程，实际上也是首钢企业文化的演变成长史，它大致可分为以下四个时期：

（1）1919—1948年：历经沧桑，饱受磨难

新中国成立前30年，首钢历经了北洋军阀的战乱、日本侵略者的占领、国民党政府的腐败。在此期间，工程建设缓慢，生产几度陷于停顿，30年累计生产生铁只有28.6万吨，尚不及现在首钢炼铁厂半个月的产量。30年的沧桑历史，反映了半殖民地半封建社会北京黑色冶金工业的悲惨状况。

（2）1948—1978年：艰苦创业，成长壮大

1948年12月17日，中国人民解放军解放了石景山钢铁厂，石钢成为北京市第一个国营的钢铁企业。解放初期，首钢高炉不冒烟、场地长满草，老一辈首钢人靠大锤、扁担和箩筐，仅用半年时间就使高炉重新流出铁水。以"顶破天花板，才能见青天""回马坡前不怕鬼，强敌面前不服输"的创业精神为企业文化指引，迅速掀起恢复生产的劳动热潮。1964年12月24日，中国第一座氧气顶吹转炉在石钢诞生，揭开了我国转炉炼钢新的一页；1965年，石钢高炉喷吹煤粉、入炉焦比、高炉利用系数等经济技术指标，达到世界先进水平，使石钢炼钢技术居于当时全国领先水平；1967年9月13日，经冶金工业部批准，石钢改名为"首都钢铁公司"。

（3）1979—2002年：改革腾飞，探索发展

党的十一届三中全会召开后，首钢迎来了改革腾飞的新时期。1979年，首钢以"敢为天下先"的精神，作为国家确定的第一批试点单位，率先实行了承包制。在企业文化建设上，树立了"包保指标讲先进、三者利益讲全局、遵章守则讲严格、相互配合讲风格、各项制度讲效益"的"五种精神"，发扬"实事求是、严格认真、密切协作、恪尽职守、奋发向上、顽强拼搏"的"六种作风"，还在广大干部职工中弘扬"敢闯、敢坚持、敢于苦干硬干"的"三敢"精神。到20世纪90年代，首钢提出"做四有职工、创一流产品"的企业口号。在这期间，在不断发展钢铁主业的同时，首钢向跨行业、跨地区、跨所有制、跨国经营的"四跨"企业发展，企业综合实力不断增强。1996年，首钢集团正式成立。

从1995年到2002年，首钢的发展遇到了前所未有的挑战。首钢地处首都北京的特殊环境，使企业面临着比其他企业更大的环保压力，面临着国内外钢铁市场激烈竞争的压力，面临着实施战略性结构调整的艰巨任务。面对社会上关于"要首都还是要首钢"的议论，首钢人陷入了"向何处去"的迷茫之中。

（4）2003年至今：立志"三创"，再铸辉煌

① 来源于首钢官网"首钢企业文化发展历程"一文的归纳：http://www.shougang.com.cn/shougang_cn_web/qywhfzlcfb/877.htm，2012-10-31.

2003年7月，首钢党委颁发了《中共首钢总公司委员会关于推进企业文化建设的指导意见》，进一步明确了首钢企业文化建设的指导思想、目标原则、重点任务和方法途径，明确了首钢企业文化体系。从2003年声势浩大的"八破、八立、八做到"，到2004年全面深入的企业创新工程，再到2005年丰富多彩的创建学习型企业，思想文化创新成为首钢发展的新主题。2005年，国务院批复了首钢搬迁调整规划，首钢京唐钢铁联合有限责任公司正式成立。2006年年初，"更新、更快、更精、更强"成为新一轮思想解放的着力点，"创新、创优、创业"成为首钢企业文化建设的新要求。2007年，在史无前例的战略性搬迁调整中，首钢引导干部职工树立知难而进、争创一流，只争朝夕、开拓进取，百折不挠、拼搏奉献，博采众长、学习创新，科学严谨、精益求精的"新长征五种精神"。2008年，在解放思想中赋予了"创新、创优、创业"新的内涵，提出"为创新深入对比思考，为创优找准目标定位，为创业定准措施、练好基本功"，在创新、创优、创业中放开视野、放开胸怀，认知自己、认知别人、认知大势，理性思考。2009年，首钢在新一轮企业文化管理学习过程汇总中，提出坚持"自强开放、务实创新、诚信敬业"的企业精神，"与时俱进、敢于创新、求真务实、人才为本"的企业文化，"创新、创优、创业，建设21世纪新首钢"的核心价值追求。2010年，为符合"创新、创优、创业"的新要求，首钢努力塑造"人人是创新主体、处处有创新课题"的浓厚氛围，打造"敢为人先的创新精神"，培育"与时俱进、敢于创新、开放合作、求真务实、人才为本"的思想文化。

2）小结

从承包制阶段提出"敢闯、敢坚持、敢于苦干硬干"，到新的发展阶段推进"创新、创优、创业"，首钢文化一脉相承，又不断丰富发展，"三敢""三创"已成为首钢血脉相承的优秀文化精髓。纵观四个时期，尤其是后三个时期的企业文化可以发现：第二、三时期的企业文化充满了集体主义价值观的色彩，强调"团结""拼搏"；而第四时期，从2003年开始，"创新、创优、创业"则充满了鼓励个人创新色彩的企业文化（表6-5）。

表6-5 首钢不同时期企业文化总结表

历史时期	企业文化内容	价值观取向
第二时期	顶破天花板，才能见青天	集体主义价值观
第二时期	回马坡前不怕鬼，强敌面前不服输	集体主义价值观
第三时期	包保指标讲先进、三者利益讲全局、遵章守则讲严格、相互配合讲风格、各项制度讲效益的"五种精神"	集体主义价值观
第三时期	实事求是、严格认真、密切协作、恪尽职守、奋发向上、顽强拼搏的"六种作风"	集体主义价值观
第三时期	"敢闯、敢坚持、敢于苦干硬干"的"三敢"精神	集体主义价值观
第四时期	八破、八立、八做到	个人主义价值观
第四时期	创新、创优、创业	个人主义价值观
第四时期	知难而进、争创一流，只争朝夕、开拓进取，百折不挠、拼搏奉献，博采众长、学习创新，科学严谨、精益求精的"新长征五种精神"	个人主义价值观
第四时期	自强开放、务实创新、诚信敬业	个人主义价值观
第四时期	与时俱进、敢于创新、求真务实、人才为本	个人主义价值观

6.3.2 首钢工人集体主义文化演替分析

1）首钢工人群体样本情况描述

本书将“年龄、性别、籍贯、住所、家庭首钢工人数、前后部门一致性和工人类型”7个变量作为控制变量。在SPSS中进行描述性检验，如表6-6所示。

从年龄来看，受首钢搬迁影响50岁以上的工人基本被买断退休，仅有少量技术工人退休返聘，其他各个年龄段相对平均，本样本比例能够基本现状。

从性别来看，首钢作为典型重工业，男性相对适宜，因此男性比例较高，而样本中男性比例也高达95%。

从籍贯来看，大部分首钢工人都是北京本地人，并且集中在石景山地区，样本中比例达到85.51%；而非北京籍贯的工人也主要集中在河北、河南、山西等北京周边地区。

从住所看，住在石景山和迁钢宿舍的工人与北京其他地区的工人正好各半。其中，住在石景山地区的工人主要分布在金顶街、老山、古城等首钢宿舍中；而迁钢宿舍的工人也占到11.29%的比例；还有50%的工人则住在门头沟、房山等石景山周边区县，但也有小部分工人住在怀柔、平谷、通州。尤其是在首钢搬迁后，在唐钢、迁钢工作一段时间，休息一段时间的方式使得北京市区县之间通勤距离的影响相对减小。

从各个家庭首钢工人数看，在首钢工作人员数来看，仅有受访者1人的家庭占到69.40%，但是在首钢搬迁过程中，很多受访者家中年长的工人已经退休。同时仍有30.6%的工人家中仍有2人以上在首钢工作，甚至有21.3%的家庭家中有3人以上在首钢工作，即可能整个家庭爷辈、父辈和子辈三代人都在首钢工作。

从前后部门一致性看，部门一致的占到56.6%，这些工人由于部门不变，从社会网络到价值观可能感觉变化不大，而搬迁前后部门不一致的工人比例也达到43.4%，在工作方面的社会网路都发生了变化。

从工人类型来看，大部分工人（87.5%）都是续聘工人，仅有2.8%的买断返聘工人和9.7%的新招募工人（表6-6）。可见有90.3%的工人与首钢在搬迁之前原来就有联系，而新招募的工人表示对搬迁前的首钢并不太了解。

表6-6 首钢工人群体样本情况表

控制变量	样本描述		变量频次描述				
年龄	有效样本	漏点	20～30岁	31～40岁	41～50岁	50岁以上	
	79	1	25	23	28	3	
百分比	98.75%	1.25%	31.60%	29.20%	35.40%	3.80%	
性别	有效样本	漏点	男	女			
	80	0	76	4			
百分比	100.00%	0.00%	95.00%	5.00%			
籍贯	有效样本	漏点	北京	非北京			
	69	11	59	10			
百分比	86.25%	13.75%	85.51%	14.49%			

（续表）

控制变量	样本描述		变量频次描述				
住所	有效样本	漏点	石景山	迁钢宿舍	北京其他地区		
	62	18	24	7	31		
百分比	77.50%	22.50%	38.71%	11.29%	50.00%		
家庭首钢工人数	有效样本	漏点	1人	2人	3人	4人	5人
	75	5	52	7	7	2	7
百分比	93.75%	6.25%	69.40%	9.30%	9.30%	2.70%	9.30%
前后部门一致性	有效样本	漏点	一致	不一致			
	76	4	43	33			
百分比	95.00%	5.00%	56.60%	43.40%			
工人类型	有效样本	漏点	续聘工人	买断返聘工人	新招募工人		
	72	8	63	2	7		
百分比	90.00%	10.00%	87.50%	2.80%	9.70%		

2）首钢工人群体集体主义价值观变化

（1）因素分析及信效度检验

① 样本充分性检验

表 6-7　首钢工人群体样本充分性检验表

KMO 样本充分性检验		0.747
Barlett 球形检验	Approx. Chi-Square	154.556
	df	105
	sig	0.001

从表 6-7 可以看出，代表样本充分水平的 KMO 检验值 0.747 大于 0.7，说明样本数量够充分，达到因素分析的样本限制条件。同时，条款间相对关联程度 Barteltt 球形检验值为 154.556，显著性水平 $P=0.001$，说明各条款间相互关联，提取公共的因素是有条件的。

② 量表效度检验

量表效度检验通过因子提取量进行判断，在经过方差最大化正交旋转后，各个条款的因子提取量都大于 0.5，结果如表 6-8 所示。

表 6-8　首钢工人群体信效度检验

维　度	条　　款	因子提取量
纵向联系(权力距离)	在一个组织里,错误的主要负责人应该是监督人而不是执行人	0.742
	牺牲个人利益而让位于组织是不明智的	0.732
集体主义/个人主义(对抗性)	我坚守社会规范即使与我个人需求相悖	0.746
	对我尊严的侮辱并不至于给我带来特别的困扰	0.648
	对神圣的事业也可以提出质疑	0.729
不确定性规避(对新情况处理)	找到一个全新的思考角度并不让我感到特别兴奋	0.634
	我在不熟悉的环境里感觉到思考困难	0.677
	我经常要为来到一个新环境中而进行准备	0.509
	感到现在社会变化得特别快	0.709
业绩导向/因袭导向	要成功和受人尊重,就必须努力工作	0.612
	工作业绩是职位的保障	0.696
	年纪轻的人应该尊重年纪大的人,而不管他工作得好坏	0.577
中立性/情感性	对于一个人承诺的事,只要他说了就行了,没必要写在纸上	0.565
	如果一个人无法将想法转化为言语,就不会去了解他	0.539
	在处理事情时,适当运用权力和权威常常是必要的	0.598
整体信度		

(2) 条款统计分析

每个条款值均代表对该条款的看法,采取五点量表,分别为"非常不同意、不同意、一般、同意、非常同意",取值越小,代表反对的意愿越强烈,也代表个人主义的倾向;反之取值越大,代表集体主义的倾向。其中,除了"牺牲个人利益而让位于组织是不明智的""对我尊严的侮辱并不至于给我带来特别的困扰""对于一个人承诺的事,只要他说了就行了,没必要写在纸上""如果一个人无法将想法转化为言语,就不会去了解他"四个条款为负值,表示受访者的不赞同态度和个人主义倾向外,其他条款都有集体主义的价值观趋势。从标准差值来看,受访者之间的态度一般都在 1 左右(表 6-9)。

表 6-9　首钢工人群体条款统计分析

条　　款	有效样本	最小值	最大值	平均值	标准差
在一个组织里,错误的主要负责人应该是监督人而不是执行人	80	1	5	3.163	1.096
牺牲个人利益而让位于组织是不明智的	79	1	5	2.987	1.031
我坚守社会规范即使与我个人需求相悖	74	1	5	3.405	0.859
对我尊严的侮辱并不至于给我带来特别的困扰	78	1	5	2.385	1.119
对神圣的事业也可以提出质疑	74	1	5	3.176	0.970

（续表）

条　款	有效样本	最小值	最大值	平均值	标准差
找到一个全新的思考角度并不让我感到特别兴奋	76	1	5	3.000	0.993
我在不熟悉的环境里感觉到思考困难	75	1	5	3.160	0.945
我经常要为来到一个新环境中而进行准备	77	1	5	3.377	0.859
感到现在社会变化得特别快	76	2	5	3.855	0.725
要成功和受人尊重，就必须努力工作	80	1	5	3.925	0.952
工作业绩是职位的保障	77	1	5	3.364	0.887
年纪轻的人应该尊重年纪大的人，而不管他工作得好坏	76	1	5	3.303	1.178
对于一个人承诺的事，只要他说了就行了，没必要写在纸上	77	1	5	2.974	0.973
如果一个人无法将想法转化为言语，就不会去了解他	76	1	4	2.816	0.934
在处理事情时，适当运用权力和权威常常是必要的	78	1	5	3.385	0.970

(3) 工人群体整体集体主义价值观分析

将受访者全部条款得分进行整体平均值计算，可以得到每位受访工人的整体集体主义价值观值。通过对工人群体整体集体主义价值观进行描述性统计分析，发现首钢工人整体价值观平均值为3.221，工人群体整体价值观趋向于集体主义价值观，与预期假设相一致，且受访工人之间差异较小(标准差仅为0.362)(表6-10)。

表6-10　首钢工人整体集体主义价值观统计分析

条款	有效样本	最小值	最大值	平均值	标准差
整体集体主义观	80	2.00	4.00	3.221	0.362

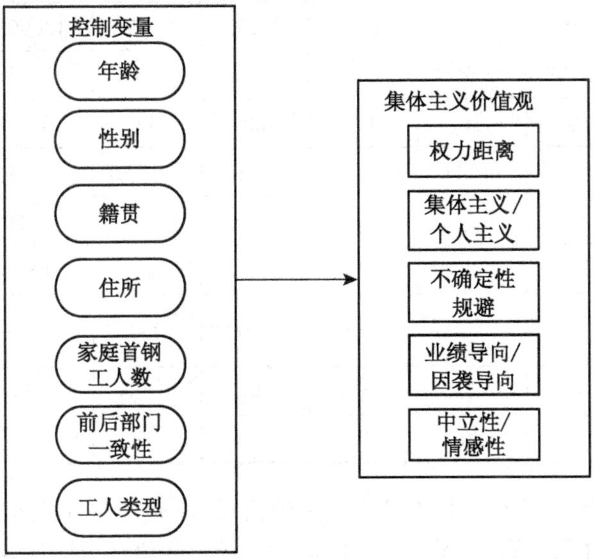

图6-11　工人群体整体集体主义价值观分析思路图

将“年龄、性别、籍贯、住所、家庭首钢工人数、前后部门一致性、工人类型”7个控制变量和整体集体主义价值观进行相关分析，得到相关分析的结果，可见工人集体主义价值观与年龄、性别、工人类型有一定的相关关系（表6-11）。

表6-11 整体集体主义价值观相关分析结果表

	年龄	性别	籍贯	住所	家庭首钢工人数	前后部门一致性	工人类型	整体集体主义价值观
年龄	1.000							
P值								
有效样本	79							
性别	−0.130	1.000						
P值	0.253							
有效样本	79	80						
籍贯	0.112	−0.114	1.000					
P值	0.361	0.351						
有效样本	69	69	69					
住所	−0.143	0.149	−0.368	1.000				
P值	0.266	0.247	0.006					
有效样本	62	62	55	62				
家庭首钢工人数	0.095	0.095	0.072	0.068	1.000			
P值	0.421	0.417	0.569	0.602				
有效样本	74	75	65	61	75			
前后部门一致性	0.080	0.071	−0.212	0.250	0.018	1.000		
P值	0.496	0.544	0.090	0.058	0.883			
有效样本	75	76	65	58	71	76		
工人类型	−0.416	0.111	−0.299	0.180	−0.007	0.148	1.000	
P值	0.000	0.353	0.018	0.183	0.956	0.227		
有效样本	71	72	62	56	68	68	72	
整体集体主义价值观	0.183	−0.279	−0.068	0.004	−0.032	−0.007	−0.188	1.000
P值	0.107	0.012	0.580	0.975	0.784	0.954	0.114	
有效样本	79	80	69	62	75	76	72	80

为了进一步分析不同工人群体集体主义价值观，以整体集体主义价值观为因变量，以“年龄、性别、籍贯、住所、家庭首钢工人数、前后部门一致性、工人类型”7个控制变量作线性回归分析（表6-12）。

表 6-12　整体集体主义价值观回归分析结果表

	标准化回归系数(Beta)	P 值
常数项		0.000
年龄	0.235	0.188
性别	−0.135	0.409
籍贯	0.006	0.971
住所	0.175	0.329
家庭首钢工人数	−0.003	0.987
前后部门一致性	−0.036	0.839
工人类型	−0.140	0.442
回归方程 R^2	0.139	
调整后的 R^2	−0.028	
方程 F 值	0.833	
方程 P 值	0.567	
估计标准差	0.351	

表 6-13　整体集体主义价值观逐步回归分析结果表

	标准化回归系数(Beta)	P 值
常数项		0.000
年龄	0.298*	0.050
回归方程 R^2	0.089	
调整后的 R^2	0.067	
方程 F 值	4.089	
方程 P 值	0.050	
估计标准差	0.457	

注:“*”表示 $P<0.05$。

由于回归结果不显著(R^2 仅为 0.139 且不显著),进一步作逐步回归分析,从而删减控制变量,发现最后进行回归方程的控制变量只有“年龄”,可见年龄与集体主义价值观有一定的正相关关系。即一般理解的年纪大的人,其集体主义价值观念也越强。但换句话说,集体主义价值观目前仅在年长的首钢工人中延续,首钢搬迁后,新晋的年轻工人并没有传承这种集体主义价值观(表 6-13)。

3) 历史事件对集体主义价值观的影响

除了年龄外,历史事件对集体主义价值观会产生影响吗?这是本节要探讨的问题。首先将受访职工对历史事件的总体认同程度与集体主义价值观作相关分析,得到在 0.05 置信水平下,职工对企业重大事件的认同感与集体主义价值观有较弱的正相关关系(表 6-14)。

表 6-14 企业重大事件认同感与集体主义价值观回归分析结果表

	标准化回归系数(Beta)	*P* 值
常数项		0.000
年龄	0.298*	0.047
回归方程 R^2	0.050	
调整后的 R^2	0.038	
方程 *F* 值	4.089	
方程 *P* 值	0.047	
估计标准差	0.355	

注:"*"表示 $P<0.05$。

接着将各个事件与集体主义价值观作相关分析,从认同度的平均值中可以发现,受访职工对这些重大历史事件都持正面的认同态度。从各个事件与集体主义价值观相关分析的结果来看,2009 年北京批准首钢建设"中国动漫城"和 2010 年首钢完成搬迁调整两大事件与集体主义价值观在 0.05 置信水平下有弱的正相关关系。前者代表一种转型期的创意个人主体倾向,而后者则是集体主义价值观认同的重要体现。因此,需要对重大历史事件进行因子分析(表 6-15)。

表 6-15 企业各个重大事件认同感与集体主义价值观相关分析结果表

重大历史事件	平均值	相关系数	*P* 值	有效样本数
1919 年,"龙烟铁矿公司石景山炼厂"(即首钢的前身)建立	3.600	0.167	0.138	80
1948 年,中国人民解放军解放了石景山钢铁厂	3.813	0.125	0.269	80
1967 年,石钢正式改名为"首都钢铁公司"(简称首钢)	3.813	0.041	0.718	80
1979 年,首钢二号高炉移地大修改造工程竣工投产,成为我国第一座现代化的高炉	3.850	0.106	0.349	80
1994 年,首钢的钢产量扩大到 824 万吨,超过鞍钢,名列全国第一	3.850	0.067	0.557	80
1996 年,首钢改制,首钢集团正式成立	3.797	0.187	0.100	79
2005 年,国务院批复了首钢搬迁调整规划	3.650	0.180	0.111	80
2009 年,北京批准首钢建设"中国动漫城"	3.620	0.265*	0.018	79
2010 年,以首钢石景山钢铁主流程全面停产,曹妃甸京唐钢铁公司一期第二步工程投产为标志,首钢搬迁调整的历史性任务基本完成	3.650	0.270*	0.015	80
2011 年,首钢首次进入"世界 500 强"	3.825	0.163	0.148	80

注:"*"表示 $P<0.05$。

对事件进行首轮因子分析发现,代表样本充分水平的 KMO 检验值 0.814 大于 0.7,说明样本数量足够充分,已经超过因子分析的样本限制条件。同时,条款间相对关联程度 Barlett 球形检验值为 405.338,显著性水平 $P<0.001$,说明各条款间是相互关联的,提取

公共的因子是有条件的(表 6-16)。

表 6-16 企业重大事件认同感首轮因子分析结果表

重大历史事件	因子提取量	主因子 1	主因子 2
1919 年,“龙烟铁矿公司石景山炼厂”(即首钢的前身)建立	0.666	0.724	−0.377
1948 年,中国人民解放军解放了石景山钢铁厂	0.738	0.809	−0.288
1967 年,石钢正式改名为“首都钢铁公司”(简称首钢)	0.715	0.693	−0.484
1979 年,首钢二号高炉移地大修改造工程竣工投产,成为我国第一座现代化的高炉	0.631	0.765	−0.212
1994 年,首钢的钢产量扩大到 824 万吨超过鞍钢,名列全国第一	0.524	0.675	−0.261
1996 年,首钢改制,首钢集团正式成立	0.664	0.802	0.145
2005 年,国务院批复了首钢搬迁调整规划	0.722	0.662	0.532
2009 年,北京批准首钢建设“中国动漫城”	0.633	0.619	0.500
2010 年,以首钢石景山钢铁主流程全面停产,曹妃甸京唐钢铁公司一期第二步工程投产为标志,首钢搬迁调整的历史性任务基本完成	0.668	0.670	0.468
2011 年,首钢首次进入“世界 500 强”	0.475	0.677	0.130

首轮因子分析结果表发现,“2011 年,首钢首次进入‘世界 500 强’”事件因子提取量为 0.475不足 0.5,在全部事件中最小,因此在分析中可以剔除,进行第二轮因子分析(表 6-17)。

表 6-17 企业重大事件认同感第二轮因子分析结果表

重大历史事件	因子提取量	主因子 1	主因子 2
1919 年,“龙烟铁矿公司石景山炼厂”(即首钢的前身)建立	0.667	0.731	−0.365
1948 年,中国人民解放军解放了石景山钢铁厂	0.746	0.821	−0.268
1967 年,石钢正式改名为“首都钢铁公司”(简称首钢)	0.718	0.709	−0.465
1979 年,首钢二号高炉移地大修改造工程竣工投产,成为我国第一座现代化的高炉	0.628	0.766	−0.203
1994 年,首钢的钢产量扩大到 824 万吨超过鞍钢,名列全国第一	0.530	0.688	−0.238
1996 年,首钢改制,首钢集团正式成立	0.667	0.800	0.162
2005 年,国务院批复了首钢搬迁调整规划	0.727	0.656	0.545
2009 年,北京批准首钢建设“中国动漫城”	0.685	0.632	0.534
2010 年,以首钢石景山钢铁主流程全面停产,曹妃甸京唐钢铁公司一期第二步工程投产为标志,首钢搬迁调整的历史性任务基本完成	0.654	0.656	0.474

如果发现剩余事件可以划分为两个主因子:第一个主因子在 1919 年到 1996 年,首钢搬迁前的重大历史事件中载荷很大,可以称为“首钢搬迁前事件因子”;而第二个主因子在

2005年到2010年首钢搬迁过程事件中载荷很大，可以称为“首钢搬迁过程事件因子”。通过SPSS进行经过因子分析后得到两个因子的得分变量，将这两个主因子与集体主义价值观进行相关分析，可以发现“首钢搬迁过程事件因子”对集体主义价值观有一定影响，在0.05置信水平下，呈现弱正相关关系(表6-18)。

表6-18 企业重大事件两大因子与集体主义价值观相关分析结果表

	首钢搬迁前事件因子	首钢搬迁过程事件因子	集体主义价值观
首钢搬迁前事件因子	1.000		
*P*值			
有效样本	78		
首钢搬迁过程事件因子	0.000	1.000	
*P*值	1.000		
有效样本	78	78	
集体主义价值观	0.061	0.272	1.000
*P*值	0.593	0.016	
有效样本	78	78	80

6.3.3 首钢居民社会资本的演替分析

1) 首钢居民样本情况描述

“将年龄、性别、是否首钢工人、首钢工作时间、工人类型”作为控制变量。在SPSS中进行描述性检验，得到表6-19。

表6-19 首钢工人家属群体样本情况表

控制变量	样本描述		变量频次描述				
年龄	有效样本	漏点	40岁以下	41～50岁	51～60岁	61～70岁	70岁以上
	79	2	10	20	30	13	6
百分比	97.53%	2.47%	12.66%	25.32%	37.97%	16.46%	7.59%
性别	有效样本	漏点	男	女			
	80	1	38	42			
百分比	98.77%	1.23%	47.5%	52.5%			
是否首钢工人	有效样本	漏点	是	否			
	78	3	61	17			
百分比	96.3%	3.7%	78.2%	21.8%			
首钢工作时间	有效样本	漏点	10年以下	11～20年	21～30年	31～40年	
	61	20	7	14	25	15	
百分比	75.3%	24.7%	11.48%	22.95%	40.98%	24.59%	
工人类型	有效样本	漏点	退休工人	续聘工人	买断返聘工人		
	63	18	48	10	5		
百分比	77.78%	22.22%	76.19%	15.87%	7.94%		

从年龄来看，居民区内大多数受访者都是 40 岁以上的中老年人，40 岁以下的受访者仅占到 12.66％；而 51～60 岁之间的受访者最多，占到 37.97％，还有 24.05％的受访者是 60 岁以上的老年人，大都已经退休一段时间。

从性别来看，与受访的工人群体相比，受访的家属群体中女性比例要高于男性群体大概 5 个百分点。

从之前从事的工作来看，78.2％的受访者都曾经在首钢工作过，而 21.8％的受访者只是居住在首钢社区，但在首钢以外的单位工作。

从在首钢工作的时间来看，漏点率较高是因为很多受访者认为自己已经忘了在首钢工作多长时间。由于受访者年龄都较大，因此在首钢工作 20 年以上的受访者占到 65.57％。

从工人类型来看，76.19％的受访者是退休工人，仅有 15.87％是续聘工人，7.94％是买断返聘工人。

2）首钢居民社会资本分析

（1）适应功能

社会系统中适应功能的满足是通过生产、交换、分配、消费等一系列经济活动，使各种资源转化为满足各种需求的产品。适应功能代表社会中与物质世界最接近的力量，是一种强制的力量，无论人们是否喜欢它，都必须面对并适应它。工人群体依靠其从事生产活动的主体——工厂，获取工资、福利等，以此作为维持生活的基本物质保证。因此，我们通过“在工厂上班的家庭成员数、从工厂获得的收入占家庭总收入的比例、从工厂获得的福利”三个自填式问题调查工厂搬迁前后工人群体对环境的适应特征的变化。

这些离开首钢的工人，一般都被买断工龄，要求提前退休。问卷调查结果显示，首钢搬迁前，只有 1.5％的受访者家里没有人在首钢工作；而在搬迁后，这个比例已经增加到 25.9％。首钢搬迁前，有 58.2％的家庭至少有 2 人以上（包括 2 人）在首钢工作；而在工厂搬迁后，仅有 27.8％的家庭有 2 人以上（包括 2 人）在首钢工作，大多数家庭只维持首钢单职工的情况。

由于目前居住在首钢社区的受访者大多已退休、下岗，退休工人的退休金由社保负责，他们已不像以前主要依靠工资作为日常生活的经济来源。被调查者从首钢获得的经济收入占家庭总收入的比例普遍由 56.81％下降至 44.19％。

在与工厂相关的社会福利获得方面，受访的首钢工人家属普遍反映在首钢基本没有什么福利。在首钢搬迁前，“逢年过节都发东西”，有油、米、面等；而首钢搬迁后，这些福利基本没有了，受访者一般都在首钢搬迁后的福利一栏中填“无”。此外，搬迁前由于首钢厂区紧邻生活区，厂区内的各种公共设施也都是工人们可以享用的福利，比如澡堂、体育馆、礼堂、餐厅等；随着工厂的搬迁，这些融入工人们日常生活中的便利自然也都消失了。首钢老山社区保卫员大妈提到：

“现在什么福利都没有了，以前好歹还能吃一顿带一顿，顿顿都很便宜，馒头可以买回来，等于把晚饭都给解决了，我们这些（家属）洗澡也不要钱，副食品逢年过节都发。现在基本没有了，尤其是搬迁以后更没有了，甚至职工有病报销找不到单位……退休职工的钱不给增加，给在职的职工倒是多发了点钱，但也抵消不了物价上涨啊。”

“(过去)春节系统组织大家拜年,现在没了;以前还去北戴河的……工会工作削弱了,原来工会的活动都消失了。”

还有相当一部分的受访者都特别提到福利分房的问题:

“以前首钢有福利房,现在房子卖给个人,职工要自给自足。”

“以前上(去)首钢就是为了福利分房,现在没人想上了,不分房,而且买不起,房价20 000多了……”

总之,首钢整体搬迁后,留在原大院的居民与工厂的联系减少了,特别是从首钢退休的工人及家属,不再从工厂获得劳动报酬、社会福利等,转而依靠社会保障以及从事其他活动的收入作为维持生活的经济基础。工人群体对于工厂搬迁前后福利待遇的改变大多呈现负面的态度和评价。低水平的退休工资、锐减的物质性福利、消失的生活便利,对原本依赖工厂的工人群体的生活产生重大影响,而且工人们不得不面对这种适应性的改变。工人群体对环境适应特征的减弱必然会对工人群体与工厂之间的其他功能性联系造成影响。

(2) 目标达成功能

目标达成的体现主要是社会系统所具有的有助于确立其目标并为实现这些目标而激发和调动该系统中的能力与能量的功能。目标的决策与达到是由政治组织和利益群体发挥其影响,动员必要的人力和物力来完成,期望实现的是整个社会系统的目标。在中国特有的发展历程中,长期以来工厂作为“单位制”下存在的社会系统,工厂的稳定与发展是工人群体所共同追求的目标,而工厂的管理和组织部门则发挥着权威与领导的作用。随着首钢搬迁,受访居民大多不在首钢工作了,他们对于共同目标的强化与追求也必将发生改变。我们用“信任工厂领导组织、愿意发动同事解决问题、关注工厂的未来发展”三个主观感受性问题,以及“矛盾冲突的解决途径”来衡量这一方面的变化。对三个五点量表问题进行信度分析,Cronbach's Alpha 为 0.783,大于 0.7,符合问卷信度要求。

表 6-20 显示了工人群体在目标达成方面的社会文化特征变化。首钢搬迁前,被调查者对“信任首钢领导组织和管理部门”和“关注工厂未来发展并希望越来越好”均处于“一般”的认可水平,并对“发动同事解决工厂内出现的问题”呈现出“同意”的认可水平。首钢搬迁后,工人群体对工厂的领导和管理部门的信任程度下降到“一般”水平,发动同事解决工厂内出现的问题的意愿也显著降低。但对于“关注工厂未来发展并希望越来越好”,显著性差异不大,由于首钢整体搬迁,并仍在继续生产,因此,并不像近况不好的变压器厂那样产生明显降低的认同度。

表 6-20 首钢目标达成维度的社会文化特征变化表

	工厂搬迁前	工厂搬迁后	差异显著性水平
12. 您信任首钢的领导组织和管理部门	2.32	2.96	0.000
15. 您关注工厂的发展,并希望工厂的发展越来越好	1.70	2.03	0.002
19. 您愿意发动同事解决工厂内出现的问题	2.87	3.04	0.017

注:差异显著性水平小于 0.05 代表均值间的差别具有显著性意义。

在调查中，很多在首钢搬迁后退休、买断离岗的工人表示自己和工厂已经没什么关系，因此也不用考虑工厂目前的生产状况、发展是否出现问题等。工人们所提及的“关系”中最重要的一个方面即工厂曾是工人群体获得劳动报酬、社会保障和福利等资源的唯一渠道，工人对社会资源的获取、分配主要通过工厂实现。现在这种关系随着工厂整体搬迁、制度改革逐渐淡化，工人群体对首钢的强烈依附性也随之消弭。工厂的发展与这些老职工的切身利益没有太多关联，搬迁后工厂的市场化改革、转制等措施遭受部分老职工的批评与不满，甚至被视为出卖工人集体利益的行为，由此更加剧了工人群体对工厂领导组织的不信任。

对于社区内矛盾冲突的解决途径的调查，主要是为了考察工厂的行政机构是否在工人生活中仍然发挥作用。在工厂社区里，居民之间既是邻居，又是同事，工作与居住的空间不可避免地交叉、混杂在一起。在过去的“单位制”下，工厂的领导组织不仅发挥生产调配、利益分配等经济功能，同时在政治、社会领域对工人群体具有很强的规范和约束力，工厂的行政调解手段成为解决群体内部矛盾冲突的有效途径。这一点在变压器厂的调查中得到了验证。关于“矛盾冲突的解决途径”的选择，工厂搬迁前有 30.8%的人选择了“工厂领导调解或行政手段”，而工厂搬迁后没有人选择该选项。被调查者认为现在邻里之间有了矛盾会私下沟通解决或者通过居委会调解，而不会借助于工厂行政手段。这反映了工厂的管理组织在工人生活中的功能弱化，市场化的企业组织更多地发挥获取经济效益方面的功能。首钢搬迁后，留下来的工人群体不再强化有效的共同目标，以往的工厂单位社区逐渐转向单纯的居住社区，共同维护的是社区内居民生活的稳定，以前由功能泛化的工厂组织发挥的功能部分被居委会等所替代。

但在首钢社区中，由于首钢社区面积较大，有完善的居委会行政系统，工厂领导对居民生活方面的干预较少，因此在解决矛盾方面，搬迁前后的方式变化不大，依然是居委会调解为主，占到 60%左右的比例(表 6-21)。

表 6-21　首钢居民矛盾调解方式对比表

	首钢领导调解或行政手段	同事亲友调解	居委会调解	其他方式
搬迁前	10	10	47	10
百分比	12.99%	12.99%	61.03%	12.99%
搬迁后	7	11	48	11
百分比	9.09%	14.29%	62.33%	14.29%

(3) 整合功能

整合功能与社会系统各成员间的关系紧密相关。社会系统作为一个整体，要想有效地发挥功能，必须将各个成员联系在一起，保持某种程度的团结，整体上协调一致，避免出现分裂性冲突。针对首钢研究区域，主要考察单位大院居民群体之间社会联系的变化。首钢搬迁前，原有工业大院作为相对封闭的社会空间，工人群体是一种保持高密度联系的群体，同事、亲友之间在工作、生活的各个方面具有交集，维持一种紧密的社会网络。工厂的搬迁必定会对工人群体间的社会网络造成一定的影响。本书用七个问题衡量这一维度的变化，对四个五点量表问题进行信度分析，Cronbach's Alpha 为 0.842，大于 0.7，符合信度要求。

在与同事的联系上，我们从受访居民群体的日常生活角度考虑，调查了“上下班、购物等是否与同事同行，业余生活的朋友圈中同事的比例，是否有退休工人组织的娱乐活动”等三个问题。在“业余生活的朋友圈中同事的比例”方面，受访者从搬迁前的67.39%下降到 61.43%。将调查数据中前后比例相减，统计出 63.1%的人群认为朋友圈中同事比例不变，只有 3%的人群认为同事比例增加，剩余 33.9%的受访者都认为朋友圈中同事比例减小。“上下班、购物等日常行为的相伴”问题是同事间联系、交往频度的体现，调查结果显示工厂搬迁前后其变化明显。搬迁前 60.3%的首钢工人及家属与同事一起上下班或购物，但是搬迁后仅有 38.3%的首钢工人及家属与同事一起上下班或购物。结果表明对于大多数受访者而言，工厂的搬迁造成同事间日常联系减少，业余生活的朋友圈中同事所占比例降低。但是，由于社区内居住的大部分仍然是以前的同事，日常生活中依旧可以保持相对稳定的联系。尤其对于退休工人群体，每天购物、聊天、娱乐等相伴的对象大都是住在附近的老同事，仍保持较高的联系频次。从“是否有退休工人组织的娱乐活动”可以看出，在搬迁之前参与组织的合唱团、秧歌队等娱乐活动的比例为 48.5%，搬迁后为 42.1%，虽然略有降低，却变化不大。但是对于仍旧在首钢工作的受访者而言，因为首钢搬迁后，往往在迁钢或唐钢要“待上十天，休四天”，因此过去同事间的联系相对减少，但与现有同事之间的关系因为每天都工作或住在一起，反而更加密切。如有的受访者表示：

“和以前的工友联系少了，但也会经常联系上。”

“跟家里人联系少了，但是和北京的那些原来的工友，接触的还是蛮多的；平时和工友们接触多啊，这帮人现在干什么的都有，主要聚在一起就是吃饭啊，唠嗑啊。”

“和住在一起的那帮人（新的工友）联系多了，在宿舍，但是不是那种感觉，感觉没有和以前那些（工友）那么亲了。”

“因为是整体搬迁，周围基本没什么变，而且工友们一般都住一起，在工厂联系比过去更紧密了，但是回来各回各家，就基本上联系少了。”

表 6-22 显示了整合功能维度主观态度问题的前后比较结果。其中对“是首钢内重要的一分子”的认同具有明显差异（在 0.002 显著水平下相差 0.4），首钢搬迁后，工人群体对于工厂的情感认同显著降低，离家距离远了，工人与工厂之间情感性联系减少。正如贾师傅所言：

“其实搬不搬与工人都没什么关系，钱给少了，其他什么都没用，什么都加上了，也就 3 000 来块……不清楚建动漫园的事，不关心，也没听过……咱们就是给钱过日子，钱又不多挣，离家又远，什么都帮不上。”

在与同事、亲友的联系方面，被调查者在工厂搬迁前后两个时期的认可程度变化不大，其中对于“愿意邀请同事参加子女、孙辈的婚礼”的认可几乎没有差异。这一结果表明工厂的搬迁并没有对工人群体同事之间、亲友之间的紧密关系造成削弱，同事间互帮互助的友好关系仍然是大家普遍认同和珍视的。这一点在我们对部分社区居民的访谈调查中也得到充分体现。

表 6-22　首钢整合维度的社会文化特征变化表

	工厂搬迁前	工厂搬迁后	差异显著性水平
14. 您认同自己是首钢内重要的一分子	2.51	2.91	0.002
21. 您的子女、孙辈结婚时愿意邀请同事参加	2.07	2.22	0.011
23. 您的家里有困难时愿意找同事帮忙	2.46	2.59	0.028
24. 如果同事有困难向您求助，您愿意帮忙	1.74	1.81	0.167

注：差异显著性水平小于 0.05 代表均值间的差别具有显著性意义。

综上所述，工厂搬迁造成工人及其家属与工厂之间联系减少、情感认同削弱；虽然受访群体各成员之间的交流、联系会随着工作空间的外迁而相应减少，但是其共同生活的居住空间——单位大院仍然维持工人群体的整体协调与团结，工人及其家属们在长期共同工作、生活中所形成的紧密社会联系依然发挥着积极作用，这是促进社会整合、避免冲突的重要社会资源。

（4）模式维持功能

模式维持强调的是抽象层面的价值观的功能，主要围绕两个相关的问题：模式维持和紧张的处理。模式维持是确保社会系统的成员显示合适的个性，维持系统价值体系的统一；紧张的处理则是指应付处于社会系统中的成员之间的内部紧张。工人群体因其所从事的生产活动，在长期社会发展历史进程中逐渐形成了明显区别于其他社会群体的价值观念体系。结合中国的实际情况，我们从群体凝聚力、地位认同、集体主义观三个方面考察工厂搬迁前后工人群体在模式维持维度的社会文化变化。本书对三个五点量表问题进行信度分析，Cronbach's Alpha 为 0.797，大于 0.7，符合信度要求。

关于"首钢会举办集体活动以增强凝聚力"和"认同工人群体具有较高的社会地位"两个问题的调查，结果显示受访者在首钢搬迁后对这两个问题的认同程度都降低了，并存在差异性显著。工人及家属与工厂之间联系的减弱在各个维度都得到体现，首钢搬迁后工厂内缺乏组织、活动以维持工人群体文化、增强群体凝聚力。对于工人群体的社会地位，受访者普遍认为随着社会的发展，工人阶级的地位不断降低，并将首钢的搬迁纳入更为宏观的社会背景下，并主要提及国家经济体制转变等问题。

对团结协作与集体主义观念方面的考察呈现出不同于前两者的结果。首钢搬迁前后，受访者对于工人群体内具有较强的集体主义观念的认同程度基本没有改变，均值比较的差异水平不显著。这表明首钢虽然搬走了，工人与工厂之间的联系减少了，但是长时间的共同工作与生活，使得工人群体之间形成了一种强烈的团结互助的集体主义观念，并且在目前共同居住的社区内依然发挥着积极的作用（表 6-23）。

表 6-23　首钢模式维持维度的社会文化特征变化表

	工厂搬迁前	工厂搬迁后	差异显著性水平
13. 首钢会举办集体活动（体育、娱乐等）以增强凝聚力	2.68	3.14	0.000
28. 您认同工人群体具有较高的社会地位	2.87	3.11	0.012
29. 您认同工人群体具有较强的团结协作、集体主义观念	2.36	2.70	0.000

注：差异显著性水平小于 0.05 代表均值间的差别具有显著性意义。

6.4 首钢演替动力分析

6.4.1 首钢演替动力的结构分析

随着社会经济的发展、国家经济实力和国际地位的提高，北京作为首都继续重点发展重工业已不符合时代要求。20 世纪 80 年代，北京市开始加快产业结构调整，向国际化大都市转型。1985 年，北京市开始搬迁污染型企业，首钢从 2005 年开始实施陆续搬迁方案，2010 年基本完成。从动力因素上分析，主要包括政策调整、产业结构升级和资源环境压力。

1）高尺度政策调整

石景山老工业区是计划经济的产物，其工业主要为钢铁和冶金，区内有影响力的企业多为国有企业，并且是中央政府直接管辖的企业。因此，该区域的功能形成和变化在很大程度上取决于重大的政策调整。影响石景山社会经济发展方向的重大政策主要来自两个层面：一是国家层面的制度调整，即由计划经济向市场经济转型；二是北京市层面，北京市由生产型城市向"中国特色世界城市"转型。其中，在北京举办奥运会成为影响石景山发展的重要历史事件。可以说，石景山老工业区的衰落很大程度上是重大的社会经济制度调整导致的，但本书认为在中国这样的转型国家，老工业区的发展和振兴主要受到来自更高尺度的制度调整的影响。

2）产业结构升级动力

长期以来，石景山区以第二产业为主，为了打破工业拉动经济的格局，并推进由传统重工业区向现代化首都新城区的全面转型，加速经济向高端化、服务化转型，石景山区提出了打造北京 CRD 的发展战略。按照 CRD 的战略要求，首钢调整搬迁地区将成为整个石景山转型中的重要载体，其功能定位要在符合石景山区定位的基础上有创新、有分量、突出自身的主导功能；产业选择要与休闲娱乐业、商务会展业、创意科技业等有效对接，以对区域经济形成有效支撑，并通过产业的适度安排将搬迁的社会影响降至最低。

3）资源环境压力迫使

在经历了钢产业的发展后，石景山区未利用土地面积仅占土地总面积的 1.2%，能源供给与地区发展不匹配，水资源相对匮乏，环境污染非常严重，生态环境脆弱，资源环境的约束严重影响了石景山区经济的发展和宜居城区的建设。从资源环境的角度来看，首钢调整搬迁地区是要从过去环境容量严重透支，大量消耗能源、水、土地等物质资源的困境中摆脱出来，要转向强调资本、创意、技术、人才等非物质资源的产业并大力发展。

上述的演替动力是基于表层结构的分析。从深层结构来看，整个首钢涉钢产业的搬迁带来石景山区支柱产业崩溃①、下岗工人大幅增多②，石景山区迫切需要进行产业替代、就业转移、环境转化，包括科技产业、动漫产业等新兴产业的引入培育成为区域经济社会转型的关键，其背后驱动力还是对区域搬迁后工业土地价值再升值的追求。

① 2005 年，石景山区共实现工业产值 598 亿元，实现税收 36.9 亿元，其中首钢钢铁业总产值 350 亿元，上缴税金 16.8 亿元，分别占全区的 58.3%和 45.5%。

② 在石景山，与首钢相关的人口占区总人口的 40%以上。

6.4.2 首钢演替动力的结构化分析

本书调查了包括留守工人、买断工人、新晋工人在内的三种工人群体以及工人家属等在内的首钢搬迁过程中的主要主体。从结构化理论的角度看,在规则和资源束缚下的工人及其家属群体,其结构化动力在于试图从原来的集体主义文化中,找到群体的认同和自豪感。

其中,留守工人由于还能继续留在首钢工作,因此既有的集体主义文化得以延续。因为是整体搬迁,周围社会网络基本没什么变,而且一些部门的工友们一般都住在工人宿舍里,在工厂的时候联系反而比搬迁前更紧密了,倒是"回到石景山这边就各回各家了,基本上联系反而少了,可能因为工作时候天天在一起吧……(但是)和新的工友虽然住在一起,联系也挺多,并且都一宿舍的,但是不是那种感觉,感觉没有以前那么亲了;还是和以前那帮人联系"(李师傅,男,50 多岁,马上退休,炼钢部工作,没有选择买断,继续在首钢工作)。只是感觉"(因为要到曹妃甸工作),离石景山家远了,工作 10 天回来休息 4 天,离家远了,肯定没有在家自在,在外地挣 2 000,不如在家挣 1 000"(贾师傅,男,45 岁,在首钢和曹妃甸两个地方都待过)。对工人亲属而言这种感觉更加明显,原来还可以借助工人之间的社会网络拉近彼此距离,获得消息和相应的帮助,现在仅靠以前的社会网络予以维持,基本建立不了新的社会网络,一般也就"通过首钢电视台和石景山电视台获得点消息了"(首钢老山社区保卫员大妈)。

相比较留守的工人而言,买断后的工人则已经基本失去了对集体的归属感。从上文对工人家属的调查中就可以感觉到,许多受访者就是被首钢买断的工人。这些买断工人普遍都提到"35 万买断走人,以后就和首钢没啥事了"。即使部分买断工人在首钢的帮助下重新找到工作,但是原有的集体归属感也基本不在了。最为典型的案例是买断后重新被安置在石景山片区地铁当协警员的一批人,这批人是首钢与北京地铁公司签订协议的,地铁公司每收一个人,首钢给补贴 10 000 元。没想到,到地铁公司后不到一个月就开始"罢工"。根据江师傅(男,50 多岁,首钢内部安置在二钢做保安)的介绍:

"因为地铁公司原来答应如果一个月 30 天,天天上班就给 1 300,很多人都去上了,没有缺勤,但还是只给 1 200 元,不知什么原因就给扣了……于是,大家伙就怒了,以前还能忍一忍,为组织牺牲下,现在都觉得无所谓了,反正也没有组织,对自己的约束小了,都是个人行为,一伙人就闹一闹了,为自己争取利益。"对于被重新安置的这批工人而言,已经没有原来的集体归属感,但是由于是首钢出来的,也利于大家联合行动。

不过,原有的社会网络在工人安置工作中发挥了重要的作用,很多工人一般聚在一起打工或另谋生路。如郭师傅(男,47 岁,买断后又到唐海做临时工)提到的:"买断后,在家闲不住,以前的工友给介绍的,在那边(唐海)做个临时工……跟家里人联系少了,但是和北京的那些原来的工友接触的还是蛮多的,这帮人现在干什么的都有,主要聚在一起就是吃饭啊,唠嗑啊,也想着捣鼓点啥事……"

对于新晋的工人而言,老首钢对于他们没有什么直接的印象和技艺,受访人都表示"因为没有在首钢做过,没有对比"(小张师傅,男,20 多岁,保定人,没有在北京老首钢工作过)。相比较那些老工人而言,"由于新人新政策,没有前后对比,总体感觉还行……毕竟进了首钢,算比较轻松,而且比较稳定,家里挺满意的,当时进去那年首钢进入'世界

500强’，还有点自豪感”（小刘师傅，男，23岁，刚从华北电力大学毕业，在研发部工作）。这些新晋的工人正处在集体荣誉感塑造阶段，正在重新确立对“新首钢”的认同感。

最后，当询问到首钢中国动漫城的事情时，无论是各种类型的工人，还是家属都表示：“对首钢要盖动漫城的事不是太清楚，大家也不讨论这个”（李师傅）。极端的表达是“不清楚，不关心，也没听过”（贾师傅）。原因是“领导的事，和我们这些人有什么事，自己把自己的事做好了”（贾师傅）。在首钢演替后产业接续问题上，受限于位置的问题，工人及家属普遍表示不关心，但不清楚甚至不知道中国动漫城的建设，表示出一种领导与工人的对立。在这些工人看来，首钢是“他们的首钢”，是“领导的首钢”，不是“我的首钢”，“我的首钢”就是我身边的圈子和一份可以提供报酬的工作。这种领导与工人之间的对立情绪，根源在于工人认为自身付出与报酬不匹配的失落感，“挣得太少了，钱给少了，其他做什么都没用，把那些杂七杂八的都加上了也就3 000来块……赶不上物价上涨啊，在外地省吃俭用，一天30到40块，一个月到头来也就省下1 000来块”（张师傅，男，48岁，从首钢留续在曹妃甸工作）。这种失落感使得首钢老员工降低了对首钢的认同感，不利于首钢既有的集体主义文化的传承。

从不同的工人群体以及工人家属群体的访谈中可以发现，首钢意识形态层社会文化演替特征背后的结构化动力机制可以用涂尔干的结构功能主义理论来解释（袁泽民等，2008）。无论首钢还是首钢社区，都从原有的有机团结区域变为机械团结区域。在这个过程中，区域成员之间所要求的高度联系和目标一致性就被减弱，过去社区内的居民既是工作关系，也是邻里关系，两者都要求大家彼此协作、彼此互助往来，从而实现工厂对外提供优质工业产品的目标。工厂搬迁后，生计文化改变了，制度文化也随之改变，遗留下的就是企业的精神文化或意识形态文化了。这里需要讨论的是：如果企业经营业绩差，没有值得工人引以为荣的历史，那么企业的意识形态文化是否也会消失。由于研究时间问题，目前尚未选择这样的工业社区进行调查，设想的结论是：当工业企业搬迁后，只有那些历史辉煌的企业会在原地通过景观留下一些意识形态文化符号，或者通过老职工的居民，留下一些意识形态文化要素。但是当这些老员工过世或搬迁后，留在工业区的只有景观标志了。

6.5 首钢演替评价

6.5.1 集体主义价值观传承对首钢工人企业文化认同评价

1）首钢工人群体集体主义价值观传承

这种集体主义价值观是否在新员工中被传承呢？在上文控制变量的相关分析中，增加“在工厂工作时间”这一变量，可以发现年龄与工作时间呈现明显的正相关关系，相关系数为0.752，一般年龄越大在首钢工作的时间也越长。

通过对“在首钢开始工作的时间”和“在工厂工作的时间”两个指标进行描述性统计分析，发现2005年搬迁以前的员工占全部员工的87.33％，2005年搬迁后招聘的员工仅为12.66％。工作时长方面，主要是见证整个搬迁过程的员工（即入职11～20年），占到抽样员工的41.56％（表6-24）。

但这里考察的重点在于，工作时间与集体主义价值观也呈现出一定的正相关关系，且在 0.05 置信水平下，工作时间与集体价值观呈现出弱的正相关关系。员工在首钢工作时间越长，其集体主义价值观也相对较强。

表 6-24　首钢工人群体工作时间样本情况表

控制变量	样本描述		变量频次描述				
在首钢开始工作的时间	有效样本	漏点	1990 年以前	1990—2000 年	2000—2005 年	2005 年至今	
	79	1	18	39	12	10	
百分比	98.75%	1.25%	22.78%	49.37%	15.19%	12.66%	
在工厂工作的时间	有效样本	漏点	5 年以下	5～10 年	11～20 年	21～30 年	30 年以上
	77	3	8	14	32	18	5
百分比	96.25%	3.75%	10.39%	18.18%	41.56%	23.38%	6.49%

对年轻员工而言，因为对首钢搬迁前的情况不甚熟悉，尽管迎来了首钢搬迁后的新时期，但由于在唐钢、迁钢等新区域中生活联系更加密切，因此，集体主义价值观也有一定程度的传承，故没有很强的相关关系（表 6-25）。按照访谈中首钢一名刚入职不久的新员工小刘师傅的说法：

"因为（新员工）是一批人一起过去的（除了华电的，还有其他高校的），大家关系挺好，都是一批的，还有入厂培训，一批一批地在一起工作学习，回来以后（新员工）的联系就相对少了，大家各回各家，但是集体荣誉感还是很强的，还建立了一个群，没有领导的，一届的新生一个群，自发的；同时，每个部门大家有个群……同事之间也挺好的，特别是有师傅带着（大不了多少），'传帮带'，感觉帮助很大。"

表 6-25　首钢工人年龄、工作时间和集体主义价值观相关结果表

	年龄	工作时间	集体主义价值观
年龄	1.000		
P 值			
有效样本	79		
在首钢工作的时间	0.752	1.000	
P 值	0.000		
有效样本	76	77	
集体主义价值观	0.183	0.281	1.000
P 值	0.107	0.013	
有效样本	79	77	80

2）首钢工人群体集体主义价值观变化对企业文化认同评价

在上文对企业文化的回溯中提过，随着首钢搬迁后，企业文化也发生了巨大的变化。在 2003 年以前，是典型的以"团结合作、奋发向上"的集体主义价值观为导向的企业文化，而后期则是以提倡"创新"为代表的个人主义价值观为导向的新型企业文化。那么在传承过程中，这种企业文化的灌输是否会受到工人群体依然留存的集体主义价值观的影响？

本书将首钢企业文化分为两种类型：一种是个人主义价值观的企业文化，一种则是集体主义价值观的企业文化。通过受访者对首钢企业文化的认同，将对企业文化的总体认同、两期企业文化的认同以及集体主义价值观进行相关分析，发现企业文化与集体主义价值观并没有显著的相关关系，即集体主义价值观与集体主义企业文化和个人主义企业文化都没有显著的相关关系（表 6-26）。

表 6-26　企业文化同集体主义价值观的相关关系结果表

	企业文化	集体主义企业文化	个人主义企业文化	集体主义价值观
企业文化	1.000			
P 值				
有效样本	80			
集体主义企业文化	0.885	1.000		
P 值	0.000			
有效样本	80	80		
个人主义企业文化	0.890	0.576	1.000	
P 值	0.000	0.000		
有效样本	80	80	80	
集体主义价值观	0.147	0.152	0.109	1.000
P 值	0.194	0.178	0.334	
有效样本	80	80	80	80

进一步将年龄、性别、籍贯、住所、工作时间、家庭首钢工人数、前后部门一致性和工人类型在内的 8 个控制变量与企业文化以及两种不同类型的企业文化认同作相关分析，发现基本上并无显著相关关系，可见不同类型的工人群体对企业文化的认同不受这些控制变量的影响（表 6-27）。

表 6-27　控制变量同企业文化的相关关系结果表

	年龄	性别	籍贯	住所	工作时间	家庭首钢工人数	前后部门一致性	工人类型
企业文化	0.052	−0.021	−0.075	0.019	0.138	−0.003	−0.115	−0.020
P 值	0.651	0.854	0.542	0.884	0.232	0.982	0.321	0.866
有效样本	79	80	69	62	77	75	76	72
集体主义企业文化	0.171	0.033	−0.027	−0.036	0.200	0.022	−0.106	−0.119
P 值	0.131	0.773	0.829	0.783	0.081	0.852	0.362	0.320
有效样本	79	80	69	62	77	75	76	72
个人主义企业文化	−0.079	−0.069	−0.106	0.070	0.045	−0.029	−0.101	0.081
P 值	0.487	0.545	0.386	0.587	0.697	0.802	0.383	0.500
有效样本	79	80	69	62	77	75	76	72

6.5.2 社会资本对首钢居民生活满意度影响评价

研究设置了"对首钢搬迁后社区生活的总体满意度"指标，有42%的受访工人家属群体对搬迁后的首钢社区生活满意度表示"一般"，还有37%的受访工人群体表示"不满意"，仅有14%的受访群体表示"满意"或"非常满意"，还有7%表示"非常不满意"，受访工人整体对生活满意度表示不满(图6-12)。

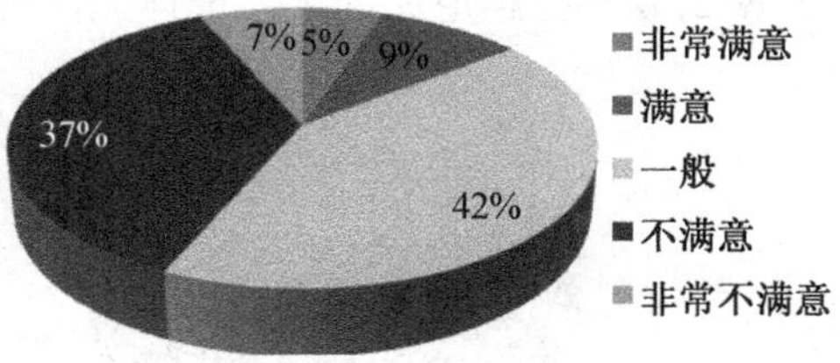

图6-12　首钢工人群体生活满意度图

研究将搬迁后工人群体的总体社会资本与生活满意度指标作相关分析，可以发现搬迁后工人群体的整体社会资本与生活满意度呈现显著正相关，且相关系数为0.514，即工人家属社区整体社会资本越大，对生活满意度也越高。而且，目标达成维度、模式维持维度和整合维度都与生活满意度有一定的正相关关系(表6-28)。

表6-28　社会资本同生活满意度的相关关系结果表

	搬迁后总体社会资本	生活满意度	目标达成维度	模式维持维度	整合维度
搬迁后总体社会资本	1.000				
*P*值					
有效样本	78				
生活满意度	0.514	1.000			
*P*值	0.000				
有效样本	75	76			
目标达成维度	0.864	0.389	1.000		
*P*值	0.000	0.001			
有效样本	75	72	75		
模式维持维度	0.840	0.490	0.650	1.000	
*P*值	0.000	0.000	0.000		
有效样本	75	72	72	75	
整合维度	0.826	0.394	0.550	0.506	1.000
*P*值	0.000	0.001	0.000	0.000	
有效样本	76	73	74	74	76

6.5.3 演替过程中首钢社会文化的变与不变

为了测度首钢社会文化的整体变化，无论是对首钢工人群体还是对首钢工人家属，都设置了"首钢搬迁前后，各方面的变化情况"这一问题。

对于首钢工人群体而言，有59%的受访工人认为变化比较大，有21%的受访工人认为变化非常大，两者占到了80%，仅有20%的受访工人认为没有变化或变化很小。原因在于工作地点、环境、同事、工作本身的变化让工人群体感受到明显的变化，这种变化是工人家属或者已经退休的工人群体无法感受到的，毕竟没有经历直接的调整(图6-13)。

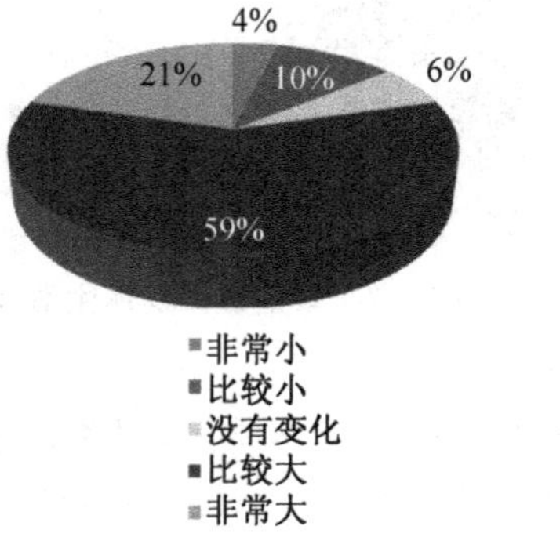

图6-13　首钢工人群体认为首钢搬迁前后变化程度图

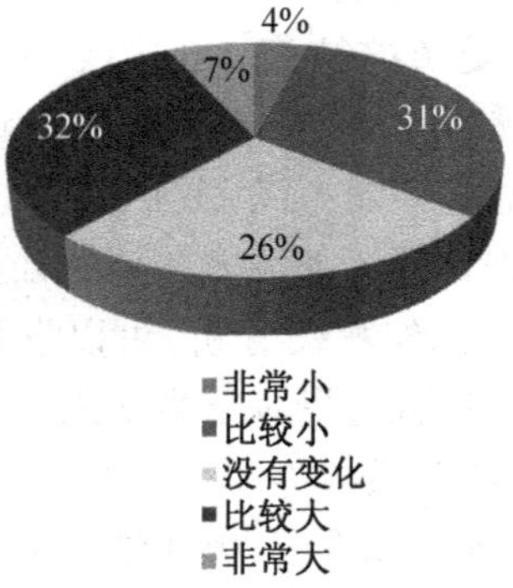

图6-14　首钢工人家属群体认为首钢搬迁前后变化程度图

对于首钢工人家属而言，31%的工人家属群体表示变化比较小，而与之对应的是有32%的家属群体认为变化比较大，两个群体比例基本持平，而26%的群体表示没有什么变化(图6-14)。

在问及开放性问题“首钢哪部分变化最大”，受访工人认为的变化可以归纳为7个方面：(1)工作地点，这是最多工人认为变化最大的地方，“上班的距离”“离家远”等；(2)技术方面，如“产量、质量上去了”“首钢的品种钢更上一层楼”等；(3)发展方向，如“钢铁产业不再占主导”“生产新的产品，高附加新产品”“用陈旧的思想不切实际搞新企业”等；(4)企业文化，如“更突出以人为本”“敢于创新，求真务实”“与时俱进”“企业文化变迁”等；(5)生活环境，如“环境变化大”“新厂房，新设备”“美化了环境”等；(6)工作人员方面，表现在“人员流动性大”“工人思想变了”等；(7)管理方面，工人表示“设备设施一流，管理有待提高”“工作程序发生变化”等。而受访工人家属对这些变化表现地更为分散，但是最集中表现在：(1)福利的变化，认为“工资少了”“工资、福利、职工住房不如先前好”“给200元有5～6年了，这种情况的还有1 000多人”；(2)生活圈子的变化，“生活朋友少了”“朋友少了”“关系网变了”“凄凉了”“人心散了”；(3)两地分居，如“职工分散全国各处，离家较远”“两地分居，家庭生活无法顾及”；(4)失业问题，“买断，失业，生活”“厂子停产，规模变化，可能面临失业”等；(5)环境问题，普遍认为“环境干净多了”“社区空气污染变小”“景色宜人，空气新鲜”“干净了环境”等；(6)生产格局，认为“生产管理都有变化”“生产增多，进步了”；(7)文化环境，“文化环境没有过去好，过去维护好，现在没人维护”“文化馆没有了”等。无论工人还是工人家属都有一些持不关心的态度，认为没有什么变化，原因是“跟我们没有关系”“不关心，爱搬不搬”，还有人有“恍若隔世”的感觉。

在问及开放性问题“首钢哪部分变化让您觉得最可惜”，受访工人反映最多的是：(1)工作地点的问题，认为“离家远了，回不了家”“上班远了”“坐车时间太长”，甚至“交女朋友不方便”“与家人之间距离远了”等；(2)环境问题，“生活环境变化太大”；(3)管理问题，现在是“封锁似管理”“搬迁前是人性化，之后是制度化”；(4)人员问题，“厂区的人气”“人员结构”变化了可惜，尤其是“过去的人情味”，现在都是“人浮于事”“人才流失”“职工各奔东西”，原来“员工之间的融洽感情”，现在“人性差”；(5)产业问题，“产业分散”“老产品少了，没有了”。而工人家属认为变化可惜的，主要是：(1)下岗问题，“下岗的太多了”“一些老职工辞退活不下去了”；(2)人际关系问题，如“同事少了”“人少了，不热闹了”“同事关系疏离”“人情淡泊不繁荣了”等；(3)福利问题，“各方面（检查身体，组织活动）等都没了”“退休福利没了”“现在职工的待遇不如以前”；(4)社区管理，“小区没有以前管理得好”“上级领导对社区的关怀减少”；(5)还有一部分家属提到“归属感”，认为现在“精神空虚，无归属感”。同样，也有一部分人认为“没有什么可惜”的，“跟我们没关系”。而对于搬走这件事可惜不可惜，有的家属认为“可惜”，毕竟“干了这些年，突然就搬走了”；而有的家属则认为“不可惜”，因为是“国家规划”的。

在问及开放性问题“首钢搬迁前后，什么方面没有改变并且可以传承下去”，无论是工人还是工人家属，提及最多的是“首钢精神”，即企业精神或企业文化。受访工人提及最多的是“首钢人的进取精神”“博采众长，人才为本”“与时俱进，敢于创新，求真务实，人才为本”“诚信敬业”等；而工人家属很多都是老首钢人，都提到老首钢的工作作风，即“老工人的精神艰苦奋斗”“团结”“首钢精神——独立自主，艰苦奋斗，改革创新”“发生重大灾难时仍帮助，实在的团结互助精神”。从受访工人层面来说，希望传承的还有人际关系（“老职工对首钢的感情”）、福利体制、规章制度等，还有工人提及“对家人的思念”；而工人家属希望传承的则是优良的环境、好的社区和物业服务，还有记忆。也有少部分家属则认为“没有传承，设施可以参观”。

从首钢受访居民对首钢总体变化的调查中可以发现，实体层面，环境、福利、制度的变化相对给人直接的变化感觉，但由于不同受访居民群体家庭中亲属在岗或退休情况不同，每个人对这些变化的感知程度也不同。尤其是目前现阶段厂区还基本保留，还未开始实施大规模开发，工厂环境本身并没有让工人和家属感觉特别可惜。但制度关系层的“人员关系”和“人情味”、意识形态层面的首钢精神、首钢企业文化则是受访居民群体反复提及的，认为失去最为可惜，希望可以一直传承下去，因为这涉及首钢工人及其家属的认同感和归属感。

因此，这里需要考虑当工厂搬迁之后，保留下来的原意识形态文化是否能够构成地方性的问题。人们对昔日企业辉煌历史持有的荣耀感，在新的工作岗位上保持的国营大企业工人素质的自觉意识，在社区建设中对企业原有景观的保护愿望，这些都是意识形态层面上的内容，而工人与企业、工人与工人之间的网络联系则大大减弱。由于与工厂的经济联系的削弱，社会文化由于其惰性，始终停留在过去时代，会造成另外一种意识形态文化空间上的不整合。首钢工人的集体主义文化尽管降低，但是其存在的一定依赖和留存，在一定程度却成为他们进一步发展的阻碍。而包括中国动漫城、现代服务业示范区等新概念的提出，一方面由于没有特别的途径告知工人们首钢的未来，另一方面首钢搬迁后工人对自身利益追求的结构化动力，导致他们也并不关心首钢的未来是什么样的，因此，这种集体主义文化的归属只是狭义上的归属，而不是真正意义上的能够上升到集体荣誉感的，无法转化为企业发展动力的文化氛围或者居民的社会资本。所以，这种集体荣誉感和对首钢工厂的认同感，在本案例中表现出与时间和历史的相关性，即承载在年长及经历过首钢搬迁的工人及其家属身上，而与首钢地区之间的关系还有待检验。尤其是现在首钢尚未进行大规模改造，若将来一旦首钢厂区改造完成，承载石景山首钢辉煌记忆的人们还能将这种集体荣誉感和记忆传承下去吗？

6.6 本章小结

从工业景观看，首钢搬迁后，石景山地区并没有完全进入“去首钢化”时代，而是积极利用首钢工业文化遗址，为接续的科技和创意产业提供了发展空间。在社会组织制度层面上，首钢居民之间社会网络变得松散，老工友之间的社会网络联系降低，但是工人之间由于住宿制构筑了新型的紧密网络。在意识形态层面上，原有的集体主义价值观在年长的首钢工人及其亲属中有留存，但此价值观对各种类型首钢工人企业文化的认同没有产生直接的影响。

由于首钢搬迁后，大量在岗工人依旧居住在原来首钢居民区内，因此，本研究在对首钢社会文化空间进行调研时，从首钢工人家属和首钢在岗工人两个方面展开。其中，对首钢工人的调研结果显示：第一，由于首钢采用整体搬迁的策略，原来的工友关系一般得以维持。首钢搬迁后，依旧在岗的工人群体呈现出显著的“居作分离”，工人们除了工作在一起，连生活都在一起，现在的工人一起居住在工人集体宿舍里，往昔团结协作的集体主义观念得以保留。第二，这种集体主义文化观念在一定程度上反映在首钢企业价值观中，但是在首钢搬迁以及企业文化整体转型的背景下，建立在原有传统工业景观基础上的创意产业以及“创新型”的企业文化，对原有集体主义企业文化价值观发生了冲击。第三，集体主义价值观与企业文化认同之间并没有建构直接的联系。这种对集体主义文化价值观的冲击主要表现在搬迁后新招聘的年轻企业工人与首钢未完全搬迁的老工人之间的差异，年轻企业工人与原有首钢老厂区并没有建构起相应的地方感，而老工人对首钢老厂区的归属感则更为显著，且集体主义文化价值观也表现强烈。第四，首钢重要历史事件对不同工人群体的企业文化价值观呈现弱正相关关系。

而对首钢工人家属的调研结果，反映出：第一，在原来老工厂的居住社区中，由于留下来的工人与工厂的联系少了，因此工人群体从工厂获得的经济效益显著降低且社区的适应特征减弱了。第二，原来同事之间是紧密的“有机团结”，现在该社区逐渐由单位社区向单纯的居住社区转变，“机械团结”为目前的社会组织特征，居委会替代了工厂管理组织在目标达成上的部分功能，作为邻居的工人关系变为“机械团结”关系。第三，往昔团结协作的集体主义观念同样强烈保留着，但是由于首钢社区规模大，许多原居民将住房出租或者转让给非首钢人，使得家属区中工人家属之间的关系受到影响而削弱。第四，社会资本的增加对居民生活满意度有正面的影响。

从老工业区演替的结构表层的结构动力上分析，老工业区的演替过程很大程度上是重大的社会经济制度调整导致的，当然也存在老工业区内技术和经济结构不适应外部环境的变化，即呈现出哥瑞波赫(Grabher)描述的技术僵化、认识结构同质化、利益捆绑导致不愿意接受新鲜事物三种锁定(Grabher，1993)。但从深层的结构动力来看，土地的主动升值、土地使用类型转型以及为提高环境质量而被迫提高的土地成本，本质上都是资本追逐的结果。从结构化动力来看，集体主义文化呈现出一定的稳定性，原因在于老的工人群体习惯在原来的集体主义文化中找到群体的认同和自豪感，但是外迁进入的家属、年轻工人以及新晋的创意工人群体并没有在集体主义文化中浸淫，因此这种群体归属感也并没有体现，表现出“机械整合”的特征，反过来也体现出集体主义文化下“有机整合”对群体认同的重要意义（袁泽民等，2008）（表 6-29）。

表 6-29　北京首钢空间演替情况小结

维度	载体	原工业空间特征（2010 年前）	现工业空间特征（2010 年后）
生计层	建筑景观	首钢工厂	首钢工业遗址；中国动漫城的艺术文化墙
	企业分布	相对本土化的首钢集团（国家尺度上）及其下属企业	走国际化和多元化的世界 500 强——首钢集团（国际尺度）；首钢搬迁；少量以动漫为代表的企业入驻
制度关系层	制度	传统大型国有企业管理制度	重塑企业文化；“传、帮、带”制度在企业内保留（空间上实行宿舍制，而且有 QQ 群等新型交流形式出现）
	关系网络	工业大院居住群体社会网络联系紧密	1. 工业大院居住群体社会网络较受外来群体冲击，网络变得松散（人情味变了）； 2. 集体主义价值观与年龄有关，只在年龄较大的群体中传承（对工厂更具有地方依恋）； 3. 以首钢搬迁过程为代表的重大事件对集体主义价值观有一定影响
意识形态层	区域形象定位	北京首钢原材料工业区	CRD；中国动漫城
	区域价值观	集体主义价值观（首钢精神）	个体主义价值观（新首钢精神）
	企业文化	集体主义型的企业文化	1. 创新主义型的企业文化； 2. 无论集体主义还是个体主义价值观，与企业文化认同都没有直接的影响

7 工业空间演替与社会文化空间的互动模式与展望

7.1 北京工业空间演替后的社会文化空间留存

本书从宏观尺度探讨了北京工业空间的演替，并以此作为背景探讨在三个不同类型的工业区发生工业空间演替过程中，社会文化空间的变化情况。从宏观尺度来看，本书从产业结构升级、工业企业外迁、劳动力结构调整、工业土地利用变化四个维度，探讨了北京市工业空间的演替情况，得到的结论是：第一，近30年，北京市产业结构逐步升级，第三产业比重持续增加；第二，北京市工业企业不断外迁，城市功能拓展区和城市发展新区成为现阶段工业企业集聚地；第三，北京市劳动力结构随之调整，城市发展新区成为劳动力主要增长的区域；第四，北京市工业土地利用发生演替，文化创意产业园区成为主要替代，北京开发区进行清理，园区用地不断整合，工业企业大量外迁，工业用地腾退，高新技术园区和文化创意产业集聚区成为工业园区的升级方向。按照马克思结构主义的观点，这种工业空间演替背后的表层结构动力是由于经济、政策、城市扩张和环境要素的影响，但深层动力是由于追求利润最大化的经济逻辑决定了工业空间演替的过程。

在这样的宏观背景下，本书选择了北京平谷东高村镇、西城普天德胜科技园区和石景山首钢作为三个典型研究案例，分别探讨这些区域工业空间演替过程中社会文化空间的变化情况。得到结果：

第一，以生产技艺为代表的生计层文化、以制度和社会网络为代表的制度关系层文化以及以区域精神为代表的意识形态层文化在空间上都有可能留存。从社会文化空间上看，生计层的留存除了表现为一定的物质景观痕迹或者地标性建筑的留存外，还表现为如生产技艺在某个特定空间（如东高村镇）内的相对封闭的传承系统；制度关系层则表现为工业空间演替前的制度和社会网络在空间内的企业内传承（如普天德胜科技园）；意识形态层在很多时候则表现为空间内工人群体或家属群体对某种意识形态或者区域精神文化的认同（如首钢）。除了一些工业遗产外，这些社会文化大多以当地企业、居民和村民作为载体呈现，一旦这些留存文化的承载主体迁移或消逝的时候，这个地方很可能就剩下物质形态的工业景观，而新晋的企业或人群缺少对这些景观的共同记忆，无法真正解读景观背后的符号意义，对地方的认同也很可能因此消失，进而导致工业空间演替后的地方性消弭。

第二，从演替和留存的驱动力上看，结构动力是促成工业空间演替的核心驱动力（即变的动力），而结构化动力则是空间演替过程中文化留存的核心驱动力（不变的动力）。对资本的逐利性依然是演替的结构动力所在。而不同主体在这样的结构框架下的结构化动力，则受限于各个主体不同的权力。在案例中，政府、大企业以及领导阶层成为结构动力的代表，更容易追求空间的经济利益生产，而包括中小企业、区域居民以及工人阶层在考虑自身利益的同时，受限于整个结构，一般没有权力跳脱这样的结构，去追求结构之外的空间其他利益，如社会文化利益。尤其在国内现有的体制下，政府靠财政税收获利，然后在税收基础上，实现财富的再分配，接下来才会对文化留存进行考量，并且也主要是从文化空间的再生产角度出发。同时，工业用地作为土地中获利最高的用地之一，政府在决定空间演替的过程中，更多的是从结构性的趋同性方面考虑，这与居住用地的演替具有明显的不同。民众和企业同样具有逐利性，这点诉求与政府是一致的。但是在结构化动力方面，不同民众、企业非逐利性诉求，由于意见的分散容易被掩盖，民众有决定空间演替的诉求，但是能力显然不足。而政府原本应该是以民众、企业的代理组织形式出现的，却在很多时候越俎代庖，用自身意志代替了其他群体的意志，最终导致过度的结构动力取代了不同群体相对弱势的结构化动力。

第三，从演替的效果评价来看，本书是从效益的可持续性以及留存景观是否构成地方性两个角度展开进行探讨。首先就东高村镇而言，由于政府、学校、企业、工人和村民等多元主体的介入，正逐步形成具有根植性的地方性知识传承系统，进而很可能固化成为地方文化资本，这种资本会在一定程度上支撑当地提琴产品高端化，并支撑本地向“中国乐谷”升级的可持续发展路径。其次，在原有工业空间基础上发展起来的社会网络为普天德胜科技园的发展提供了一定的条件，尤其是对通信类企业有一定的促进作用。但与租金和税收的成本减免等因素相比，并没有成为吸引新企业入驻科技园区的主要因素。以工业设计产业为主的 DRC 园区内部新建立起来的企业网络能够促进位于结构洞位置的企业创新，但是上述这种制度和社会网络的继承是通过产业类型延续，而非基于园区，这种继承下来的制度和网络在北京甚至西城区尺度范围内都具有类同性，没有使企业对园区产生黏性。最后，留存的集体主义价值观对各种类型首钢工人企业文化的认同没有产生直接的影响，而社会资本与首钢居民生活满意度影响呈现正相关关系。首钢在从“北京的首钢”迈向“世界的首钢”的发展过程中，会在原工业区通过留存的工业遗址景观以及老员工及其家属，留下一些意识形态文化符号，但是当这代人过世或搬迁后，留在工业区的很可能就只剩下物质景观标志了。

那么在探讨北京案例的基础上，是否可以更进一步地解释这种工业空间演替与社会文化空间的互动规律？这一问题将在这一章节探讨。

7.2 工业空间演替与社会文化空间互动模式总结

通过北京的案例分析，本书从工业空间演替社会文化的留存、演替动力和演替评价三个方面对工业空间演替与社会文化空间的互动模式做个总结。

7.2.1 演替留存——基于地方性的思考

本书探讨工业空间演替后的留存，核心在于思考该留存是否能够构成演替后该地的地方性。这里通过“三个本性”[①]来总结探讨三个案例区的留存是否可以构成地方性。所谓“三个本性”：第一本性，即所谓的“真山真水”，是强调地方所处的自然环境；第二本性，为一般意义上的实体空间，是人为作用的结果，典型的如建筑、道路、具体物质文化产品等；第三本性，则是由地方文本、历史事件和个人经验等作用形成的。只有这些地方留存真正具备了三个本性，才有可能形成地方性。

---

① 导师原创，并在读书会上多次提及，相关论著即将出版。

从本书的三个案例来看，就东高村镇而言，在发展过程中已经具备了得天独厚的第一和第二本性，相对特殊的自然气候氛围孕育出有美妙音色的小提琴，使得并不是任何一个地方就能够从事该产业，且不是任何一个地方可以轻易复制这种模式，从而构成了地方发展的第一本性；而地处北京，靠近天津港，位于三个区域高速路口交汇处的特殊区位优势，也为其外向型的发展模式构筑了第二本性；在演替过程中，提琴制作工艺原本属于第二本性，在传承过程中开始是由企业、工人和村民为主导，但其具有可迁移性，一旦企业或者村民搬迁，则该本性消失，地方性也无从谈起；而目前包括政府、学校等主体开始关注到这点，通过正规的组织机构将这种传承系统稳定在东高村镇的空间内，同时，随着原有技艺工人在传承过程中经验的不断累积，已经逐步形成了除提琴工艺的机械技术之外，基于个人经验的隐性知识，可以说第三本性正逐步累积形成。但是“中国乐谷”计划的提出，可以看成是地方发展的一个重要事件，也导致这种第三本性的积累过程受到冲击，原因在于更多的音乐文化形式进入，既有的提琴工艺学习累积过程容易被冲断，故一定要保持住这种地方性知识的传承创新系统，由其构成地方的第三本性，进而形成东高村镇的地方性。

在普天德胜科技园的案例中，由于园区位于市区中心已经完全城市化，不存在对于第一本性的探讨，而第二本性也已经产生巨大的改变，原有的邮电 508 厂已经基本被住宅区和现有的办公楼所演替；如果要建构该地方的地方性，唯有依靠其第三本性，政策文本中呈现的制度以及政府、企业主体间的网络关系成为研究的重点，但是这种制度关系空间，在本案例中，除了对于通信类企业具有一定的传承性(原因是该类企业可以从中获益)，对于新进入的企业，尽管制度保障这些企业可以获得一定租金和税收的减免，网络可以在一定程度上获得创新，但是，这种制度演替的历史以及基于企业的网络都不必然附着在空间上，且在北京甚至仅在西城区范围内，都不具有特殊性，因此在整个演替过程中，这种制度网络层文化的传承可以说是非常困难的。而由于 508 厂与首钢不同，并没有在北京工业发展史上画上特别浓重的一笔，一旦原来的老工人逝世后，连对 508 厂的记忆都很难找寻，仅有的一些线索只能通过少量文本呈现。换句话说，普天德胜科技园区在演替过程中，还未呈现出真正的地方性。

在首钢案例中，其第一本性没有发生变化。第二本性中实体空间原有的厂房正逐渐转化为工业遗产，其中有部分具有极高综合价值的工业遗产被强制保留下来，进而构成地方承载人群记忆的依附点。而在第三本性的探讨中，案例着重探讨了首钢工人和工人家属的集体主义价值观和对区域的认同。与普天德胜科技园的案例相同，这种基于个人经验的第三本性，一旦这部分人群逝去后，这种共同记忆该如何传承成为一个核心的问题。尤其是如何将这种基于集体主义文化价值观的“首钢精神”上升为地方的第三本性，进而使得进入该地方的新人群也会积极地去认同，而不是仅仅通过对厂区第二本性——首钢工业遗产的保存和改造，获得工具性的联系和认同。这在目前的讨论中没有，因此也无法推断首钢厂区已经形成了地方性。

综上所述，在工业空间的演替过程中，三个本性的第一本性基本没有改变，但是第二本性中以厂房、标志物等为代表的实体空间相对最容易留存，却也最容易遭到破坏。第三本性中，意识形态层文化比制度关系层文化在空间上的留存难度要高许多，但是一旦留存就具有更强的稳定性。同时，判断工业演替过程中地方特征的留存是否构成地方性，最为关键的标准是留存特征的在地性和特殊性。在地性表示与地方绑定是拿不走的，特殊性则代表其无法复制。在判断演替去留后是否形成地方性问题上，地方第三本性，尤其是历史事件的在地性和特殊性是判断的关键。

7.2.2 演替动力——不同时空权力属性的主体路径选择

在结构主义观点下，对剩余资本和更高利益的追求是空间演替的深层动力。但进一步分析可以发现，在理性经济人的假设前提下，行动主体均具有这种结构共性——“逐利性”。通过北京三个案例的研究可以发现，实际上从工业空间演替的开始，如“中国乐谷”的筹划就是政府、企业和村民之间的博弈；到工业空间演替的过程，如首钢搬迁过程中，领导（往往作为政府的代表）与工人及家属之间的博弈；再到工业空间演替的结束，如普天德胜科技园区内现有管委会（政府派出机构）、新老企业之间的博弈。整个工业空间的演替过程都充满了不同主体的博弈，选择的依据就是各个主体利益的最大化，即演替的结构动力所在。本质上是对空间发展路径的选择问题，即梅西历史层累理论中，从一个历史层到另一个历史层的选择问题。

根据吉登斯结构化理论的框架，以权力为核心的时空关系组成了结构化理论的主要脉络（Gregory，1985）。他认为结构由规则和资源构成，包括知识、技能、实践竞争力，也就是我们一般认为的广义的社会文化。社会文化空间在很大程度上可以表征为特定空间内承载不同社会文化的主体，换句话说就是不同主体具有对不同资源的掌握能力，即行动主体具有不同的权力属性特征。显然，区域发展（工业空间演替可以看成是其中一个方面）过程中的行动主体不仅仅只有一个，并且不同行动主体的选择路径是不同的，不同行动主体通过互相博弈，最后才能得到区域的发展路径。那么，谁能获得区域发展路径的选择权就代表着谁将获得这个区域发展的选择权。

本书首先将各个主体具有的权力分解为政治权力、经济权力和社会权力。其中，政治属性表示规则的制定和运用诸如政治、法律、信息等手段来维护自身阶层利益的能力；经济属性表示经济实力的大小和经济利益逐利性强弱；社会文化属性表示维护自身阶层社会文化效益的权力。并对目前空间演替过程中最为常见的三大主体，即政府、企业、居民，根据各个实体的三大权力进行排序，得到表 7-1。

表 7-1 空间演替过程主体属性排序表

	政治权力	经济权力	社会文化权力	综合权力
政府	强	较强	强	强
企业	较强	强	较强	较强
居民	弱	弱	弱	弱

对北京三个案例作进一步分析，得到表 7-2。可见，尽管参与整个工业空间演替过程的主体非常多元，但是获得区域路径选择权的行动主体都是政府或大企业，即具有更强的制定和运用诸如经济、文化、政治、法律、信息等手段来维护主体自身利益的能力的行动主体。这里即使都是企业，大企业也会因为获得资源的能力更强而获得路径选择权，同理即使在同一企业内，管理领导层在资源获取上显然要优于工人阶层，而决定了区域的演替路径。相对弱势的行动能力，只能依附于这些获得路径选择权的行动主体，虽然有一定的应激性反映，但是对路径选择的影响力往往不够，有的甚至如调查中的首钢工人，对首钢二通厂区要变成

"中国动漫城"的事情都闻所未闻,因为"那都是领导的事,我们自己过好自己的就好"。

表 7-2 北京空间演替参与主体分析

案例	参与的行动主体	获得路径选择权的行动主体
东高村镇	政府(东高村镇、平谷区、北京市)、大企业(HD、QQY)、中小企业(作坊)、村民	政府、大企业
普天德胜科技园	政府(中关村德胜科技园管委会、西城区、北京市)、大企业(普天集团)、园区内中小企业、工厂退休居民	政府、大企业
首钢	政府(石景山区、北京市)、首钢集团领导层、首钢集团不同工人群体、首钢家属	政府、首钢集团领导层

如果进一步根据吉登斯的结构化理论,将其与时间地理学结合考虑,其中时间和空间也成为日常生活中必须利用的资源,即我们可以描绘出的时空路径,在某个时间节点,在某空间进行某种行为,构成一段时空的路径,人们沿着这样的路径不断与其他人接触,进而最终形成了时空活动束。拥有更强综合权力的行动主体通过不断优先选择最优路径,进一步巩固自身在区域发展过程中路径的选择权,进而可以在最优时间内做出效益最大化的时空活动束选择,这种基于强大综合权力而不断获得的优先路径选择权的能力,可以称为"时空权力"。

综上所述,本书认为工业空间与社会文化空间演替互动的动力机制,实际上是在逐利的结构框架下,具有更强综合权力的行动主体在空间演替过程中行使其时空权力,并进一步塑造巩固这种权力,进而控制空间再生产的过程。图 7-1 是这种动力机制的示例。

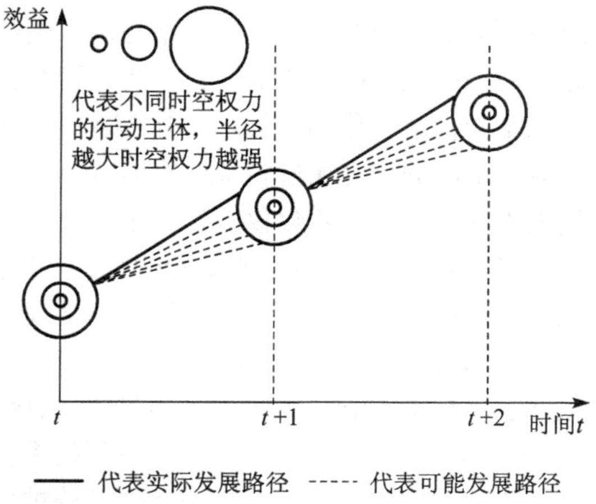

图 7-1 工业空间演替的动力机制示意图

7.2.3 演替评价——基于可持续性与尺度唯一性的 3S 评价模型

那么如何评价演替的结果呢?假定具有最强时空权力的主体选择的路径是效益最大的最优路径,这里有两个假设:第一,拥有最强时空权力的主体,也具备做出选择最优路径的能力;第二,行动主体选择的最优路径就是效益最大的路径。这里重点要对第二个假设进行分析,以期得到演替的效果评价模型。

区域寻求发展的最大效益应该是综合效益最大,而不仅仅是经济效益,还需要考虑环境效益、社会效益和文化效益。从三个案例的效益分析可以发现,单纯以经济效益来衡量显然不能涵盖全部效益。现阶段经济效益是被优先考虑的效益,即结构主义视角下对货币的不断追求。而环境效益由于日益受到重视,且货币化体系基本成熟,故已经被考虑,尤其是工业空间演替的表层驱动力中很多时候都考虑到环境因素,首钢搬迁就是最典型的代表。但是社会效益和文化效益,由于其不容易度量,同时社会文化效益对受益人不是那么直接，故在三个案例区即使在工业空间演替后，其社会效益和文化效益可能变弱的情况下，依然做出了现有的发展路径选择（表 7-3）。

表 7-3　北京三个案例工业空间演替过程中效益变化分析表

	经济效益	环境效益	社会效益	文化效益
东高村镇	变强（理论上更多企业进入）	变好（无粉尘、噪音）	变差（社会网络联系减弱）	待察（手工提琴工艺可能失传）
普天德胜科技园	变强（科技企业进入）	变好（无噪音）	变差（社会网络减弱）	变差（园区文化尚未形成）
首钢	变弱（产业尚未接续）	变好（无粉尘、噪音）	变差（社会资本减小）	变差（首钢精神认同变弱）

但是进一步分析各个案例可以发现，其中，东高村镇演替后的效益评价包括三个方面：一是对区域产业的推动，乐器产业通过技艺的传承可以由规模化生产向高端琴精品模式转型；二是对区域的发展，一旦塑造成提琴技艺的地方性知识传承系统，就可以构造出"中国乐谷"的可持续发展路径；三是区域地方性知识传承系统一旦形成，就可以在中国乃至全球提琴制作网络中成为一个特殊的节点。前两者探讨的是从产业到区域的可持续发展，第三点则涉及未来在北京及全国尺度范围内地方性的打造问题。

普天德胜科技园区的评价同样包括三个方面：一是继承的制度文化网络对新企业的吸引力有限；二是对入驻企业的创新能力有一定的促进作用，但这种促进作用未必具有在地性；三是园区内继承下来的制度关系层文化在北京甚至西城区尺度范畴内都不具有特别的竞争优势，更谈不上唯一性。前两者从对新企业的吸引力和园区创新两个维度谈及园区的可持续发展，第三点则谈到普天德胜科技园区在西城区尺度内都难有地方的唯一性。

首钢的评价也有三个方面：一是传承下来的集体主义价值观与工人企业文化认同没有显著的相关关系；二是居民演替前后的社会资本与生活满意度之间呈现一定正相关，即对社区越认同生活满意度越高；三是认为在从石景山到北京再到世界 500 强的首钢转型升级背景下，整体集体主义价值观有留存但有所减弱。前两者谈到集体主义价值观的削弱与企业和社区发展之间的联系，第三点则重点探讨全球尺度内区域留存的集体主义文化价值观是否具有特殊性的问题。

本书立足于三大案例区的总结，利用梅西的历史层累理论与马丁的路径依赖理论进行评价。前一个理论探讨演替后的地方可以在更广网络范畴内获得唯一性；后一个理论则探讨如何借助一种良性的社会文化锁定（也可以理解为地方性），以期获得区域发展的可持续性。在这两个理论基础上，提出地方演替效益评价的可持续性与尺度唯一性的概念模型，即 Sustainability-Scale Speciality 的 3S 模型。该模型评价空间演替后，是否获得发展的可持续性，而且这种发展是包含经济、社会和环境的综合可持续发展，一般可用可持续发展能力进行度量，现有的度量模型也较多。而尺度唯一性，则探讨空间在演替过程中是否形成地方性，且地方性在多大尺度网络内具有唯一性，在越大尺度内依旧显得唯一，则表示区域竞争力越强。通用评价模型如图 7-2 所示，其中可持续性（Sustainability）是可量化的定比数据，可以将该地方的数据定量计算后转化为定序数据方便进行定位。而尺度唯一性（Scale Speciality）则为定性数据，可由评价者进行质性评价。越往坐标轴右上角，演替效果越好，地方性越可以呈现出其特殊性。

在中国情境下，尺度唯一性一般可以转化为区域的行政级别，具体如图 7-3 所示。

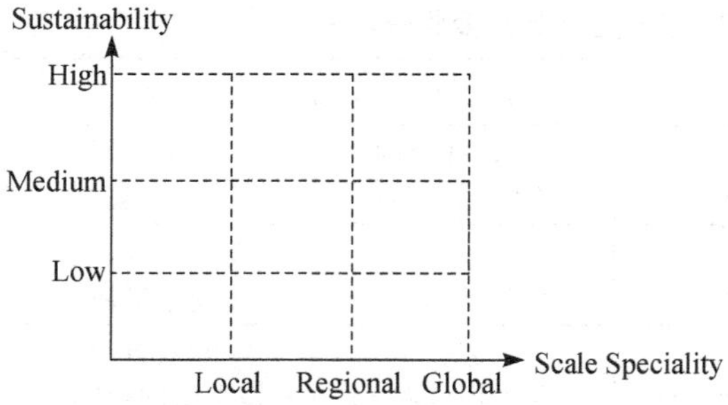

图 7-2　通用的空间演替评价 3S 模型

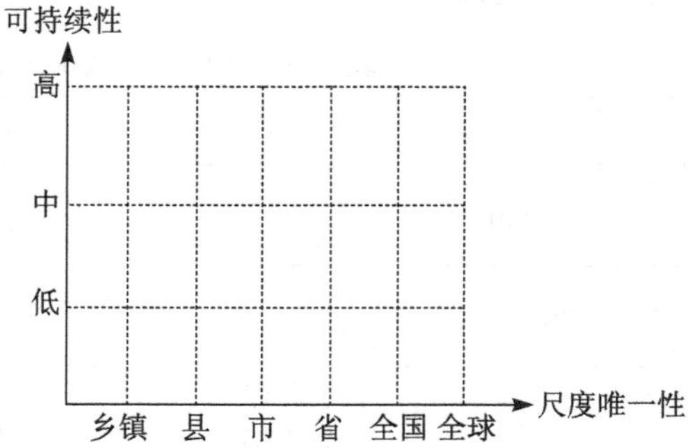

图 7-3　中国情境下的空间演替评价 3S 模型

这里通过三个案例进行评价示范。其中，普天德胜科技园区由于已完成演替，故按实际发展路径进行评价；东高村镇与首钢由于演替尚未完成，故按照期望发展路径进行评价。但是，在持续性方面由于定量数据的相对缺乏，故这里基本按照定序数据进行质性评价。一旦有相关的经济、社会和环境效益数据，则可持续即可以度量。如图 7-4 所示，已经完成演替的普天德胜科技园希望可以从原来的电话电器设备制造，向可以获得高可持续性、在全国尺度下都具有核心竞争力的园区目标路径发展。但是通过本书的案例也可以发现，该园区（普天德胜园区非 DRC 外其他部分）在北京市尺度下并未呈现出地方性，依然维持着在区县尺度，且可持续性由于区位和政策引入的科技创意企业而加强。同理，目前的东高村镇和首钢都希望在全国甚至全球范畴内可以获得高可持续发展的地方特殊性，但在演替尚未完全结束的时候，还无法具体判断。

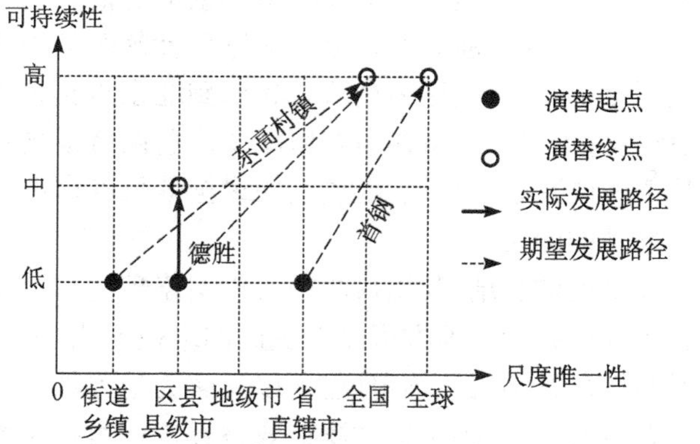

图 7-4　利用空间演替评价 3S 模型对本书三个案例的评价示例

7.3　工业空间演替的建议与讨论

7.3.1　建议

基于本书探讨的三大问题，从具体的社会实践和政策建议角度出发，主要包括以下三点建议：

首先，要注重工业空间演替过程中地方性的塑造，并使地方性的建构成为能够唤起地方居民和新晋人群的共同记忆，强化地方认同，增强地方凝聚力，促进地方和谐稳定的重要手段。尤其在工业空间演替过程中、经济价值与社会文化价值进行取舍的过程中，是否维持地方性可以成为重要判定标准。

其次，在工业空间演替过程中，重视并保障在不同权力背景下行动主体群体路径选择的权力。积极为弱势主体寻找组织代理，防止在演替过程中这些群体选择权力和建议的丢失，充分发挥他们能够纠正权力主体做出不当路径选择的重要作用。

最后，立足 3S 评价模型，由内至外塑造地方竞争力。从区域的可持续发展入手，努力“修炼内功”；同时，也积极做好对外宣传，做好地方营销，尝试利用文本塑造地方唯一性的方式在全球更大网络范围内提升影响力。但核心还是在于勤练区域发展的“内功”，这样才能有利于促进区域发展的地方性塑造，而不能“因外废内”，通过博宣传来“徒有虚名”。

7.3.2 讨论

第一，在经济地理的“文化转向”中，“文化”被视为某个抽象的概念，以此来强调它的作用。而社会文化地理学在重新强调它的“再物质性”的时候（Jackson，2000），对经济活动的影响被视为文化的一个重要方面，但是如何发挥文化尤其是文化地理在经济研究中的影响是本书的一个尝试，也是未来要继续着眼的地方。例如，将生产工艺转化为隐性知识进而构成区域学习系统，或将制度网络层有效转化为制度厚度，或将集体主义价值观或社会资本转化为区域精神，这些经济地理范畴下的概念与社会文化空间、地方性之间的关系值得进一步探讨。

第二，从演替动力角度看，在后结构和后现代主义的背景下，对结构主义和结构化的方法论探讨在本书中还显不足，如何进行提升优化也是一个值得关注的问题。

第三，对于演替结果的评价，本书基于三大案例的总结分析，立足于梅西的关于地方性的历史层累理论和马丁对路径依赖的理论综述，提出了工业空间与社会文化空间互动的规律，其中关于不同时空权力属性的主体路径选择以及 3S 模型都需要进一步应用检验。

第四，基于“三个本性”的地方性探讨需要更多的案例检验，并通过进一步梳理真正形成理论。究竟“三个本性”在多大的尺度下可以适用，不同尺度之间“三个本性”又该如何转化，这都是需要深入探讨的问题。

附录

附录1： 中国乐谷访谈问卷

开场白：您好，我是北京师范大学关于提琴技艺文化传承联合调查组的成员，您的回答仅作为我们研究报告采用，具体内容和您个人信息全部保密，大概占用您10分钟左右的时间。谢谢您！

1. 您企业成立的时间？您是什么时候出来自己做了啊？
2. 您企业的生产规模，一般一年能做多少把琴？
3. 您企业有多少工人啊？有多少长期做的啊？企业里面会做整琴的有多少人？
4. 您最早什么时候开始学的啊？一开始您的技艺是从哪学的啊(华东乐器厂那吗)？学了多长时间啊？
5. 您觉得怎么样才能把琴做好啊？有没有什么光学学不来的东西，比如一些靠领悟的东西啊？
6. 做琴技艺越好，会不会越好卖啊？会不会吸引更多工人愿意来你们厂啊？还是说大家技艺都差不多，主要靠价格取胜啊？
7. 想着怎么做大或者扩张企业吗？有想过琴技怎么在厂里传下去吗？
8. 做琴的人大家会在一起讨论琴艺吗？一般和哪些人联系比较紧密啊，方便说下吗？大家是会互相帮助着做点项目，还是会讨论技艺？
9. 会把技艺传给厂里的人？还是亲戚朋友？会让您孩子去学吗？或者让他继续做琴这行？
10. 听说小提琴制作大师郑荃在这儿开技艺提升培训班会去吗？其他类似的提琴制作培训班会去吗？
11. 政府对你们企业有给什么优惠政策吗？其中包括对提琴技艺传承的激励和促进吗？是否利于你们厂的发展？
12. 您觉得大提琴厂对提琴技艺起到传承还是破坏的作用？
13. 中国乐谷建起来后，您觉得对提琴技艺是起到传承还是破坏的作用？

谢谢您的合作，可能还会有回访，希望您不要介意！

附录 2： DRC 企业调查问卷

先生/女士：

您好！

我们受北京西城区社会科学联合会的委托，为了了解西城区文化创意产业的发展，特地进行此次调查。问卷调查资料将依法严格保密，仅限用于统计分析和科学研究，不做任何商业目的。您的填写将有助于我们找到相关应对策略，敬请配合。

填问卷时请注意：1. 请用钢笔或圆珠笔；2. 对于填空问题，请据实填写；3. 对于选择问题，请在选项前的题号(英文字母)或 □上打“√”；4. 货币单位均以人民币计。多谢合作！

第一部分　基本情况

1. 单位名称：
2. 企业注册资本(万元)：
3. 企业性质(在□上打“√”)

<table>
<tr><td rowspan="5">内资</td><td rowspan="3">国有</td><td>□独资</td><td>(□中央/□市属)</td></tr>
<tr><td>□控股，控股方：
控股比例：</td><td>(□中央/□市属)</td></tr>
<tr><td>□非控股，国资方：
出资比例：</td><td>(□中央/□市属)</td></tr>
<tr><td colspan="3">□集体</td></tr>
<tr><td colspan="3">□民营及个体</td></tr>
<tr><td rowspan="3">外资(包含港澳台)</td><td>□独资</td><td colspan="2"></td></tr>
<tr><td>□合资</td><td colspan="2">中国大陆企业：
中国大陆企业出资比例：</td></tr>
<tr><td>□合作</td><td colspan="2">中国大陆企业：
中国大陆企业出资比例：</td></tr>
</table>

4. 企业规模

A. 0～10 人　B. 11～50 人　C. 51～100 人　D. 101～200 人

E. 201～500 人　F. 501 人以上

5. 企业专职负责设计的技术人员数

A. 1 人　B. 2～5 人　C. 6～10 人　D. 11～20 人

E. 21～50 人　F. 51 人以上

6. 贵公司设计业务主要涉及以下哪些行业领域(可多选)

A. 建筑设计　B. 服装设计　C. 工业设计　D. 室内家居设计

E. 电脑动漫设计　F. 工艺美术设计　G. 规划设计　H. 视觉传达设计

I. 其他

7. 贵公司设计业务主要涉及以下哪些产品领域(可多选)

A. 家用电器　B. 数码电子产品　C. 手机、通讯产品　D. 医疗器械

E. 仪器仪表　F. 机械设备　G. 电动工具类产品　H. 时尚消费品

I. 公共设施及安防产品 J. 其他

8. 贵公司拥有固定客户的数量状况

A. 0 家　B. 1 家　C. 2～5 家　D. 6～10 家

E. 11～20 家　F. 21～50 家　G. 51 家以上

9. 贵公司创始人是否同时是科研院校的工作人员　(A. 是　B. 否)

如果是,请填上所在科研院校名称:

第二部分　企业联系情况

1. 贵单位的业务联系单位类型,请依据合作频次打“√”。

	没有	偶尔	一般	常常	极多
大型设计企业(大于 50 人)					
中小型设计企业(小于 50 人)					
自由设计师或设计工作室					
生产企业的设计研发部门					
高校设计创意相关院系					
相关的设计科研机构(非高校)					
政府部门					

2. 贵单位的业务联系单位分布区域,请依据合作频次打“√”。

	没有	偶尔	一般	常常	极多
DRC 创意园区内					
北京市西城区(除 DRC 外)					
北京市(除西城区外)					
国内(除北京市外)					
国外					

3. 与 DRC 园区内企业联系情况,请依据实际情况在相应框中打“√”,没有联系的可不填。表中未列的企业可以在表格后补充。

编号	名称	联系频繁程度					联系方式(可多选)					
		没有 1	偶尔 2	一般 3	常常 4	极多 5	项目合作	项目咨询	聘请专家	输出专家	业界活动	竞标
1	北京宇朔创意工业设计有限责任公司											
2	斯巴科工业设计(北京)有限公司											
3	北京智加同创工业设计顾问中心											
4	东西创新工业设计有限公司											

（续表）

编号	名　　称	联系频繁程度					联系方式(可多选)					
		没有1	偶尔2	一般3	常常4	极多5	项目合作	项目咨询	聘请专家	输出专家	业界活动	竞标
5	北京心觉工业设计有限责任公司											
6	北京灏域百计创意开发有限公司											
7	北京光彩无限管理咨询有限公司											
8	北京康创安捷信息技术有限公司											
9	北京闻鸡起舞文化艺术有限公司											
10	北京典盛文化传播有限公司											
11	北京上拓科技有限公司											
12	北京优加美文化传媒有限公司											
13	金唐立鑫(北京)科技发展有限公司											
14	北京闻鸡起舞科贸有限公司											
15	北京木弓合力文化传播中心											
16	北京深蓝创娱科技有限公司											
17	北京华源西达文化发展有限公司											
18	北京点石创科信息技术有限责任公司											
19	北京中力文化体育有限公司											
20	北京承鼎广告设计有限公司											
21	互通有无(北京)文化传播有限公司											
22	源库(北京)展览展示有限公司											
23	北京初九信息技术有限公司											
24	北京赢家万通信息技术有限责任公司											
25	北京东度科技有限责任公司											
26	北京派朴生态建筑技术有限公司											
27	北京万像一兴数字科技有限责任公司											
28												
29												
30												
31												
32												

4. 与 DRC 园区外工业设计企业联系情况，请依据实际情况在相应框中打“√”，没有联系的可不填。表中未列的企业可以在表格后补充。

编号	名　　称	联系频繁程度					联系方式(可多选)					
		没有1	偶尔2	一般3	常常4	极多5	项目合作	项目咨询	聘请专家	输出专家	业界活动	竞标
1	洛可可工业设计											
2	碧思特创新设计											
3	旭启工业设计											
4	大时伟业科技公司											
5	易造设计											
6	柯瑞莫工业设计											
7	格物创道设计发明											
8	规圆矩方工业设计											
9	艾德沃工业设计											
10	多达创新工业设计											
11	致翔创新工业设计											
12	尚品格工业设计											
13	佳兰奇工业设计											
14	品物设计											
15	厚将设计											
16	赛佳图工业设计											
17	华新意创工业设计											
18	空间无限工业设计											
19	思汇泉工业设计											
20	瑞恒盛世工业设计											
21	艺有道工业设计											
22	智加同创工业设计											
23	正大产品设计											
24	蓝威科瑞工业设计											
25	天翼飞创工业设计											
26	北京火花工业设计											
27	千策良品设计											

（续表）

编号	名　　称	联系频繁程度					联系方式(可多选)					
		没有1	偶尔2	一般3	常常4	极多5	项目合作	项目咨询	聘请专家	输出专家	业界活动	竞标
28	蔚盟产品设计											
29												
30												
31												
32												
33												

5. 与科研院校的联系，请在联系频繁程度与方式下打“√”，没有联系的单位可不用填写。表中未列的科研院校可以在表格后补充。

编号	名　　称	联系频繁程度					联系方式(可多选)					
		没有1	偶尔2	一般3	常常4	极多5	项目合作	项目咨询	聘请专家	输出专家	业界活动	竞标
1	中国科学院											
2	中国社科院											
3	清华大学美术学院											
4	中央美术学院											
5	北京理工大学											
6	北京服装学院											
7	北京工业大学											
8	北京师范大学											
9	中国人民大学											
10	中央民族大学											
11	中央戏剧学院											
12	中国传媒大学											
13	北京科技大学											
14	北京化工大学											
15	北京邮电大学											
16	北京航空航天大学											
17	首都师范大学											

（续表）

编号	名称	联系频繁程度					联系方式（可多选）					
		没有1	偶尔2	一般3	常常4	极多5	项目合作	项目咨询	聘请专家	输出专家	业界活动	竞标
18	北京工商大学											
19	北京电影学院											
20	中国戏曲学院											
21	北京舞蹈学院											
22	北京印刷学院											
23	北方工业大学											
24												
25												

第三部分　交流场所情况

1. 与业务伙伴不同的沟通方式对创意产生的重要性，请依据实际情况在相应框中打“√”。

	非常不重要 1	不重要 2	一般 3	重要 4	非常重要 5
面对面沟通					
电子邮件					
即时通讯工具(QQ、MSN 等)					
头脑风暴					
培训课					
有专家发言的研讨会					
行业协会组织的相关会议					
私人性质的聚会/联谊会					

2. 贵单位选择与 DRC 园区内/外业务伙伴的交流场所，请依据交流频次打“√”。

	没有	偶尔	一般	常常	极多
电梯/楼道					
停车场					
食堂/餐厅/饭馆					
公共设备区/技术平台					
会议室					
一楼大厅					
咖啡馆					
健身房					
KTV					
按摩/足浴/温泉等康疗场所					

3. 步行超过多长时间的 DRC 区内业务伙伴（特别紧急的情况除外），您在上班工作时间内不愿意去拜访

A. 5 分钟　　B. 15 分钟　　C. 半小时　　D. 一小时
E. 一个半小时　　F. 两小时　　G. 两小时以上

4. 车程超过多长时间的德胜园区外业务伙伴（特别紧急的情况除外），您在上班工作时间内不愿意去拜访

A. 5 分钟　　B. 15 分钟　　C. 半小时　　D. 一小时
E. 一个半小时　　F. 两小时　　G. 两小时以上

5. 您对园区管委会组织有利于交流创新的活动的看法，请依据您的观点打"√"。

	非常不同意	不同意	中立	同意	非常同意
培训活动					
内部奖项评选					
产品展示活动					
体育或者歌唱比赛等文体活动					
茶话会/意见反馈会					
人才招聘会					
项目推荐会					

6. 您对创意园区的看法，请依据您的观点打"√"。

	非常不同意	不同意	中立	同意	非常同意
园区的设计有利于不同背景和兴趣的人分享知识					
我可以方便地与园区内其他公司的人员分享我的创意					
就个人的前途而言，在园区里工作比在园区外更有优势					
在园区里工作更能激发创作灵感					
在园区内能够享受到更多优惠待遇					

第四部分　公司创新能力

1. 请估计贵单位近三年年均项目数（大概区间即可）

A. 0～10 个　　B. 11～20 个　　C. 21～50 个　　D. 51～100 个
E. 100 个以上

2. 请估计贵单位近三年年均营业额（大概区间即可）

A. 0～100 万　　B. 100 万～300 万　　C. 300 万～500 万　　D. 500 万～1 000 万
E. 1 000 万～3 000 万　　F. 3 000 万～5 000 万　　G. 5 000 万～1 亿　　H. 1 亿以上

3. 贵单位拥有专利数：

4. 贵单位获奖情况：

中国红星奖次；德国 Reddot 奖次；德国 IF 奖次；美国 IDEA 奖次；日本 G-mark 奖次。

5. 您觉得您在行业内的创新能力位于什么样的位置

A. TOP 1％　　B. TOP 5％　　C. TOP 10％　　D. TOP 20％

E. TOP 30％　　F. TOP 50％　　G. TOP 50％以下

6. 创新能力自评：请您以熟悉的单位为参考对贵单位自身进行评价(请打“√”)。

创新表现	理念创新能力	产品满意程度	人才获取能力	公司创新氛围	方法创新能力
评分标准	满分的标准如下：				
	引领/紧随业界例如可持续发展	所有客户非常满意甚至超出客户预期	随时获取所需人才特别是高质量人才	员工主动学习创新能力极强	经常获取创新技术手段
极强 5					
较强 4					
一般 3					
较弱 2					
很弱 1					

7. 创新能力互评：请您列出行业内您所认同的创新能力最高的 5 个企业(不包括自己)。

附录3： 普天德胜科技孵化器调查问卷

尊敬的先生/女士：

您好！我们是北京师范大学地理学与遥感科学学院的学生，因为毕业本书需要进行社会调查，需要您的协助。这份调查问卷的调查目的旨在研究普天德胜园区内企业社会网络状况，问题的答案没有正确或错误之分，我们希望知道您个人的真实情况和感受。由此收集的数据会严格保密，研究结果只呈现出群体状态，不涉及任何个人消息。

感谢您对本次调研活动的大力支持！

北京师范大学地遥学院社会调查小组

第一部分　基本情况

1. 单位名称：
2. 企业成立年份：　　　　　　　　　企业入驻园区年份：
3. 企业性质(在□上打"√")

内资	□国有 □民营及个体	外资 (包含港澳台)	□独资 □合资　　□合作

4. 企业规模

　A. 0～10人　　B. 11～50人　　C. 51～100人　　D. 101～200人

　E. 201人以上

5. 贵公司业务主要涉及哪些行业领域：

第二部分　企业联系情况

1. 贵单位选择入驻德胜科技园区的原因，请依据情况打"√"。

贵企业选择德胜科技园区的原因		您认为这点对您选择入驻该园区重要性评价				
		非常不重要	不重要	一般	重要	非常重要
1	区位条件					
	1.1 靠近市区					
	1.2 靠近相关大学					
	1.3 靠近原来的老企业					
2	以前是508厂，历史比较悠久					
3	租金比较低					
4	政策条件					
	4.1 政策性资金或贷款政策					
	4.2 税收/租金减免政策					
	4.3 人才服务政策					
	4.4 信息服务/技术培训政策					

（续表）

贵企业选择德胜科技园区的原因		您认为这点对您选择入驻该园区重要性评价				
		非常不重要	不重要	一般	重要	非常重要
5	社会网络条件					
	5.1 园区内有熟悉的政府人员，入园便利					
	5.2 园区内有亲戚或朋友					
	5.3 园区内有经常合作的同行					
	5.4 园区内有经常合作的上下游关系					
	5.5 园区内有熟悉的中介咨询伙伴					
	5.6 园区内有老东家或老雇主					

2. 贵单位的业务联系单位类型，请依据合作频次打"√"。

	没有	偶尔	一般	常常	极多
企业					
高校及科研院所					
政府部门					

3. 贵单位业务联系单位分布区域，请依据合作频次打"√"。

	没有	偶尔	一般	常常	极多
普天德胜园区内					
北京市(除普天德胜园区外)					
国内(除北京市外)					
国外					

4. 与普天德胜园区内企业的联系情况。请依据实际情况填写贵企业与普天德胜园区内联系最频繁(无联系则填写最熟悉的企业，并请用"下划线"形式注明是熟悉非联系)的5个企业。(如北京鸿雁电器厂、普天健德通信有限公司等)

5. 与高校或科研院校的联系情况。请依据实际情况填写与贵企业联系最频繁的5个高校或科研院所。(如信息产业部邮电工业标准化研究所、北京邮电大学等)

6. 与政府部门的联系情况。请依据实际情况填写与贵企业联系最频繁的5个政府部门(国家、市、区等各个级别均包括在内)。(如普天德胜园区管委会、DRC、信息产业部邮电工业产品质量督察检验中心、工业和信息化部电信设备认证中心、电信设备进网受理中心等)

第三部分 企业创新能力

1. 请估计贵单位年均项目数(大概区间即可)

A. 0～10个　　B. 11～20个　　C. 21～50个　　D. 51～100个

E. 100个以上

2. 请估计贵单位年均营业额(大概区间即可)

A. 0～100 万　B. 100 万～300 万　C. 300 万～500 万　D. 500 万～1 000 万

E. 1 000 万～3 000 万　F. 3 000 万～5 000 万　G. 5 000 万～1 亿　H. 1 亿以上

3. 贵单位是否为国家高新技术企业/北京高新技术企业________;是否入选中关村“瞪羚计划”________。(“是”的话在横线上打“√”即可)

4. 贵单位拥有专利数:

5. 贵单位所获奖项:

6. 创新能力自评:请您以熟悉的单位为参考,对贵单位自身进行评价(请打“√”)

创新表现	理念创新能力	产品满意程度	人才获取能力	公司创新氛围	方法创新能力
评分标准	满分的标准如下:				
	引领/紧随业界例如可持续发展	所有客户非常满意甚至超出客户预期	随时获取所需人才特别是高质量人才	员工主动学习创新能力极强	经常获取创新技术手段
极强 5					
较强 4					
一般 3					
较弱 2					
很弱 1					

附录 4： 首钢工人调查问卷

尊敬的先生/女士：

您好！我们是北京师范大学地理学与遥感科学学院的学生，因为毕业本书需要进行社会调查，需要您的协助。这份调查问卷的调查目的旨在研究工厂搬迁对工人群体的社会文化影响，问题的答案没有正确或错误之分，我们希望知道您个人的真实情况和感受。由此收集的数据会严格保密，研究结果只呈现出群体状态，不涉及任何个人消息。

感谢您对本次调研活动的大力支持！

北京师范大学地遥学院社会调查小组

一、个人基本资料(请按照您实际情况在所属选项上打"√"或在空格中填入适当的答案，谢谢！)

1. 年龄：　　岁　　　性别：A. 男　B. 女
2. 籍贯：　　　　住所(写到小区即可)：
3. 您哪一年开始在首钢工作：　　年　　您在工厂的工作时间有　　年了
4. 您家里有　　口人在首钢工作
5. 您现在所在厂区：
6. 现在所在部门：
   搬迁前所在部门：
7. 您属于以下哪种类型
   A. 续聘工人　B. 买断返聘工人　C. 新招募工人
8. 您觉得首钢搬迁前后，各方面变化情况如何
   A. 非常小　　B. 比较小　　C. 没有　　D. 比较大
   E. 非常大

二、集体主义价值观调查(请按照您的实际感受在所属选项上打"√")

维度	具体问题	对问题的看法				
		非常不同意	不同意	一般	同意	非常同意
纵向联系(权力距离)	在一个组织里，错误的主要负责人应该是监督人而不是执行人					
	牺牲个人利益而让位于组织是不明智的					
集体主义/个人主义(对抗性)	我坚守社会规范即使与我个人需求相悖					
	对我尊严的侮辱并不至于给我带来特别的困扰					
	对神圣的事情也可以提出质疑					
不确定性规避(对新情况处理)	找到一个全新的思考角度并不让我感到特别兴奋					
	我在不熟悉的环境里感觉到思考困难					
	我经常要为来到一个新环境中而进行准备					
	感到现在社会变化得特别快					

（续表）

维度	具体问题	对问题的看法				
		非常不同意	不同意	一般	同意	非常同意
业绩导向/因袭导向	要成功和受人尊重，就必须努力工作					
	工作业绩是职位的保障					
	年纪轻的人应该尊重年纪大的人，而不管他工作得好坏					
中立性/情感性（交流）	对于一个人承诺的事，只要他说了就行了，没必要写在纸上					
	如果一个人无法将想法转化为言语，就不会去了解他					
	在处理事情时，适当运用权力和权威常常是必要的					

三、企业文化认同调查（请按照您的实际感受在所属选项上打“√”）

首钢不同时期的企业文化	对文化认同的程度				
	非常不认同	不认同	一般	认同	非常认同
顶破天花板，才能见青天					
回马坡前不怕鬼，强敌面前不服输					
包保指标讲先进、三者利益讲全局、遵章守则讲严格、相互配合讲风格、各项制度讲效益的“五种精神”					
实事求是、严格认真、密切协作、恪尽职守、奋发向上、顽强拼搏的“六种作风”					
敢闯、敢坚持、敢于苦干硬干的“三敢”精神					
八破、八立、八做到					
创新、创优、创业					
知难而进、争创一流，只争朝夕、开拓进取，百折不挠、拼搏奉献，博采众长、学习创新，科学严谨、精益求精的“新长征五种精神”					
自强开放、务实创新、诚信敬业					
与时俱进、敢于创新、求真务实、人才为本					

四、企业重大事件认同感(自豪感)调查(请按照您的实际感受在所属选项上打“√”)

首钢不同时期的企业文化	对文化认同的程度				
	非常不认同	不认同	一般	认同	非常认同
1919 年,“龙烟铁矿公司石景山炼厂”(即首钢的前身)建立					
1948 年,中国人民解放军解放了石景山钢铁厂					
1967 年,石钢正式改名为“首都钢铁公司”(简称首钢)					
1979 年,首钢二号高炉移地大修改造工程竣工投产,成为我国第一座现代化的高炉					
1994 年,首钢的钢产量扩大到 824 万吨,超过鞍钢,名列全国第一					
1996 年,首钢改制,首钢集团正式成立					
2005 年,国务院批复了首钢搬迁调整规划					
2009 年,北京批准首钢建设“中国动漫城”					
2010 年,以首钢石景山钢铁主流程全面停产,曹妃甸京唐钢铁公司一期第二步工程投产为标志,首钢搬迁调整的历史性任务基本完成					
2011 年,首钢首次进入“世界 500 强”					

五、文化延续开放性问题(主观访谈,可把答案写在空白处)

1. 您觉得搬迁前后,首钢哪方面变化最大?
2. 您觉得搬迁前后,哪方面变化与过去相比最可惜?
3. 您觉得搬迁前后,什么方面没有改变并能够传承下去?

附录5： 首钢社区居民调查问卷

尊敬的先生/女士：

您好！我们是北京师范大学地理学与遥感科学学院的学生，因为毕业本书需要进行社会调查，需要您的协助。这份调查问卷的调查目的旨在研究首钢搬迁对工人群体的社会文化影响，问题的答案没有正确或错误之分，我们希望知道您个人的真实情况和感受。由此收集的数据会严格保密，研究结果只呈现出群体状态，不涉及任何个人消息。

感谢您对本次调研活动的大力支持！

北京师范大学地遥学院社会调查小组

一、个人基本资料(请按照您实际情况在所属选项上打“√”或在空格处中填入适当的答案，谢谢！)

1. 年龄：　　岁　　　性别：A. 男　B. 女

2. 您是(或曾是)首钢的工人吗？

　A. 是　B. 否(否则跳过问题3～7)

3. 您哪一年开始在首钢工作：　　年

4. 您在首钢工作的时间多长：　　年

5. 您退休/买断了吗？

　A. 是(回答第6题)　B. 否(回答第7题)

6. 如果已经退休/买断，您哪一年退休的：　　年；

　退休前所在部门：

　您是否选择再就业？

　A. 是　B. 否

　如果是，在哪就业：

7. 如果还未退休，您属于以下哪种类型

　A. 续聘工人　B. 买断返聘工人

　搬迁前所在部门：

　搬迁后所在厂区：　　　　　　所在部门：

8. 现在居住的楼里有大约　　%在首钢工作；大约　　%出租或卖给非首钢居民；有　　%是一个部门的同事。

二、与首钢的联系

9. 您的家庭成员中有多少人在首钢工作？

　首钢搬迁前：

　首钢搬迁后：

10. 您从首钢获得的经济收入占家庭总收入的百分比

　首钢搬迁前：　　%

　首钢搬迁后：　　%

11. 您从首钢获得的福利包括哪些？

　首钢搬迁前：

　首钢搬迁后：

12. 您信任首钢的领导组织和管理部门

　首钢搬迁前：

　A. 非常同意　　B. 同意　　C. 一般　　D. 不同意

E. 非常不同意

首钢搬迁后：

A. 非常同意　B. 同意　C. 一般　D. 不同意

E. 非常不同意

13. 首钢会举办集体活动(体育、娱乐等)以增强凝聚力

首钢搬迁前：

A. 非常同意　B. 同意　C. 一般　D. 不同意

E. 非常不同意

首钢搬迁后：

A. 非常同意　B. 同意　C. 一般　D. 不同意

E. 非常不同意

14. 您认同自己是首钢内重要的一分子

首钢搬迁前：

A. 非常同意　B. 同意　C. 一般　D. 不同意

E. 非常不同意

首钢搬迁后：

A. 非常同意　B. 同意　C. 一般　D. 不同意

E. 非常不同意

15. 您关注首钢的发展，并希望首钢的发展越来越好

首钢搬迁前：

A. 非常同意　B. 同意　C. 一般　D. 不同意

E. 非常不同意

首钢搬迁后：

A. 非常同意　B. 同意　C. 一般　D. 不同意

E. 非常不同意

三、与同事的联系

16. 您的业余娱乐生活的朋友圈中有多少是同事？

首钢搬迁前：　%

首钢搬迁后：　%

17. 您上下班、购物等与同事是否同行？

首钢搬迁前：A. 是　B. 否

首钢搬迁后：A. 是　B. 否

18. 是否有退休工人一起组织的合唱团、秧歌队等娱乐组织？

首钢搬迁前：A. 是　B. 否

首钢搬迁后：A. 是　B. 否

19. 您愿意发动同事解决首钢内出现的问题

首钢搬迁前：

A. 非常同意　B. 同意　C. 一般　D. 不同意

E. 非常不同意

首钢搬迁后：

A. 非常同意　B. 同意　C. 一般　D. 不同意

E. 非常不同意

四、与同事亲友的联系

20. 与小区居民发生矛盾、利益冲突时，您寻求解决的途径有哪些？（可多选）

首钢搬迁前：　　　　　首钢搬迁后：

A. 首钢领导调解或行政手段　　B. 同事亲友调解

C. 居委会调解　　D. 其他

21. 您的子女或孙辈结婚时愿意邀请同事参加

首钢搬迁前：

A. 非常同意　B. 同意　C. 一般　D. 不同意

E. 非常不同意

首钢搬迁后：

A. 非常同意　B. 同意　C. 一般　D. 不同意

E. 非常不同意

22. 您和同事都愿意参与集体活动

首钢搬迁前：

A. 非常同意　B. 同意　C. 一般　D. 不同意

E. 非常不同意

首钢搬迁后：

A. 非常同意　B. 同意　C. 一般　D. 不同意

E. 非常不同意

23. 您的家里有困难时愿意找同事帮忙

首钢搬迁前：

A. 非常同意　B. 同意　C. 一般　D. 不同意

E. 非常不同意

首钢搬迁后：

A. 非常同意　B. 同意　C. 一般　D. 不同意

E. 非常不同意

24. 如果同事有困难向您求助，您愿意帮忙

首钢搬迁前：

A. 非常同意　B. 同意　C. 一般　D. 不同意

E. 非常不同意

首钢搬迁后：

A. 非常同意　B. 同意　C. 一般　D. 不同意

E. 非常不同意

25. 如果邻居（不是同事）有困难向您求助，您愿意帮忙

首钢搬迁前：

A. 非常同意　B. 同意　C. 一般　D. 不同意

E. 非常不同意

首钢搬迁后：

A. 非常同意　B. 同意　C. 一般　D. 不同意

E. 非常不同意

五、总体状况

26. 您对首钢搬迁后社区生活的总体状况是否满意

A. 很不满意　B. 不满意　C. 一般　D. 满意

E. 很满意

27. 您觉得首钢搬迁前后，各方面变化情况如何

A. 非常小　　B. 比较小　　C. 没有　　D. 比较大

E. 非常大

28. 您认同工人群体具有较高的社会地位

首钢搬迁前：

A. 非常同意　　B. 同意　　C. 一般　　D. 不同意

E. 非常不同意

首钢搬迁后：

A. 非常同意　　B. 同意　　C. 一般　　D. 不同意

E. 非常不同意

29. 您认同工人群体具有较强的团结协作、集体主义观念

首钢搬迁前：

A. 非常同意　　B. 同意　　C. 一般　　D. 不同意

E. 非常不同意

首钢搬迁后：

A. 非常同意　　B. 同意　　C. 一般　　D. 不同意

E. 非常不同意

六、文化延续开放性问题(主观访谈，可把答案写在空白处)

30. 您觉得搬迁前后，首钢哪方面变化最大？

31. 您觉得搬迁前后，哪方面变化让您觉得与过去相比最可惜？

32. 您觉得搬迁前后，什么方面没有改变并能够传承下去？

参考文献

·中文文献·

爱德华·萨皮尔[美]. 语言论——言语研究导论[M]. 北京:商务印书馆,1985.

奥尔特曼,马切默斯[美]. 文化与环境[M]. 骆林生,王静,译. 北京:东方出版社,1991.

北京市发展改革委. 北京市开发区清理整顿工作总结[Z]. 2006.

边燕杰. 城市居民社会资本的来源及作用:网络观点与调查发现[J]. 中国社会科学,2004, 25(3):136-146.

柴彦威,陈零极,张纯. 单位制度变迁:透视中国城市转型的重要视角[J]. 世界地理研究,2007, 24(4):60-69.

陈军. 北京工业发展 30 年:搬迁、调整、更新[J]. 北京规划建设,2009, 28(1):49-52.

楚波,梁进社. 基于 OPM 模型的北京制造业区位因子的影响分析[J]. 地理研究,2007, 26(4):721-732.

褚劲风. 上海创意产业集聚空间组织研究[D]. 上海: 华东师范大学,2007.

范克新. 社会学定量方法[M]. 南京:南京大学出版社,2004.

冯健,周一星,王晓光,等. 1990 年代北京郊区化的最新发展趋势及其对策[J]. 城市规划,2004,28(3):13-29.

傅晓霞,魏后凯,吴利学. 市工业搬迁的动因、方式和效果——以北京市为例[J]. 经济管理,2007, 29(21):66-71.

甘国辉. 北京城市地域结构体系研究[D]. 北京: 北京大学,1986:41-43.

桂勇,黄荣贵. 社区社会资本测量:一项基于经验数据的研究[J]. 社会学研究,2008,23(3):122-144.

郭莲. 文化的定义与综述[J]. 中共中央党校学报,2002,6(1):115-118.

郭培宜. 北京市中心城区文化创意产业发展定位[J]. 北京规划建设,2010,24(5):93-96.

郭毅,朱淼. 企业家及企业家网络构建的理论分析——基于社会网络的分析观点[J]. 苏州城市建设环境保护学院学报(社会科学版),2002,4(1):44-48.

韩震. 西方哲学概论[M]. 北京:北京师范大学出版社,2006.

贺灿飞,梁进社,张华. 北京市外资制造企业的区位分析[J]. 地理学报,2005,60(1):122-130.

寇怀云. 工业遗产技术价值保护研究[D]. 上海:复旦大学,2007.

李蒙. 由引资到选资嬗变北京开发区清理门户[Z]. 2007.

理查德·皮特[美]. 现代地理学思想[M]. 周尚意, 译. 北京:商务印书馆,2007.

林崇熙. 产业文化资产的消逝、形成、与尴尬[J]. 科技博物(台湾),2005(1):65-91.

林南[美]. 社会资本——关于社会结构与行动的理论[M]. 张磊, 译. 上海:上海人民出版社,2004.

刘会远,李蕾蕾. 德国工业旅游与工业遗产保护[M]. 北京:商务印书馆,2007.

刘键. 中国产业结构升级论[M]. 北京:中国言实出版社,2000.

刘军. 整体网分析讲义 UCINET 软件实用指南[M]. 上海:格致出版社, 2009.

刘志彪. 产业升级的发展效应及其动因分析[J]. 南京师大学报(社会科学版),2000,46(2):3-10.

刘志高,尹贻梅. 演化经济学的理论知识体系分析[J]. 外国经济与管理,2007,29(6):1-7.

路易·阿尔都塞[法]. 保卫马克思[M]. 北京:商务印书馆,1984.

马克斯·韦伯[德]. 新教伦理与资本主义精神[M]. 成都:四川人民出版社,1987.

马良,史伟刚. 阿尔都塞的结构主义的马克思主义述评[J]. 宁波高等专科学校学报,2002,14(3):1-5.

苗长虹. 变革中的西方经济地理学：制度、文化、关系与尺度转向[J]. 人文地理，2004，19(4)：68-77.
皮亚杰[瑞士]. 结构主义[M]. 倪连生，王琳，译. 北京：商务印书馆，1996.
钱纳里. 工业化和经济增长的比较研究(中文版)[M]. 上海：上海三联书店，1989.
乔治·瑞泽尔[美]. 现代社会学理论[M]. 6 版. 北京：北京大学出版社，2004.
孙涛. 北京平谷东高村：制提琴制出大气派[N]. 南方都市报，2009-08-23.
唐顺英，周尚意. 浅析文本在地方性形成中的作用——对近年文化地理学核心刊物中相关文章的梳理[J]. 地理科学，2011，31(10)：1159-1165.
田艳平. 旧城改造与城市社会空间重构——以武汉市为例[M]. 北京：北京大学出版社，2009.
王兵，苗长虹. 文化转向：经济地理学研究的一个新方向[J]. 经济地理，2003，23(5)：577-581.
魏成，陈烈. 制度厚实、制度空间与区域发展[J]. 人文地理，2009，24(2)：67-72.
魏晓俊，谭宗颖. 基于核心—边缘结构的国际科技合作网络分析——以纳米科技(1996—2004 年)为例[J]. 图书情报工作，2006，50(12)：35-38，70.
辛会芳. 从涂尔干"职业群体"的社会整合观看中国和谐社会之建构[J]. 长春理工大学学报(社会科学版)，2006，19(2)：9-12.
晏国祥. 国际营销中文化差异性研究[J]. 北京工业大学学报(社会科学版)，2006，6(1)：34-40.
于丽爽. 平谷区山东庄首台钢琴下线[N]. 北京日报，2010-06-11.
余美仙. 基于文化认知与文化距离的饭店感知价值研究[D]. 杭州：浙江大学，2010：17.
袁洋. 北京城区工业企业分布变化对工人群体社会文化的影响[D]. 北京：北京师范大学，2011.
袁泽民，莫瑞丽. "社会整合"的类型及建构——对涂尔干的"社会整合"思想的解读[J]. 理论界，2008，24(5)：185-187.
约翰斯顿[英]. 地理学与地理学家[M]. 唐晓峰，译. 北京：商务印书馆，1999.
约翰斯顿[英]. 哲学与人文地理学[M]. 蔡运龙，江涛，译. 北京：商务印书馆，2000.
詹姆斯·A. 道格拉斯诺思[美]. 发展经济学的革命[M]. 上海：上海人民出版社，2000.
张存刚，李明. 社会网络分析——一种重要的社会学研究方法[J]. 甘肃社会科学，2004，26(2)：109-111.
张方华. 知识型企业的社会资本与技术创新绩效的关系研究[D]. 杭州：浙江大学，2004.
张宏伟. SCHUNK 工厂搬迁决策问题研究[D]. 成都：西南交通大学，2008.
张鸿雁. 城市空间的社会与"城市文化资本"论——城市公共空间市民属性研究[J]. 城市问题，2005，24(5)：2-8.
张华，贺灿飞. 区位通达性与在京外资企业的区位选择[J]. 地理研究，2007，26(5)：984-994.
张晓东，龚嫣. 北京城市道路交通规划与建设 60 年[J]. 北京规划建设，2009，23(5)：37-41.
张晓平，孙磊. 北京市制造业空间格局演化及影响因子分析[J]. 地理学报，2012，67(10)：1308-1316.
张艳，柴彦威. 北京现代工业遗产的保护与文化内涵挖掘——基于城市单位大院的思考[J]. 城市发展研究，2013，20(2)：23-28.
张耀辉. 产业创新：新经济下的产业升级模式[J]. 数量经济技术经济研究，2002，19(1)：14-17.
赵延东，罗家德. 如何测量社会资本：一个经验研究综述[J]. 国外社会科学，2005，27(02)：18-24.
郑国. 北京经济技术开发区对北京城市空间结构的影响研究[D]. 北京：北京大学，2005.
周尚意，孔翔，朱竑. 文化地理学[M]. 北京：高等教育出版社，2004.
周尚意，王峰. 重新认识人文地理学——关于"地理学之未来"一文的学术讨论引出的思考[C]. 21 世纪的人文地理学——中国地理学会人文地理专业委员会暨全国高校人文地理学研究会 2003 年年会论文集，2003：33-34.
周尚意，杨鸿雁，孔翔. 地方性形成机制的结构主义与人文主义分析——以 798 和 M50 两个艺术区在城市地方性塑造中的作用为例[J]. 地理研究，2011，30(9)：1566-1576.
周尚意. 北京城市实体空间与社会文化空间相互作用模式研究[D]. 北京：北京师范大学，2009.

周尚意. 人文地理学野外方法[M]. 北京:高等教育出版社,2010.
周尚意. 文化地理学研究方法及学科影响[J]. 中国科学院院刊,2011, 36(4):174-183.
周洲. 平谷东高村:奏响提琴经济协奏曲[N]. 人民政协报, 2008-09-19.

·英文文献·

Abrams P. Historical Sociology[M]. Milton Keynes:Open Books, 1983.

Agnew J. Place and Politics: The Geographical Mediation of State and Society[M]. Boston: Allen and Unwin, 1987.

Allen J, Massey D, Cochrane A. Rethinking the Region[M]. London: Routledge, 1998.

Alonso W. Location and Land Use: Toward a General Theory of Land Rent[M]. Cambridge, MA: Harvard University Press,1964.

Amin A, Cohendet P. Geographies of knowledge formation in firms[J]. Industry& Innovation,2005,12(4):465-486.

Amin A, Thrift N. Globalization, Institutions, and Regional Development in Europe[M]. Oxford: Oxford University Press, 1995.

Amin A, Thrift N. Living in the Global[M]. Oxford: Oxford University Press, 1994:1-22.

Anderson P. In the Tracks of Historical Materialism[M]. London: Verso, 1983.

Barnes T J. Retheorizing economic geography: From the quantitative revolution to the "cultural turn"[J]. Annals of the Association of American Geographers,2001, 91(3):546-565.

Barnes T. Culture: Economy[M]// Johnston R, Cloke P. Spaces of Geographical Thought: Deconstructing Human Geography's Binaries. London; Thousand Oaks; Calif.: SAGE Publications, 2005:61-80.

Bathelt H, Gluckler J. Toward a relational economic geography[J]. Journal of Economic Geography, 2003, 3(2):117-144.

Becker H. Art Worlds[M]. Berkeley, Los Angeles: University of California Press, 1982: 62.

Benito P A Z, Gonzalez P A. Industrial heritage and place identity in Spain: From monuments to landscapes[J]. Geographical Review, 2012, 102(4):446-464.

Bennett A, Peterson R. Music Scenes: Local, Translocal, and Virtual[M]. Nashvill: Vanderbilt University Press, 2004.

Blum A. Scenes[J]. Public,2001(11):7-35.

Boggs J S, Rantisi N M. The "relational turn" in economic geography[J]. Journal of Economic Geography,2003, 3(2):109-116.

Borgatti P, Everett M. Models of core/periphery structures[J]. Social Networks,2000, 21(4):375-395.

Boschma R, Lambooy J. Evolutionary economics and economic geography[J]. Journal of Evolutionary Economics,1999(9):411-429.

Boschma R. Competitiveness of regions from an evolutionary perspective[J]. Regional Studies,2004, 38(9):1001-1014.

Brennan-Horley C, Connell J, Gibson C. The parkes elvis revival festival: Economic development and contested place identities in rural Australia[J]. Geographical Research,2007, 45(1):71-84.

Brenner T. Local Industrial Clusters: Existence, Emergence and Evolution[M]. London: Routledge, 2004.

Burt R S. Structural Holes: The Social Structure of Competition[M]. Cambridge, MA: Harvard

University Press, 1992.
Carbonara N, Giannoccaro I. Interpreting the role of proximity on industrial district competitiveness using a complexity science-based view and systems dynamics simulation[J]. Journal of Geographical Systems,2011,13(4):415-436.
Castells M, Sheridan A. The Urban Questions: A Marxist Approach[M]. Cambridge: The MIT Press, 1977.
Clark J, Darlington J, Fairclough G. Using Historic Landscape Characterisation: English Heritage's Review of HLC Applications 2002-03[C]. English Heritage and Lancashire County Council, 2004.
Cloke P, Philo C, Sadler D. Approaching Human Geography[M]. London: Paul Chapman, 1991.
Coleman J. Social capital in the creation of human capital[J]. American Journal of Sociology,1988(94): 95-120.
Cooke P, Morgan K. The Associational Economy: Firms, Regions and Innovation[M]. Oxford: Oxford University Press, 1998.
Cosgrove D, Jackson P. New directions in cultural geography[J]. Area,1987, 19(1):95-101.
Crang M. Cultural Geography [M]. London: Routledge,1998.
Crang P. Geographies of economies[M]// Lee R, Wills J. Introduction: Cultural Turn and the (Re)-constitution of Economic Geography. London: Arnold, 1997:3-15.
Currid E. The Warhol Economy: How Fashion, Art, and Music Drive New York City[M]. Princeton and Oxford: Princeton University Press, 2007.
Dicken P, Forsgren M, Malmberg A. The local embeddedness of transnational corporations [M]// Amin A, Thrift N. Globalisation, Institutions and Regional Development in Europe. Oxford: Oxford University Press, 1994:23-45.
Dicken P, Malmberg A. Firms in territories: A relational perspective[J]. Economic Geography,2001, 77(4):345-363.
Duncan J, Ley D. Place, Culture, Representation[M]. London: Routledge, 1993.
Emirbayer M, Mische A. What is agency [J]. American Journal of Sociology, 1998, 103(4): 962-1023.
Field A. From D. D's to Y. Y. to park 97 to muse: Dance club spaces and the construction of class in Shanghai, 1997—2007[J]. China: An International Journal, 2008, 6(1):18-43.
Florida R, Mellander C, Stolarick K. Music scenes to music clusters: The economic geography of music in the US, 1970—2000[J]. Environment and Planning A, 2010, 42(4):785-804.
Fransman M. Information, knowledge vision and theories of the firm[J]. Industrial and Corporate Change,1994, 3(3):713-757.
Geoff M. Economies [M]// Del Casino Jr V J, Thomas M, Cloke P, et al. A Aompanionto Social Geography. Malden, MA: Wiley-Blackwell, 2011 :72-90.
Gereffi G, Korzeniewicz M. Commodity Chains and Global Capitalism [M]. Westport, Conn.: Praeger,1994.
Gerler M S. Handbook of cultural geography[M]//Anderson K, Domosh M, Pile S, et al. Culture Economic Geography of Production. London; Thousand Oaks; Calif.: SAGE Publications, 2003: 158-183.
Gertler M S. Manufacturing Culture—The Institutional Geography of Industrial Practice[M]. New York: Oxford University Press,2004.
Gibson—Graham J K. Poststructural interventions [M]// Sheppard E, Barnes T J. A Companion to

Economic Geography. Oxford: Blackwell, 2000:95-109.
Giddens A. The Constitution of Society: Outline of the Theory of Structuration[M]. Cambridge: Polity Press in Association with Basil Blackwell, 1984.
Glasmeier A K. Manufacturing Time: Global Competition in the Watch Industry, 1795—2000[M]. New York: Guilford, 2001.
Grabher G. The embedded firm: On the socio-economics of inter firm relations[M]//Grabher G. The Weakness of Strong Ties: The Lock-In Regional Development in the Ruhr Area. London: Routledge, 1993:255-278.
Grannovetter M. The strength of weak tie[J]. American Journal of Sociology, 1973, 78(1):1360-1380.
Grazian D. Music scenes: Local, translocal, and virtual [M]// Bennett A, Peterson R. The Symbolic Economy of Authenticity in the Chicago Blues Scene. Nashville, Tennessee: Vanderbilt University Press, 2004: 31-47.
Gregory D, Johnston R, Pratt G, et al. The Dictionary of Human Geography [M]. 5th ed. Malden, MA: Wiley—Blackwell, 2009.
Gregory D. Geographical Imaginations[M]. Oxford: Blackwell, 1994: 165.
Gregory D. Horizons in human geography[M]// Gregory D, Walford R. Areal Differentiation and Post—Modern Human Geography. Totowa, NJ: Barnes & Nobel Book, 1989:67-96.
Gregory D. Human agency and human geography[J]. Transactions Institute of British Geographers, 1981 (6):1-18.
Gregory D. Suspended animation: The stasis of diffusion theory[M]// Gregory D, Urry J. Social Relations and Spatial Structures. London: Macmillan, 1985:296-336.
Gregson N. Agency: Structure [M]// Johnston R, Cloke P. Spaces of Geographical Thought: Deconstructing Human Geography's Binaries. London; Thousand Oaks; New Delhi: SAGE Publications:21-41.
Gritzner C F. The scope of cultural geography[J]. Journal of Geography, 1966, 65(1):4-11.
Hakansson H, Johanson J. Industrial Networks: A New View of Reality[M]. London: Routledge, 1992
Hall E. Beyond Culture[M]. New York: Anchor Press, 1976.
Harvey D. Justice, Nature and the Geography of Difference[M]. Oxford: Blackwell, 1989.
Harvey D. Non-Places: Introduction to an anthropology of super modernity[J]. Capital & Class, 1996, 20(3):144-145.
Harvey D. Social Justice and the City[M]. London: Edward Arnold, 1973.
Harvey D. Spaces of Hope[M]. Berkeley, CA: University of California, 2000.
Harvey D. The art of rent: Globalization, monopoly and the commodification of culture[J]. Socialist Register, 2002, 38(8):93-110.
Harvey D. The Condition of Postmodernity: An Enquiry into the Origins of Cultural Change[M]. Oxford: Blackwell, 1989.
Harvey D. The geography of capitalist accumulation: A reconstruction of the marxian theory[J]. Antipode, 1975, 7(2):9-21.
Harvey D. The Limits to Capital[M]. Chicago: Chicago University Press, 1982.
Hassink R, Shin D. The restructuring of old industrial areas in Europe and Asia[J]. Environment and Planning A, 2005, 4(37):571-580.
Herrigel G P. Industrial Constructions the Sources[M]. Cambridge: Cambridge University Press, 1996.
Hetherington K. Ideas of difference: Social spaces and the labour of division[M] // Hetherington K,

Munro R. In Place of Geometry: The Materiality of Place. Oxford: Blackwell, 1997:183-199.

Hofstede G. Cultural constraints in management theories [J]. International Review of Strategic Management,1994, (5):39.

Hofstede G. Culture's Consequences: International Differences in Work-Related Values[M]. London: SAGE Publications, 1980.

Hofstede G. Explications in cross-Cultural psychology[M] // Deregowski J, Dziurawiec S. Dimensions of National Cultures in Fifty Countries and Three Regions. Netherlands: Wets & Zeitlinger, 1983:335.

Hofstede G. Motivation, leadership, and organization: American do theories apply abroad [J]. Organizational Dynamics, 1980, 9(1):42-63.

Hutton W. The State We're in[M]. London: Cape, 2011.

Ioannides Y, Overman H. The spatial evolution of the US urban system[J]. Journal of Economic Geography, 2004(2):131-156.

Jackson P, Smith S. Exploring Social Geography[M]. London: Allen and Unwin, 1984.

Jackson P. Maps of Meaning: An Introduction to Cultural Geography [M]. Boston: Unwin Hyman, 1989.

Jackson P. Rematerializing social and cultural geography[J]. Social & Cultural Geography, 2000, 1(1): 9-14.

Jensen O B. "Facework", flow and the city: Simmel, goffman, and mobility in the contemporarycity[J]. Mobilities, 2006, 1(2):143-165.

Jessop B. Institutional re(turns) and the strategic-Relational approach[J]. Environment and Planning A, 2001, 33(7):1213-1235.

Johnston R. Geography and Geographers: Anglo-American Geography Since 1945 [M]. London: Arnold, 1991.

Johnston R. Philosophy and Human Geography [M]. 2nd ed. London: Edward Arnold, 1986.

Jordan G, Domosh M, Rowntree L. The Human Mosaic: A Thematic Introduction to Cultural Geography[M]. 7th ed. New York: Harper and Row, 1997.

Keith M, Pile S. Place, and the Politics of Identity[M]. London: Routledge, 1993.

Kraatz M S. Learning by association? Interorganizational networks and adaptation to environmental change[J]. Academy of Management Journal, 1998, 41(6):621-643.

Krugman P. Development, Geography and Economic Theory[M]. Cambridge, MA: The MIT Press, 1995:88.

Krugman P. Increasing returns and economic geography[J]. Journal of Political Economy,1991, 99(3): 857-880.

Lash S. Economies of Signs and Space: After Organized Capitalism [M]. London: SAGE Publications, 1994.

Laurent A. The cultural diversity of western conceptions of management[J]. International Studies of Management and Organization, 1983(8):75-96.

Lawson C, Lorenz E. Collective learning, tacit knowledge and regional innovative capacity[J]. Regional Studies, 1999, 33(4):305-317.

Lawson V, Jarosz L, Bonds A. Building economies from the bottom up: (Mis)representations of poverty in the rural American northwest[J]. Social & Cultural Geography, 2008, 9(7):737-753.

Lee R. Economic society/social geography[M]// Smith S, Sallie R, Marston A, et al. The SAGE

Handbook of Social Geographies. Los Angeles ; London: SAGE Publications, 2010:205-221.
Lefebvre H, Smith D. The Production of Space[M]. Oxford: Blackwell, 1991.
Ley D, Samuels M S. Humanistic Geography: Prospects and Problems [M]. London: Croom Helm, 1978.
Liu Z G. The Emergence of Clusters in Societal Transition: A Co-evolutionary Perspective to the TCM Cluster in Tonghua[D]. Frankfurt:University of Frankfurt, 2009.
Mair A. The homeless and the post-industrial city[J]. Political Geography Quarterly, 1986, 5(4): 351-368.
Markusen A. Sticky places in slippery space: A typology of industrial districts[J]. Economic Geography, 1996, 72(2):293-313.
Martin R, Sunley P. Path dependence and regional economic evolution [J]. Journal of Economic Geography, 2006, 6(4):395-437.
Martin R. Economic theory and human geography[M]// Gregory D, Martin R, Smith G. Human Geography: Society, Space and Social Science. London: Macmillan, 1994:21-53.
Martin R. Institutional approach in economic geography[M]// Sheppard E, Barnes T J. A Companion to Economic Geography . Oxford: Blackwell, 2000:77-94.
Massey D. A global sense of place[J]. Marxism Today, 1991(6):24-29.
Massey D. In what sense a regional problem[J]. Regional Studies, 1978, 13(2):233-243.
Massey D. Industrial restructuring as class restructuring: Production decentralization and local uniqueness[J]. Regional Studies,1983, 17(2):73-89.
Massey D. Places and their pasts[J]. History Workshop Journal,1995, 39(1):182-192.
Massey D. Spatial Divisions of Labour: Social Structures and the Geography of Production[M]. London: Macmillan, 1984.
McDowell L. Human geography: Society, space and social science[M]// Gregory D, Martin R, Smith G. The Transformation of Cultural Geography. London: Macmillan, 1994: 146-173.
McDowell L. Undoing Place? A Geographical Reader[M]. London: Arnold, 1997.
Mitchell D. Cultural Geography: A Critical Introduction [M]. Oxford: Blackwell, 2000.
Mitchell K. Flexible circulation in the pacific rim: Capitalisms in cultural context [J]. Economic Geography,1995, 71(4):364-382.
Mitchell T. Popular Music and Local Identity: Rock, Pop and Rap in Europe and Oceania[M]. London: Leicester University Press, 1996.
Munt I. Economic restructuring, culture, and gentrification: A case study in battersea[J]. Environment and Planning A,1987, 9(1):1175-1197.
Murdie R A. Factorial Ecology of Metropolitan Toronto, 1951—1961: An Essay on the Social Geography of the City[D]. Chicago: University of Chicago, 1969:1.
Murdoch J. Inhuman/nonhuman/human: Actor—Network theory and the prospects for a nondualistic and symmetrical perspective on nature and society[J]. Environment and Planning D: Society and Space,1997, 15(6):731-756.
Murphy J T. Social space and industrial development in east Africa: Deconstructing the logics of industry networks in Mwanza, Tanzania [J]. Journal of Economic Geography, 2003, 3(2):173-198.
North D C. Institutions, Institutional Change, and Economic Performance[M]. New York: Cambridge University Press, 1990.
Norton W. Cultural Geography: Themes, Concepts, Analyses [M]. Oxford: Oxford University

Press, 2000.
Oliver N, Wilkinson B. The Japanization of British Industry[M]. Oxford: Blackwell, 1988.
Pattison W. The four traditions of geography[J]. Journal of Geography,1990, 89(5):202-206.
Peet R. Culture, imaginary, and rationality in regional economic development[J]. Environment and Planning A, 2000, 32(7):1215-1234.
Pierce J, Martin D, Murphy T. Relational place-making: The networked politics of place[J]. Transactions of the Institute of British Geographers, 2011, 36(1):54-70.
PioreM, Sabel C. The Second Industrial Divide[M]. Oxford: Blackwell, 1984.
Polanyi K, Ebrary I. The Great Transformation: The Political and Economic Origins of Our Time[M]. Boston: Random House, 2001.
Raco M. Assessing community participation in local economic development — Lessons for the new urban policy[J]. Political Geography, 2000, 19(5):573-599.
Raikes P, Jensen M, Ponte S. Global commodity chain analysis and the French Filiere approach: Comparison and critique[J]. Economy and Society, 2000, 29(3):390-417.
Relph E. Place and Placelessness[M]. London: Pion. , 1976.
Rose G. The cultural politics of place: Local representation and oppositional discourse in two films[J]. Transactions of the Institute of British Geographers,1994,19(1):46-60.
Round J, Williams C, Rodgers P. Everyday tactics and spaces of power: The role of informal economies in post—soviet ukraine[J]. Social & Cultural Geography, 2008, 9(2):171-185.
Rowley T, Behrens D, Krackhardt D. Redundant governance structures: An analysis of structural and relational embeddedness in the steel and semiconductor industries[J]. Strategic Management Journal, 2000, 21(3):369-386.
Sahlins M. Culture and Practical Reason[M]. Chicago: Chicago University Press, 1976.
Sauer C O. Foreword to historical geography[J]. Annals of the Association of American Geography, 1941, 31(1):1-24.
Sauer C O. The Morphology of Landscape[M]. Berkeley: University of California Press, 1925.
Saxenian A. Regional Advantage: Culture and Competition in Silicon Valley and Route 128[M]. Cambridge, MA: Harvard University Press, 1994.
Saxenian A. Silicon Valley's New Immigrant Entrepreneurs[M]. San Francisco: Public Policy Institute of California, 1999.
Sayer A. Geographies of economies[M]//Lee R, Wills J. The Dialectics of Culture and Economy. London: Arnold, 1997:16-26.
Schoenberger E. The management of time and space[M]// Clark G, Gertler M, Feldman M, et al. The Oxford Handbook of Economic Geography. Oxford: Oxford University Press, 2003: 317-332.
Schumpeter J A. Theory of Economic Development[M]. Cambridge, MA: Harvard University Press, 1934.
Schwartz S. A theory of cultural values[J]. Applied Psychology,1999, 48(1):2-47.
Scott A, Storper M. Production, Work, Territory: The Geographical Anatomy of Industrial Capitalism [M]. London: Allen and Unwin, 1986.
Scott A. Metropolis[M]. Berkeley: University of California Press, 1988.
Seamon D. A Geography of the Lifeworld: Movement, Rest and Encounter[M]. New York: St Martin's Press, 1979.
Sewell W. A theory of structure[J]. American Journal of Sociology, 1992, 98(1):1-30.

Sheppard E. Theoretical underpinnings of the gravity hypothesis[J]. Geographical Analysis, 1978, 10(4):386-402.

Shurmer-Smith P, Hannam K. Worlds of Desire, Realms of Power: A Cultural Geography[M]. New York: Arnold, 1994.

Smith N. What happened to class [J]. Environment and Planning A, 2000, 32(6):1011-1032.

Smith P. Cultural Theory: An Introduction[M]. Oxford: Blackwell, 2001:133-150.

Smith S. Introduction: Into the black box[M]// Smith S, Sallie R, Marston A, et al. The SAGE Handbook of Social Geographies. Los Angeles ; London: SAGE Publications, 2010:197-204.

Spencer J E, Thomas W L. Introducing Cultural Geography[M]. New York: Wiley, 1973.

Stahl G. Sound and the city: Populäre musikim urbanen kontext [M]// Helms D, Phleps T. Musicmaking and the City: Making Sense of the Montreal Scene. Bielefeld: Transcript Verlag, 2007: 141-160.

Storper M. The Regional World: Territorial Development in a Global Economy [M]. NewYork: Guilford, 1997.

Taylor M, Asheim B. The concept of the firm in economic geography[J]. Economic Geography, 2001, 77(4): 315-328.

Thompson E P. The Poverty of Theory[M]. London: Merlin Press, 1979.

Thrift N. Afterwords[J]. Environment and Planning D: Society and Space, 2000, 18:213-255.

Thrift N. On the determination of social action in time and space[J]. Environment and Planning D: Society and Space, 1983, 1:23-57.

Thrift N. Pandora's box? Cultural geographies of economies'[M]// Clark G, Gertler M, Feldman M, et al. The Oxford Handbook of Economic Geography. Oxford: Oxford University Press, 2003:689-704.

Trompenaars F. Riding the Waves of Culture:Understanding Culture Diversity in Business[M]. London: Nicholas Berkley, 1993.

Tuan Y F. Topophilia: A Study of Environmental Perception, Attitudes and Values[M]. New Jersey: Prentice—Hall Inc. ,1974.

Tuan Y F. 1976. Humanistic geography[J]. Annals of the American Association of Geographers, 1976, 66:266-276.

Uzzi B. The sources and consequences of embeddedness for the economic performance of organizations: The network effect[J]. American Sociological Review, 1996, 61(4):674-698.

Wagner P L. Cultural landscapes and regions: Aspect of communication[M]// Kniffen F B, Walker H J, Haag W G. Man and Cultural Heritage: Papers in Honor of Fred B. Kniffen. Baton Rouge: Louisiana State University, 1974:133-142

Wagner P L. The themes of cultural geography rethought[J]. Yearbook of the Association Pacific Coast Geographer, 1975, 37: 7-14.

Walker R. The geography of production[M] // Sheppard E, Barnes T. A companion to Economic Geography. Oxford: Blackwell, 2000:113-132.

Whatmore S. Hybrid geographies: Rethinking the "human" in human geography[M]// Massey D, Allen J, Sarre P. Human Geography Today. Cambridge: Polity Press, 1999:22-39.

Williams M. Homeplace': Abandonment, alternation, and its multiple purposes[J]. Material Culture, 1987, 19(2):101-112.

Williamson O. Markets and Hierarchies, Analysis and Antitrust Implications: A Study in the Economics of Internal Organization[M]. New York: Free Press, 1975.

Worster D. Doing environmental history[M]// Worster D. The Ends of the Earth: Perspectives on Modern Environmental History. Cambridge and New York: Cambridge University Press, 1988: 290-293.

Zelinsky W. The Cultural Geography of the United States[M]. Englewood Cliffs, NJ: Prentice Hall, 1973.

图片来源

图 1-1 源自:作者绘制
图 2-1 至图 2-4 源自:作者绘制
图 2-5 源自:作者根据文献(Gregory,1989)第 77 页绘制
图 2-6 至图 2-9 源自:作者绘制
图 2-10 源自:作者根据文献(Gregory,1989)第 67—96 页翻译绘制
图 2-11、图 2-12 源自:作者根据文献(Ron et al,2006)第 395—437 页翻译绘制
图 3-1 至图 3-4 源自:《北京统计年鉴 2014》
图 3-5、图 3-6 源自:北京全国工业普查数据(1985 年、1996 年、2001 年);全国经济普查数据(2004 年、2008 年),统计工业企业单位法人,统计口径要大于前三期
图 3-7、图 3-8 源自:2004 年、2008 年全国经济普查数据
图 3-9 源自:《北京六十年(1949—2009)》
图 3-10 源自:作者根据文献(袁洋,2011)绘制
图 3-11 源自:北京全国工业普查数据
图 3-12 源自:2004 年、2008 年全国经济普查数据
图 3-13、图 3-14 源自:《北京统计年鉴 2014》
图 3-15、图 3-16 源自:2004 年、2008 年全国经济普查数据
图 3-17 源自:《北京统计年鉴 2014》
图 3-18 源自:《北京统计年鉴 2012》
图 3-19 源自:《北京市人民政府关于调整本市出让国有土地使用权基准地价的通知》
图 3-20 源自:作者根据文献(Alonso,1964)绘制
图 3-21 源自:作者根据文献(理查德·皮特,2007)绘制
图 3-22 源自:作者绘制
图 4-1 至图 4-4 源自:作者绘制
图 4-5 源自:作者拍摄
图 4-6 源自:作者在 HD 乐器厂拍摄
图 4-7 源自:作者绘制
图 4-8 源自:“中国乐谷”官方网站
图 4-9 源自:平谷器乐文化产业集聚区规划
图 4-10 源自:“中国乐谷”首都音乐文化创意产业集聚区规划
图 4-11、图 4-12 源自:作者拍摄
图 4-13 源自:文献(孙涛,2009),由武萌拍摄
图 4-14 源自:《平谷统计年鉴 2011》
图 4-15 源自:作者绘制
图 5-1、图 5-2 源自:作者绘制
图 5-3、图 5-4 源自:作者拍摄
图 5-5 至图 5-8 源自:作者绘制
图 5-9 至图 5-14 源自:作者拍摄
图 5-15 源自:作者绘制

图 5-16 源自:作者拍摄
图 5-17 源自:作者绘制
图 5-18、图 5-19 源自:作者拍摄
图 5-20 至图 5-25 源自:作者绘制
图 5-26 源自:作者根据文献(甘国辉,1986)绘制
图 5-27 源自:作者绘制
图 6-1 源自:作者绘制
图 6-2 源自:作者拍摄
图 6-3 源自:《首钢启动区规划方案》
图 6-4、图 6-5 源自:《首钢工业遗产保护规划与改造设计》
图 6-6 源自:首钢工业区改造规划
图 6-7 源自:中国动漫游戏城(首钢二通动漫产业园区)及其周边地区用地规划
图 6-8 至图 6-10 源自:作者拍摄
图 6-11 至图 6-14 源自:作者绘制
图 7-1 至图 7-4 源自:作者绘制

表格来源

表 2-1 源自:作者根据文献(Norton,2000)第 16—17 页评述整理编制
表 2-2 源自:作者根据文献(Gertler,2004)整理编制
表 3-1 源自:文献(钱纳里,1989)
表 3-2、表 3-3 源自:《北京统计年鉴 2014》
表3-4、表 3-5 源自:北京全国工业普查数据(1985 年、1996 年、2001 年);全国经济普查数据(2004 年,2008 年),统计工业企业单位法人,统计口径要大于前三期
表 3-6 源自:《北京城市总体规划(2004—2020)》附表 3
表 3-7 源自:《北京统计年鉴 2011》
表 3-8 源自:作者整理编制
表 3-9 源自:文献(傅晓霞等,2007)
表 3-10、表 3-11 源自:《北京市人民政府关于调整本市出让国有土地使用权基准地价的通知》
表 3-12 源自:作者整理编制
表 4-1 源自:乐器协会王根田理事长接受媒体记者联合采访,2009-12-23,中国轻工业网
表 4-2、表 4-3 源自:作者整理编制
表 4-4 至表 4-6 源自:作者根据调研资料整理编制
表 4-7 源自:作者整理编制
表 5-1 源自:作者根据文献(范克新,2004)整理编制
表 5-2 源自:作者根据调研资料整理编制
表 5-3 至表 5-15 源自:作者根据问卷数据整理编制
表 5-16 源自:作者整理编制
表 6-1 源自:作者根据文献(Hofstede,1983)第 335 页整理编制
表 6-2、表 6-3 源自:作者根据文献回溯整理编制
表 6-4 源自:作者根据首钢官网中关于公司历程介绍的内容整理编制
表 6-5 源自:作者根据首钢官网中关于公司企业文化发展历程的内容整理编制
表 6-6 至表 6-28 源自:作者根据问卷数据整理编制
表 6-29 源自:作者整理编制
表 7-1 至表 7-3 源自:作者整理编制

后记

本书脱胎于自己的博士论文，因此有必要先记录下论文诞生的过程。论文最早的思路产生于2009年11月12日，刚跟着周老师开始读博的时候；第一次和老师讨论并交换思路是在2010年9月27日(当年的生日)；开完题后真正开写是在2011年的1月18日；集中纂写的日子是从2012年1月9日开始，到2012年4月12日凌晨(澳洲布里斯班时间实际上应该算是4月11日)，也就是我接到回国通知的同一天，当时我的博士论文完成了一个初稿中的初稿，算是把当时有的资料一锅烩放到了一起。回国后，论文一搁又是半年，回过头来看众多需要补充的地方，于是到2012年11月13日，在补充整理众多文献的情况下，又完成了相对规整的一稿。期间陆陆续续修修改改，直到2013年3月18日凌晨5点，在熬了若干个凌晨5点的通宵之后，终于算是完成了一带摘要和致谢的完整稿。进入博士后学习期间，经过几番修改，于2015年1月30日成书，原本以为完成的时候应该是激动万分的，但真正在敲下这段文字的时候却异常平静，甚至于忐忑。因为这个时刻过后，将不再“孤芳自赏”，而即将成为“众矢之的”。

论文首先献给恩师——周尚意教授。翻阅电子邮箱，2006年8月13日凌晨0:55，我给周老师发出了第一封邮件，希望可以从中国地质大学(武汉)保送至北京师范大学，并且成为她的学生，至此算是开启了一段师生缘分之旅。白驹过隙，而待我向老师提交这份大作业的时候，已经过去了近七年时间，这么多年来有太多太多的感激、感动、感悟！感激的是老师多年来的教导之恩，感动的是老师对我如同自己子女般的关怀，感悟的是从学术研究到为人处世的点滴。如果要将这些具体化，怕是三天三夜都写不完。这里想说的是记得才刚入师大，投入周老师门下，在某天中午放学后，陪着老师一起回家，老师指导我论文，而我瞥见的是老师放教案的包里放着一颗芹菜的情景。这幕场景至今让我历历在目，究其原因我以为是那一时刻，那棵芹菜宛若老师在工作和家庭中寻找到的支点，它就如同一个无声却有场景的箴言，深深地影响着我。

感谢自己一直跟随周老师，也庆幸自己求学到现在总是能够遇到好老师。即使到了澳洲，也遇到Professor Michael Keane这样的好导师，愿意和我一字一句地推敲论文。在此还要感谢地大地学院的曾克峰老师、徐士元老师、黄娟老师；北师地遥的葛岳静老师、梁进社老师、吴殿廷老师、宋金平老师、张文新老师、黄大全老师、朱青老师、张华老师、戴特奇老师，能够得到您们的教导，让我受益匪浅。特别单列出来感谢的有龙昱老师、蒋怀柳老师、朱华晟老师、韦文英老师、刘志高老师、白凯老师、孔翔老师、峰华师兄、开泳师兄、Prof. Cindy Fan、Prof. Dariusz Wójcik、Dr. Kean等以及参加论文答辩会的柴彦威老师、唐晓峰老师。当然，也要特别感谢给我诸多帮助的丛总、奚总、杜姐、王哥、胡老师等。

再接着就是一大群朋友，北京的朋友、罗源的朋友，还有分散在全国各地的朋友。这里面有我罗源从小玩到大的发小们，也有从本科到硕士到博士再到博士后一起奋斗的小伙伴们，名单就不表了，正如我在结婚朋友篇视频里说的一样：“让我们继续携手向前。”这里仅就本书数据采集立下汗马功劳的钰源、国伟、秀梅、鸿雁、建华还有我不知道的帮我进行问卷收集的师弟妹表示感谢。重点感谢亮子让小军帮忙录入数据时的鼎力支持，以及他一如既往的热情帮助。

还要谢谢我的亲戚家人，特别是我的父母，虽然他们不知道我具体在做什么，或者无论我在往哪个方向努力，都会一直坚定地支持我。还记得爸爸过去每天几条的短信和现在基本每天一次的电话，妈妈每次在我从家回学校的行囊里偷偷塞下的各种各样的东西，这些都是我继续向前的动力。

当然，最后要感谢我最最亲爱的妻子——秋翔，感谢十年多来的陪伴，感谢在完成论文之前，可以和你完成我们的婚礼仪式，正式步入婚姻殿堂。本科论文的时候，你就在身边陪我，六年后，博士论文的时候，你还在身边陪我，没有什么比起你的陪伴，让我更加有勇气去面对一切。而就在成书之际，我们的吁吁也已经马上周岁！让我们继续努力。

戴俊骋

2015 年 1 月 30 日于北京师范大学乐育 1 楼